精神病态

一人经历六项误诊的真实故事

Pathological

The True Story of Six Misdiagnoses

Sarah Fay
[美] 萨拉·费伊 —— 著

王天然 —— 译

献给每一位被确诊、误诊
以及过度诊断为精神疾病的人

目录

前言 001

第一部分 001
第一章 一个逗号的重量 002
第二章 思忖冒号 027
第三章 省略号 052

第二部分 079
第四章 断—连 080
第五章 询医问药 105
第六章 破裂 125
第七章 医嘱 147
第八章 治疗／选择 175
第九章 成为双相 200

第十章　停用快乐药片时　　　　　　　　　　　223
第十一章　关于自杀意念　　　　　　　　　　　253

第三部分　　　　　　　　　　　　　　　　　　281
第十二章　"病"　　　　　　　　　　　　　　282
第十三章　论独处（和孤立与孤独［还有方括号］）　305
第十四章　关于污名化（和揭露）　　　　　　　324

后记　　　　　　　　　　　　　　　　　　　　337
致谢　　　　　　　　　　　　　　　　　　　　361
注释　　　　　　　　　　　　　　　　　　　　363

前　言

我们脚下的步子迈得越慢，我的汗好像出得越多。夏天，芝加哥，我和母亲两人在西北纪念医院附近的街上踱着，寻找那片 H 医生说可以帮助到我的精神疾病住院区。我给他发送了一条信息，他还未回电。

这些建筑物看上去既怪异又疏离。人行道上套着手术服的医生和护士与我们擦肩而过。他们吐出的话音砸在我的胸口上，裂开。一辆出租车的喇叭嘟嘟作响。一架卡车轰然启动，咆哮着吐出尾气。

母亲，你问我为什么精神病区不在 H 医生说的地方，我听出你嗓音中的紧绷。担忧坠在你略显老态的脸庞上。（虽然你已年过七十，不过大伙说你看上去只有五十岁。）

他们说：是家人，身历地狱的是家人。

我永远也无法知道这对于你们每个人是什么感受。那时我花费了大把的时间独处，想要去理解我认为真的存在的六项病症诊断。

这不是一本典型的精神病人回忆自述。那种回忆录讲述的是漫长的追寻。甫一亮相，主人公便迥异众人。她是一位首次进入上流社交场合的年轻富家女，或者是一位名人，一个天才，最不济也是藤校学生，然后被精神疾病摧毁了令人艳羡的蓝图。她的人生急转直下。她必须从正常的世界抽离出来，去搜寻能彻底治愈自我的灵丹妙药。然而追寻的路上有一关关考验拦住了她的脚步：住进精神病治疗机构，或者成为一名职业精神病人，沦为精神病产业综合征的受害者。当然她会胜利，在亮光中取得结果，手中握着灵丹妙药——接受药物治疗或者最终摆脱药物；找到真爱或者上帝；经历重重磨难后发现她的病根本不是精神上的，而只是躯体上的（谢天谢地！）；全心全意地依赖药物，或者其他被视为天然制剂的药品；或者找到了一流的医生，也可能是思想自由的心理咨询师，因而获得了拯救。到了书的最后一页，她不再是病人，或者已经拥抱了自己的病症。面对诊断，她已然拒绝，抑或接受。

我的轨迹没有那么清晰。我进了一所好大学，光明的未来，我或许有，也或许没有。我不是一个百炼成钢的精神病人。我也不是受害者。医生们没有找到我躯体上的病因。我也尝试过很多的灵丹妙药：食物、酒精、锻炼、各种疗法、"天然"食疗、心理治疗，以及最终的精神类药物。结果徒留痛苦、乏味、困惑、混乱。

是的，我被告知——斩钉截铁地、一次又一次地——我患有厌食症、重性抑郁障碍、焦虑障碍、注意缺陷多动障碍（ADHD）、强迫症、双相障碍。没错，我半只脚已经踏进了鬼门关。

不过我积极地配合参与。没人给我洗脑，我自己就相信了、接受了那六项诊断——了解这些病，用这些病的方式进行思考，认同自己确实患有这些病，用医学的方法处理我的痛苦与不适，将自己的情绪、想法以及行为归于病态。

拥抱一项诊断未尝不是一件好事。起码可以增加获得帮助的概率，也可以借此找到同病相怜的病友群[1]。病人如此获得了自主。

可它让我陷入了一个怪圈。每一项诊断都是一个由我自己去实现的预言。我眼中的自己病得越重，我找到自己真的病了的证据就越多。而证据越多，我也便越笃信自己确实病了。我越笃定，越愿意去接受治疗。我经受的治疗越多，认为自己病得越重。

埋怨外因是把问题简单化，但我还是要这么做。我把责任推给了一本书——《精神障碍诊断与统计手册》（*Diagnostic and Statistical Manual of Mental Disorders*，简称 DSM）。

我怎能去怪纸张、单词、字母呢？纸上的句号、破折号、划线等标记又有何辜?

但《精神障碍诊断与统计手册》的影响力实在太过强大。它被美国精神医学学会(American Psychiatric Association, APA)前主席杰弗里·利伯曼(Jeffrey Lieberman)称赞为"过去一百年最有影响力的书"。社会学家艾伦·霍维茨(Allan Horwitz)在《论〈精神障碍诊断与统计手册〉——精神病学〈圣经〉的发展史》(*DSM: A History of Psychiatry's Bible*)中写道:该书决定了我们被诊断出何种疾病,以及我们如何看待这些疾病。[2]

要是《精神障碍诊断与统计手册》真的符合医学道德或者科学道德,原本也无可厚非。[3]

但事实恰恰相反。

有些顶尖精神科医生直言不讳道,《精神障碍诊断与统计手册》的诊断不过是主观构建出的概念框架和没有实际意义的占位符[4]。还有不少权威人士坦诚 DMS 的诊断不仅缺乏现实基础,将正常的心理状态病理化,甚至可以说是凭空捏造出来的。美国国家心理健康研究所(National Institute of Mental Health, NIMH)前所长托马斯·因塞尔(Thomas Insel)一语道破:我们"在实际操作中相信(这些诊断)确有其事,但其实它们缺少现实基础。"[5] 曾任《精神障碍诊断与统计手册》第四版编写团队主席的艾伦·弗朗西斯(Allen Frances)更是批评《精神障碍诊断与统计手册》的诊断将"人类与生俱来的正常情绪,比如悲伤、焦虑、哀伤、失望和应激反应统统与精神障碍混为一谈"。[6] 另一位美国国家心理健康研究所前所长史蒂夫·海曼（Steve Hyman）则直接把《精神障碍诊断与统计手册》的病症诊断叫作"虚构的分类"[7]，痛斥该手册是"彻头彻尾的科学界噩梦"[8]。

可悲的是，当我终于知道编造出的《精神障碍诊断与统计手册》诊断不仅不正确，而且不可靠时，已经覆水难收。正确性是医学最基本的原则，要求诊断结果能进行客观测量，但《精神障碍诊断与统计手册》的诊断完全不符合。[9] 可靠性意味着面对同一患者，多位临床医师能根据症状达成诊断共识，而实践表明《精神障碍诊断与统计手册》中的各项诊断标准根本无法实现统一。[10]

出现这种错谬，我们很容易怪罪修订《精神障碍诊断与统计手册》的各位编写组成员，这些人是美国精神医学学会的成员，掌握着赋予那些字句以及标点符号以权威性的权力。若非如此，这么多没有得到论证的诊断病症又怎么能堂而皇之地在最新版本手册上占据如此多之又多的篇幅呢？随着手册版本的迭代更新，确诊病症的数量、谱系和亚型不断增加。第五版《精神障碍诊断与统计手册》厚达 947 页，包含了 541 种诊断类别，与之形成显著对照的，是第一版少得有点可怜的 132 页与 128 种[11]。《精神障碍诊断与统计手册》的修订者们也许会反驳说，自己的目的仅仅是想让那些需要帮助的人得到诊断。然而毫不夸张地讲，《精神障碍诊断与统计手册》提供的诊断是缺乏实证的（对此他们缄默不语）。

精神病态　　005

我们也很容易集中火力谴责精神科医生、心理医生，以及社会工作者。因为是他们夯实了《精神障碍诊断与统计手册》的诊断病症，然而他们清楚这些实为无本之木。据他们所说，为病人贴上一个诊断代码是不得已，是保险公司的要求，为的是让病人拿到钱，可（他们闭口不谈的）是，如此便意味着病人要相信自己确实患了某种病症，但该病症纯粹是杜撰的[12]。

另外，制药公司也是《精神障碍诊断与统计手册》版本不断修订的既得利益者[13]。

其他从中获利的还有精神病学术型临床工作者与研究者，他们的事业完全建立在将普通的心灵痛苦病理化，并加以治疗的基础之上。

但杀伤力最大的，莫过于手册中的文字——让人不得不信服的文字。它们已然获得了超越自身的价值。有人认为，《精神障碍诊断与统计手册》是一部"文化作品"[14]。它得到了社会的认可。在相当多人的认知里，这是一本得到科学证实的医学指南；但实际情况——大相径庭。

我本人便是活生生的《精神障碍诊断与统计手册》受害者例子。我恰好经历了它影响最深刻的几个版本——第三版、第三版

修订版、第四版、第四版修订版、第五版,并确诊了里面茫茫不知凡几的病症中的六项。我称其为误诊,因为《精神障碍诊断与统计手册》所述的全部确诊病症统统是误诊。它们诞生于日趋松散的标准、不断增加的分类、永远变动的症状描述、逐渐宽泛的病症定义,以及日益降低的确诊门槛。[15]

我怎么能如此欣然地接受了所有诊断,吞下所有药物?我为什么信了印在《精神障碍诊断与统计手册》上的字?我的疑问那样少,我是那样的稀里糊涂。我怎么能那么傻,错得那么离谱?

和大部分被确诊的人一样,我想就自己身上——或者说身体内部——出现的状况得到一个解释*,可没有人警告过我不要信《精神障碍诊断与统计手册》。

手册里的字就是我以为应该知晓的全部。它旨在帮助那些自身或者亲朋好友确诊为《精神障碍诊断与统计手册》病症的人,帮助他们理解病症的真相。踽踽抗争数年,我却不是周围唯一一个被确诊的人。在几所纽约公立学校执教期间,我遇见过确诊自闭症和对立违抗障碍的学生;我接触过一个名叫舒比的精神分裂症年轻男子,他在杀人后因精神错乱被判无罪;更有非常、非常多的大学生走进我的办公室,笃定地谈论自己的"焦虑症""抑郁症""多动症大脑"。

---

* 如后文所述,本书中标点符号被作者赋予了重要的含义,传递着微妙的信息。因中英文标点的使用规则略有不同,翻译过程中必要时尽量遵循原文标点,以完整、准确地保留作者想要传达的内涵。——译者注

我想阐述自己长久以来关于标点符号的思考。对很多人来说，标点是生活中一个乏味麻烦的东西。但我的人生就是在写作、阅读，以及教人怎样写作和阅读中度过的。标点符号是沟通的基础，是我们生成想法的必要部分。它是网络交流、书面交流背后的推动机制，是激发彼此连接产生与断开的工具。正如病理学一样，标点符号规范了秩序，划分了类别；因为有标点符号的努力，无序才被理出了头绪。

我在这里谈论标点符号，并非要尊崇标准英语。一种语言、多语言融合、语言的每一个分支都自有一套规则，比如西班牙英语、美国黑人口语英语等等。标准英语只不过是我思考与写作使用的语言。

关于标点符号读者们需要了解的不多，你只用知道，古希腊人的单词之间不空格，因此承载着沉甸甸墨水的莎草纸，实际上是一丛需要读者自行解密的字母密林，举个例子：SARAHWOULDNOTEATEVENWHENTHREATENEDWITHHOSPITALIZATION[*]。公元前

---

[*] 此处并非排版错误，而是为举例说明，我们也可以用汉语拼音代入一下这种感觉："jiusuanyaoquzhuyuanshalayebuhuichidongxi（就算要去住院萨拉也不会吃东西）"。

3世纪，希腊的图书馆馆长、拜占庭的阿里斯托芬尝试将混乱理清。他用三个点来分隔语句。每个点在行文中都占一个空：上下居中的点叫 komma，表示短暂的停顿；落在底部的点叫 kolon，代表中等长度的停顿；顶部的点——periodos，说明一句话到此结束。[16]

在本书中，很多时刻都需要一个句号，比如那天，我和母亲怎么也找不到精神病院区的入口，只好进入急诊室。不同于夜间的紧张，那里中午只有半满。一个男人两只胳膊肘抵在一双膝盖上，脚边的塑料容器等待着他的下一次呕吐。两个孩子爬到了座位上，一个女人喊叫着让他们保持安静。

我们在寒意飕飕的空调冷气里等待叫到我的名字。一种可怕的能量席卷了我的全身。头顶的荧光灯似乎也跟着怦怦跳动。

我当时确诊了自己的第六项病症：双相障碍。我已然成为了双相患者。每一种情绪，每一个想法，包括我的所有行为都符合这一精神疾病的体征和症状。情绪低落和注意力集中困难意味着抑郁；混乱的思想和过快的语速指向了躁狂。

喊到我的名字了。初检护士测量了我的血压（正常），听了我的心跳（正常）。她脸颊胖胖的，举止令人感觉严肃却可亲。我的体温也正常。我没有躯体上的疼痛和困扰。

我向坐在椅子上的她说明了自己心中的黑暗、奔涌的思绪和自杀倾向，她抬起头看向我。她眼含疲倦——应该说是疲惫不堪。她说可以给我安排一位精神科医生检查。

"然后呢？"

她叹了口气。"你可能会被送到精神病房或者转院，"她顿了顿补充道，"你应该不想这样。"

第一部分

第一章
一个逗号的重量

一切始于一个逗号,还有一个冰冷的房间。冰冷的房间更早。

儿童纪念医院,我们等待家庭医师看诊。妈妈坐在诊室对面的一张塑料椅子上,她的头后仰着,倚在墙上,眼睛闭着,深呼吸,然后拢起嘴唇吐出,一次,又一次。

我坐在检查台上,等母亲睁开眼睛。身下的白纸皱了,我把两只手从大腿下方抽出来,环抱在胸前。小臂上全是竖着细细汗毛的鸡皮疙瘩。我又看到了自己的病号服——虽然我马上就升高中了,可他们依然给我一件印着幼稚泡泡图案的病号服——松松垮垮,挂在锁骨下面。我觉得自己像个孩子,我想当一个孩子,我想让妈妈告诉我一切都会好起来的。

四个小时前,我还在印第安纳大学参加八年级*的班级旅行。要不是因为被不进食刺激了身体机能,兴许这次旅行只是一片模糊的回忆。我们在印第安纳一个著名洞穴里探索,里面黑漆漆伸手不见五指。饥饿使我的感官更加敏锐。湿答答的水汽贴在皮肤上,空气里有股泥土的潮湿。耳边回荡着远处的水滴声。头盔重

---

* 美国学制一般为小学 6 年,初中 2 年。——译者注

重地压在额头上。洞穴激发了大脑产生丰富的联想，如梦似幻。除了想象，无论做点什么都很费力。

旅行的第三天晚上，我和同学们之间升起了一幅纱布，就像我们八年级戏剧表演时（《霍比特人》中的咕噜是我的舞台形象首秀）的那张舞台背景。同学们都在排队买比萨，我突然一阵头晕目眩。胃中空空，但还是翻江倒海。我拿了一块比萨，等它在盘子里冷掉，然后趁监护没注意丢进了垃圾桶。

又过了一天，就在我们返回之前，熟悉的头晕目眩再度袭来。这一次，房间天旋地转，我的胃抽搐着，想吐，吐不出。

我找到一位监护。她叫我先坐下，"你需要一些东西缓缓胃。"再回来时，她拿着一个一次性纸杯，里面是呲呲啦啦的可乐。我刚把纸杯凑到嘴边，胃就抽动了一下。我灌下甜甜的、冒着泡泡的碳酸饮料，然后头一伸，吐了出来。她给我倒了水，喝下去又吐了。

我爬上返程的巴士，把夹克揉成一团，倚着它靠在窗户上。我的胃灼痛，嘴里酸涩。我戴上耳机，按下随身听的播放键。同学们的说话声从一开始轰隆隆的刺耳，逐渐变得和谐，最后穿过耳机与舞韵合唱团的钢琴声合奏。巴士车门哗啦一声关上。齿轮吐出嘶嘶声，发动机呻吟了几嗓子，车子开动了。

一个半小时后，我们回到了学校，妈妈正在那里等着。她之所以接到消息，不仅因为是我的妈妈，还因为她是校长。妈妈一言不发,双手放在我的两侧肩膀上,看着我的眼睛。她的目光很严肃。她叫我去车里等着。

我靠着掀背式雪佛兰的座椅,看她干脆利落地迎接从车上鱼贯而出的其他学生。同学们微笑着向他们认识的那个麦卡锡博士挥手致意。她的深色皮肤和鬈曲短发,经常惹人怀疑我俩是否有血缘关系。姐姐遗传了她的深皮肤。我长相随爸爸,金发,偏白种人肤色。

我妈跟在学生后面走进学校,很快又匆匆出来。我下车和她一起把我的包放到后备箱。回到车上,我等她开口说些什么。她插上钥匙打火。我等她发动车。她盯着窗外;我盯着她。最后,她开口问道:"你知道你在干什么吗?"

我回答不上来,同样的问题她在诊室里又问了一遍,我依然答不上来。我只是在听从自己身体的指令。我的胃很疼。它不想要食物,所以我就不进食。不吃东西给胃带来了另一种疼痛(干涩、空洞),但至少它不会变成一个令我作呕的、满团浑浊的坑。

A医生进来了,他的脸颊红红的,白发显得有点不羁。他似乎很高兴看见我们,走到水槽洗手时,还侧着头和妈妈聊天。我妈妈说,我有多久没吃东西了,她也不知道。

他把冰冷的听诊器按在我的胸口上,说:"深吸一口气。"我照做了,然后像我妈妈那样拢起嘴唇吐出。

他指了指秤。我踩上去。他轻轻拨动滑砣至平衡。他欢快的表情消散了。

我不知道患有神经性厌食症意味着什么——那个冰冷诊室里的我不明白，母亲开车回家路上的我不明白，坐在客厅地板上，闻着厨房里爸爸给我做番茄汤和烤奶酪三明治香气时也不明白。我只有十二岁，从小被保护得严严实实，校长是我妈妈，班上一共只有十四个孩子。在我们家，看电视要限时。杂志还没有进入我的世界。当时我们家人和大多数公众并不知道互联网是什么东西。

厌食症患者。

爸爸妈妈在厨房里窃窃私语。他们打算离婚，最近经常这样。我爸爸出现了，他端着的托盘里放着汤和三明治，他把托盘放到我面前的咖啡桌上。我还从来没被允许在客厅里吃过饭呢。也许因为他不想非让我去餐桌旁吃饭。也许他以为我病得挺重。也许我确实病得挺重。

我将一勺汤送到嘴边，拢着嘴唇吹了口气。我被那个词吓到了：厌食症。我会吃的。我会好起来的。爸爸笑了。我的胃在翻滚。

——

20世纪80年代是厌食症时代。有关节食危害的文章刊登在《十七岁》等杂志上（讽刺的是，从1948年至今，教女孩如何节食的文章一直是该杂志的头版[1]）。现在老掉牙的进食障碍者自传在当时火爆得如日中天。

尽管记者们把厌食症称作一种"流行病"，但有报告称，受厌食症影响的美国女性占比还不到1%[2]，她们绝大多数是中上阶层和白人。这一统计结果经常被用来嘲弄女性——为了跟风瘦身反而把自己饿死了[3]。

厌食症的历史由来已久，许多人都尝试推测过其性质和成因。"厌食症（anorexia）"一词是19世纪由英国医生威廉·古尔（William Gull）和法国神经精神病学家恩斯特-查尔斯·拉塞格（Ernst-Charles Lasègue）分别提出，几乎是同时[4]。西格蒙德·弗洛伊德——他反对使用精神分析法治疗厌食症——与其学派的后来者认为，厌食症的根源或许是性冲突、自我的缺陷、将口腔内部填满的无意识渴望[5]。有其他学者提出是因为控制欲。或者自我惩罚。或者家庭状态混乱[6]。或自卑。或表演欲。或"死亡驱力"（弗洛伊德提出的想要去死的欲望）[7]。或对长大的恐惧——用禁食对抗青春期乳房发育、臀部出现明显女性特征、大腿浑圆。或虚荣心，比如到了穿比基尼的夏天，女孩们忍饥挨饿，直饿得锁骨上方深陷，离得老远都能数清她们的每一条肋骨[8]。

我被A医生确诊厌食症时，他们认为这个病的出现是多种复杂因素相互作用的结果：文化（女性美的标准）、心理（精神分析、家庭理论和社会心理学模型）、躯体（下丘脑功能障碍、脑损伤）、生物（有遗传可能）、时代（食物在不同时期代表了不同的含义)。

———◆———

父母把我送到了心理咨询师那里。他的诊室暗沉沉的。百叶窗总是只拉一半,微弱的光线透过来,正好照到他挂在墙上的学位证书。

S医生留着胡须,戴一副眼镜,好像又没戴。我记不得他长什么样子。那个阴暗的房间里,他坐在办公桌后面。一摞摞文件和文件夹挡在我们中间,几乎看不到他的脸。每次我进去,他都会抽出一个文件夹先浏览一遍。

除了黑,房间里还很冷。空调好像设置成向下吐风没动过,我坐在沙发里,感觉扇叶直接打在我身上。

和以前一样,那次见面时间很长,但我想让他和父母看到我表现得好一些,我想好起来。大多数时候,我们不会聊那么多。

他也说我是一名厌食症患者。我想说,不,我不是。那个厌食症患者萨拉不是我。他说,厌食症患者节食;我从来没有节食过。她们天天称自己体重;那次在医院是我第一次上秤。他说,厌食症的特征就是拒绝进食。我是不想吃,不想惹恼胃里那个满团浑浊的坑,我是吃东西的——吃一点点。

那天下午,我想告诉他,我不吃东西是因为胃疼。可是诊室里太黑了,他又离得那么远,坐在那么大一张桌子后面,还隔着那么多一摞又一摞的文件夹,于是我只好坐在寒冷中,数着小臂上的鸡皮疙瘩。

———•—•———

上了高中,我终于可以不再见他了。那个一团浑浊的坑基本消失了,应该是告一段落了,我的体重逐步上升。我进入一所竞争激烈的高中,学校的大厅里没有了我妈穿行的身影。我来了月经,那滋味既古怪又不好受。爸妈已经一拍两散,姐姐上大学了,所以只有我一个人在爸爸的新房子和妈妈的公寓之间一次次往返。

但是高二那年,那个一团浑浊的坑又回来了,威力更强。沉重。黑暗。结果我几乎饿死了。

我已经紧盯着那个坑好一会儿了,那是一个下午,我在教室里上英语课,努力想把注意力放在贝克先生讲的内容上。贝克先生:我崇拜的老师。我们之间不是朋友式的关系——而是严肃的师生。他颇有才华,老练,英俊,下颌棱角分明,一双深邃的蓝眸。他是我认识的第一个坐在轮椅上的人。他上大学时开敞篷车出了车祸,车子翻了个底朝天。他脊椎C4节骨折,腰部以下瘫痪,上半身活动也受到影响,虽然这么形容很冒犯,他的两只手蜷缩成两根爪子。他很少在黑板上板书,不得不写的时候,他会弓起拇指，颤巍巍地夹着粉笔，挣扎一番，留下几个潦草的单词。他很瘦——嶙峋，没有夸张。传言说他为了减轻褥疮刻意控制体重。

他并没有拿我们当什么都不懂的家伙，我们可以和他讨论电影和书籍，什么电影或者书都行，甚至是詹姆斯·乔伊斯的《尤利西斯》。他向我推荐了 F. 斯科特·菲茨杰拉德的《了不起的盖茨比》，我很喜欢，连读了两遍，幻想置身于 20 世纪 20 年代那个迥异的新女性世界。在他的引导下，我们学会了分析书籍和电影中的文本，看到文字与文字之间的环环相扣，对每个字的推敲、每个标点符号的斟酌。

那天下午，教室里搬进了电视机和录像机，他推着轮椅过去，给我们播放奥逊·威尔斯导演的《上海小姐》。他放好录像带，提醒我们注意影片中的暗黑元素。随着情节的推进，我的胃逐渐收缩，前后胃壁好似在互相磨搓。我身子挺得笔直，却看不进去电影的内容。男主角好像之前杀过人，好像没杀？然后他爱上了一个美丽的女人。她有丈夫。有一次，她和男主角谈到了自杀，但我不知道这又怎么推动了故事发展。我的脑子在原地打转——卡路里几个大字反复出现，电影镜头一圈圈循环播放，作业的截止日期像漩涡一样旋转。

我挪了挪座位，强迫自己集中注意力。千万别在贝克先生的课上啊。我的祈求没有用。不吃东西耗空了我的精力。我只想把头靠在桌子上打个盹。我不是渴望他的关注；我渴求他的尊重。

下课了。贝克先生提醒我们记得交十年级的学期论文。虽然距离截止时间还有几个月,但他建议我们现在就开始构思。因为这篇论文关系着我们能否顺利升入十一年级。如果论文不合格,这门课就不及格,可能会被留级。

我想到了自己储物柜里的午餐:三根细长的胡萝卜。

假如我没有在寒假一直咀嚼《世界上最好的小女孩》(The Best Little Girl in the World),情况或许会不一样。这本书250页——我第一次很快就翻完了,然后重读了一遍、一遍、又一遍——它教会了我很多东西。

故事围绕一个名叫弗朗西丝卡的姑娘展开。她十几岁,已经是一名厌食症患者。弗朗西丝卡将自己名字削减成丝卡,以示变瘦、变得有自制力的决心,为达目的,她停止进食,最终躺在医院里,喉咙里插着一根管子强制输送营养。

读第二遍和第三遍的时候,我几乎略过了结局,只想去看丝卡是怎么当厌食症患者的。我俩有不少相像之处:她也是白人,中上阶层家庭,成绩全A,书桌上的东西同样堆得马马虎虎。但我们的不同也很明显。丝卡住曼哈顿;我在芝加哥。她希望通过瘦获得芭蕾舞老师的认可;我打曲棍球,教练根本不在乎我有没有纤长的脖颈和天鹅似的手臂。丝卡收藏杂志，拿自己与里面的模特比较；我从不看时尚杂志。丝卡保持洁净，不被食物"玷污"，在她自己发起的"瘦就是赢"的游戏中获胜，她想要别人的赞美，想要掌控的感觉；我不觉得吃饭是弄脏了自己，也无意和任何人竞争。最重要的是，她没说自己胃里有一个满团浑浊的坑。

史蒂文·莱文克朗（Steven Levenkvon）创作的《世界上最好的小女孩》讲述的是真实的厌食症。在教女性变成"厌食症患者"这一话题上，它比那些为厌食症站台的网站和社交媒体要早得多。[9] 与之后众多进食障碍相关图书一样，《世界上最好的小女孩》与其说是文学，不如说是一本厌食症指导手册和要点汇总。

莱文克朗本人是一名心理诊疗师，小说出版后名声大噪，成了歌手兼鼓手卡伦·卡朋特的治疗医师。卡朋特是第一个名人厌食症患者。她和哥哥理查德组成木匠乐队，唱片销量超9000万，三获格莱美奖。一直处在公众视线中的卡伦是记者们关注的焦点，尤其是她的外表。1975年，木匠乐队在拉斯维加斯举办了一场演唱会，一篇相关评论道[10]，她看起来"非常瘦，瘦得像鬼"（还批评她穿的礼服不够"合身"）。厌食症的死亡诱因通常是心血管并发症，如心动过缓、心率缓慢异常和饥饿引起的心力衰竭。另外，据估计，厌食症患者有自杀企图的比率为20%。卡朋特死于一种催吐药物中毒导致的心力衰竭。[11]

根据兰迪·施密特（Randy Schmidt）撰写的木匠乐队传记，

莱文克朗俘获了卡伦家人的信任，相信他是一名执照医师。他们称他莱文克朗医生。实际上，他只是一名心理咨询师，写了一本叫《世界上最好的小女孩》的小说，这本书被美国图书馆协会（American Library Association）评为青少年阅读最佳图书，并改编成电影，这一切把他打造成了厌食症"权威"。

在我看来，卡伦的死也不能怪莱文克朗，或者说，如果我觉得要怪他，那小说中展现的也是一个半自我毁灭、半他人救赎的故事。《世界上最好的小女孩》是莱文克朗的不实名纪实小说。小说的另一个主角——医生桑迪·谢尔曼，就是掩在一层薄薄面纱下的莱文克朗本人。最后谢尔曼救下了丝卡的命，丝卡躺在医院，颈静脉上插着一根输送营养的导管。丝卡便是被莱文克朗要拯救的卡伦·卡朋特。但这本小说出版于卡朋特去世前五年，而且作者创作的本意是自吹自恋而非表达遗恨。最重要的一点是，故事的焦点偏重于救世主形象的谢尔曼，实际上他取代丝卡成了小说的第一主人公。

当时，我几乎没有注意到谢尔曼，我的眼里只有丝卡。我仔细研究了她。她把她的思维传授给了我：我的肉体令人作呕，我的肋骨必须根根分明，食物是我的敌人。

◆◆◆

我开始计数卡路里，每一片苹果都代表一个数字，每天在日记中统计总数。踏上体重计成了我的日常习惯。看着上面不断下降的数字,我露出了微笑。关于怎么将面前盘子里的食物摆弄成吃剩一半的样子,我已然驾轻就熟。

晚饭时,母亲端上西兰花,我假装吞咽,然后吐到餐巾纸里。烩土豆片早就稳妥地藏在猪排下。我灵活地一俯身,下一秒纸巾已经塞进了牛仔裤腿脚的卷边里。和母亲一起收拾好餐桌后,我走进洗手间,把西兰花冲进马桶。

丝卡教会了我怎么在体重和进食上撒谎。我学着她的样子,把瘦削的身躯藏在夸大的运动衫和睡裤里面。我俩只有一处不同:她放弃了芭蕾,而我留在曲棍球队,即使体重徘徊在一百磅也可以奔跑几英里,完成呼吸冲刺锻炼。

一天晚上,我和母亲坐在餐桌旁吃晚饭。

"把盘子里的鸡肉吃掉。"她说。

我不吃。

"那吃土豆。"

我摇摇头。

她的回应也同样合乎情理。"很好,"她说着站起来,"那你就坐在那里,什么时候吃完了再离开。"

我听着她在厨房洗碗的声音——锅发出乒乒乓乓的动静,盘子叮当作响,洗碗机打开又关上。这一幕不是和《世界上最好的小女孩》相似,简直就是场景重现:丝卡也曾被迫留在餐桌旁,不吃晚餐不准离席。

咔哒,厨房的灯熄灭了。我听到妈妈上楼的脚步声,紧接着她关上了门。

餐厅的灯光很昏暗。我肚子里那个浑浊的坑越长越大。我不想让妈妈难过,不是只有当下那一刻,一个又一个晚上,她走进我的房间,坐在床边告诉我我把身体毁了,我不想她难过。我不是为了获得关注;我宁愿没人管我,只要我可以愿意吃多少就吃多少。

丝卡和我并不完全一样:她胆怯、孤僻,我有朋友,甚至还交了一个男朋友。道格性格很好,黑头发、高鼻梁。他卓尔不群:做什么都游刃有余——成绩全 A,并且是网球队队长。他和我的父母相处融洽;他甚至与他自己的父母都十分和谐。

但丝卡才是我真正的同伴。认识她没多久,一天下午,我站在走廊镜子前,掀起衬衫,肋骨上的皮肤松垮垮地垂着。妈妈走到我身后。我扯起突出的肋骨上的皮,肥胖的证据,赫然就在我指间。我的大脑已经相信了它的话。几个月来,我一直在告诉自己我很胖。

"看到了吗?"我问道。

※ ※ ※

英语中厌食症 anorexia 一词来自希腊语,意为"食欲的反义词",但限制卡路里和过度关注体重只是这个病症的一小部分[12]。身体畸形——对于一种自认为的身体缺陷的痴迷——是厌食症的核心。我的种种错觉,我对自己瘦削身体是"肥胖的"的坚持,证实了我就是萨拉,一名厌食症患者。

如果身体没有瘦得畸形,我的饮食习惯还能算作禁食。禁食的狂热拥趸会说,拒绝食物会产生一种幸福感,甚至是极度愉悦。不过一些研究发现,禁食会加剧易怒和其他"抑郁症的生物学症状",但禁食者却信誓旦旦地宣称饥饿对大脑有积极影响[13]。他们说,胃饥饿素是一种"饥饿激素",有助于调节我的情绪,有人还把这种物质吹捧为重性抑郁障碍的隐性治疗手段[14]。如果当时是2020年而非1988年,假如我是一名男性,在某家大型科技公司做首席执行官,那么我一连禁食几天或一个礼拜的行为会被当成能力的体现,是力量和自律的佐证。

但禁食和长时间濒临饿死是有区别的。更不要说那时我还是个十几岁的孩子。我的头发一团团掉在浴室地上。

※

十年级举行了一次班级旅行——这次是跑到明尼苏达州待七天——其间我的食谱是每天一把干果。有天晚上,结束了远足和信任背摔活动后,我待在帐篷里,其他同学忙着做烤肉汉堡和热狗。外面飘来烤肉的焦香,那味道与其说让我感到饥饿,不如说是令我疲倦。

我躺在睡袋上,盯着帐篷薄薄的布料,柔和的光线透进来。太阳甚至还没有开始落山。在远处的蝉声和笑声中,我睡着了。

回芝加哥时,来接我的是爸爸,不是妈妈。他没有接到电话或者示警。没有人注意到我没吃东西。

第二天早上,妈妈借口"去购物"——我们很少去购物——带我坐上前往市中心的出租车。出租车的行驶路线是对的,但有什么好像不太对。最后车停在西北纪念医院一座圆形的建筑前。母亲支付了车费。我们下车。站在上行的自动扶梯上,我们没有说话。

我们来到进食障碍科。候诊室的墙壁漆成深蓝色。椅子上的布料已经磨起了毛边,不知还有多少女孩曾坐在这里。

终于,一位护士叫了我的名字。走进检查室,她叫我脱衣服换长袍。我照做了。她示意我踩上秤:九十二磅。然后她给我抽血、测心率、量血压——我后来把这些称为"我的化验数据"。

医生是个三十多岁的年轻男人,他让我想起了《世界上最好的小女孩》中的谢尔曼。与 S 医生不同的是,他似乎对我很感兴趣。我问他是不是我的医生。他微微笑了下说,不是。

等待的时候,我和妈妈都直直盯着面前蓝色的墙。进食障碍科的副主任医师把我们叫到她的办公室。她很瘦,头发扭成了一个圆圆的香蕉蛋糕形状。我们坐在她办公桌对面的两把椅子上。

副主任说我会被送进重点监测门诊部。我意识到情况不妙，这相当于留院察看。我每个礼拜放学后有四天要来医院接受个人和家庭诊疗，还要与营养师会面（没有服用药物——当时很少使用精神药物治疗厌食症患者）。她警告我，要想不来医院，除非是一种情况：我的化验结果好转——血钾、电解质水平和血压必须保持稳定——但如果我继续现在的生活方式，所有这些数值可能会掉到警戒线以下。

自我克制有多种呈现形式。在17世纪，它被定义为自爱的反面[15]。有人说它与耐性相关，有的人认为是控制。自我克制可能是惩罚性的。对某些人来说，这是种美德，是一种放弃物质享受的行为。在宗教中，自我克制来源于渴望，一种寻求被拯救、被救赎或者为他人服务的渴望。自我克制与信仰和对灵魂的反思有关。或者与禁欲主义有关。或者僧侣对戒律的虔诚。或者虔诚的信徒出于敬爱上帝而自发禁欲。

自我克制有时甚至被吹捧为一项成就。长期以来，流行心理学家和社会学家一直传递着一种（错误的）观念，即童年时期的自我克制定会使我们成年后更加成功。其实不然。斯坦福大学1990年进行了一项被广泛引用的棉花糖研究，实验给孩子一个棉花糖，如果能等待十五分钟再吃，就会再奖励一个棉花糖。结果表明，选择等待的孩子会在今后的人生中脱颖而出。这项研究是有漏洞的。2018年的复刻实验发现，一旦研究人员控制社会经济地位作为变量，自我克制与成功之间的相关性便几乎完全消失了[16]。

我们对自我克制的看法带着性别歧视的底色。当男人自我克制时，它是强大的代名词，而一个女人的自我克制等同于不可理喻和肤浅。但自我克制的力量确实强大——即使是一个十六岁的女孩。

劳拉是我的心理医生，她留了一头黑色的齐耳短发，发梢鬈曲。我坐在她书桌旁的椅子上，想象着她高中时的样子——全A优生，不是万人迷，但在朋友中很受欢迎。

阳光从窗外洒进来，她问我有哪些"厌食行为"，是偷偷吐掉食物，测量小腿腿围，还是称重前在大腿内侧粘电池？我很以为然，像家庭作业似的一项项认真完成。

这样一来，我好像在玩一场游戏——只不过这真的不是游戏。我的指甲变得很脆，皮肤干燥粗糙。不吃东西让我精神萎靡不振，坐在教室里，眼睛耷拉着，和睡意做斗争。我的成绩下滑，一落千丈。学习的时候，眼前的书似乎蒙了一层纱，上面的字离我那样遥远。

她问我在学校表现如何。

"很好,"我说,"很好。"

━━━◆━━━

为了确准给我诊断,劳拉时而会翻阅《精神障碍诊断与统计手册》第三版。《精神障碍诊断与统计手册》第一版就收录了进食障碍,将其描述为压力引发的心理与生理胃肠道反应[17]。在之后的各个版本中,不断新增亚型以及更多与食物相关的行为,创建出一个"进食障碍谱系",确保没有漏网之鱼。第三版和第三版修订版吸纳了神经性贪食(暴食/清除性进食障碍)。第四版和第四版修订版添加了未加标明的进食障碍(EDNOS)这一亚型。第五版将进食障碍独立成章(喂养与进食障碍),移除了未加标明的进食障碍,增加了大量的亚型:反刍障碍、回避性/限制性摄食障碍、其他特定的喂食或进食障碍、未特定的喂食或进食障碍,以及随处可见的暴食障碍。

劳拉和我当时处于第三版《精神障碍诊断与统计手册》时代。精神病学正日益成为一个受人尊敬的医学领域。劳拉笃信《精神障碍诊断与统计手册》[18]。但她或许不知道,这本册子提供的诊断依据只是相对以前的版本更可靠罢了,而后者——几乎根本不能采信——临床医生也抱怨《精神障碍诊断与统计手册》的诊断标准过于呆板武断，实际诊疗过程中面对患者实用性很差。

随着确诊标准逐渐丰富，我患有厌食症似乎变成了板上钉钉的事。我很难去否认这个事实，因为我的厌食症是如此触手可及，如此清晰可见：瘦骨嶙峋的身体、高高隆起的颧骨，以及腹部长出的绒毛。

日子似是水滴石穿，又好像白驹过隙。有时我早上醒来，洗把脸，穿衣服上学，却猛然发现大半个学期已经没了。距离提交十年级学期论文的截止日期只有两三个礼拜，然后是一个礼拜，最后只剩下几天。

我甚至难以完成阅读作业：费奥多尔·陀思妥耶夫斯基的《罪与罚》。我躺在床上，书上的文字一片模糊。故事一幕又一幕地展开，人物漫无边际地对话，却不能给我留下丝毫印象。

一位同学告诉我，故事主角是一个反社会的、穷困潦倒的辍学学生，名叫拉斯柯尔尼科夫，他抢劫了一对老妇人姐妹，并用斧头砍死了她们，他无法直面自己的所作所为，愧疚压垮了他的身体。到最后，他的自我辩护分崩离析，宗教让他觉醒，他明白了自己的罪行是无谓之举。

"没错。"我说。

我翻到最后几页，停了下来。右手手背上的皮肤干燥开裂，鲜血从指关节往外渗出。我吓了一跳，腾地坐了起来。房间似乎在离我远去。一切归于黑暗。

论文也进行得不顺利。我试图分析书中意象，但思路却不停地原地打转。我不知道自己在说什么。对着家中电脑——一台笨重的米色麦金塔 Plus 的屏幕——我只看见一丛混乱的单词和标点。

———◆———

又过了一个礼拜，副院长把我从历史课上叫出来，说贝克先生要见我。我穿过空荡荡的走廊，走向他的办公室。上次去进食障碍科，我的体重没有增加太多，化验结果显示血钾水平稳定，但血压非常低。

我站在贝克先生办公室门外敲了敲，门是敞着的。他坐在办公桌前的轮椅上，背对着门。他和另一位老师共用一间办公室，没有窗户，将将能塞下两套桌椅。我坐在他旁边的椅子上。他调整了一下瘦弱的腿，递给我我的论文。

我直接翻到最后一页。只见正中间用红笔潦草地批了一个 F。他写了一长串话陈述文中的错误，比如没有主旨句，缺乏明确的论点，等等。他说我似乎不知道这本书讲的是什么。

"另外,"他面露怒色,"你看你逗号用的,"他灰心地摇摇头,"乱得像在装饰圣诞树。"

他说可以给我一次重写的机会,"但质量得过得去。"

我又捧起《罪与罚》,并且开始吃东西。一次吃一点点。几片薄脆小饼干,一片奶酪,一个烤土豆。我的胃撑得痉挛、疼痛。

重读仍然很难。书中人物的俄罗斯名字记不住,要么长得都一样,要么太拗口,不过我还是看懂了,至少可以分析拉斯柯尔尼科夫思想的堕落过程。我用键盘敲下一段又一段文字,转着圈地重复他的所作所为,尝试着分析他的心理变化,陈述他对自己所作所为的认识如何反复横跳,最后不堪折磨病倒了。

剩下的问题只有逗号了。我几乎没关注过逗号。它们就是放进去,把句子分开,谁管它怎么放呢?语法书在我眼里就像一门外语:虚拟从句、同位语、概括性修饰语。我不知道副词是什么。我的写作是随性而为:这里一个点,那里一个破折号。读出来是正确的就够了。

当时的我并不知道,我的厌食症患者人生也被打上了逗号。在列数我身体衰弱的症状时,逗号负责将它们隔离开来:皮肤干燥,指甲开裂,注意力不集中,精神严重萎靡。逗号凸出了我

不以为意的信息：我的症状，包括肌肉无力和昏厥等，已经相当严重。逗号连接了对我的形容：那个瘦弱的，抑郁的女孩。逗号标记了句子开始的短语：从前，有一个非常瘦弱的女孩。逗号创造出两个句子的关联性：尽管家人努力地帮我，但我的情况还是越来越糟。逗号连接了两个独立的句子：我的状况变得更糟了，我的家人很担心。

历史上的逗号经历了一系列的变化。阿里斯托芬三点系统里上下居中的点，演变成逗号，表示最短暂的停顿，刚好够换一口气，但是句子没有完结。在15世纪后期，意大利学者、出版商阿尔杜斯·马努蒂乌斯（Aldus Manutius）使用的逗号就是我们现在熟悉的悬挂在底部的半圆弧形。有人说马努蒂乌斯的发明是将原本用作分隔字词的斜杠（/）位置下拉；也有人说他给句点加上了一条尾巴。

无论哪种方式，最终人们开始错误地使用逗号进行"停顿"。这话不对。或者说，在读者眼中可能是错误，但对作者来说却并非如此。同一个句子，不同的人写可能会在不同的地方停顿。

我不明白逗号的重要性——不懂它是如何将前后内容既分隔又连接——所以我用错了它。我（萨拉，一位厌食症患者），遵从一连串不合理的行为清单，设置体重目标，限制摄入卡路里，用几杯水填饱肚子。我将本没有关联的想法强行放在一起：比如前后不合逻辑的句子（我饿了，但我不应该吃东西），比如荒谬的想法（如果那片吐司碰到我的嘴唇，我体重会增加五十磅）。

───◆───

交上论文后的那个周末，一个叫瑞恩的高三朋友从他家里给我打电话，说有礼物要送我。他长了张圆圆脸，善于交际，跟谁都处得来。他开着父母的车过来找我。

我坐在副驾驶座位，他递来一个硬纸盒。里面是一只小猫，长着玳瑁花纹的暹罗，身披米色和棕色皮毛，一对温柔的蓝色眼睛。她发出一声尖细娇嫩的喵——呜。

妈妈不太高兴。我们已经有两只猫了，而且我没有去喂食和清理，但她没有让我把小猫还给他。我给小猫取名叫瑁瑁。她的身子缩在我两只手掌心里，大小刚刚好，只有尾巴耷拉在外面。那天晚上，她睡在我的颈弯中，感受着我的心跳——稳定、缓慢。

礼拜一的课堂上，我从贝克先生手里接过自己的论文。我不记得分数了，但挺高的，总之可以升十一年级了。他在评语中感谢我"穷日落月的努力"。我还翻了字典查这个词。大致意思是说，能看出我确实下了功夫。不仅如此，他还说，我的逗号"大部分都用对了"。

夏天来了。一天下午，我独自坐在米切尔家的一张桌子前，米切尔家是我们高中附近的一家小餐馆。店里没坐几个客人，女服务生站在我跟前，在手中的点餐板上写下了我点的烤蓝莓松饼（他们家招牌）。我把塑料菜单递还给她。女服务生微微一笑，向厨房走去。

在她眼里，我和任何一个喜欢甜食的十几岁女孩没什么两样。一个正常的女孩。一个吃她想吃的东西、不纠结食物和身材的女孩。

但我的脑海中仍然反复念叨着这几个词：烤架、液体黄油、松饼、卡路里、脂肪。

《世界上最好的小女孩》指给了我进入围城的路，却没告诉我怎么走出去。丝卡一步步堕入厌食症的过程很清晰，但她是怎么一点点爬出来的就很含糊了。全书250页，讲康复的内容只占了短短不到35页。心理咨询师谢尔曼像一名从天而降的英雄，"拯救"了她，让她敞开心扉吐露自己的感受。他和她一起坐下吃饭，观察她围绕食物展开的强迫行为和仪式：将一片吐司从中间切开，再将半片一分为二，只吃1/4；她手指敲击着椅子侧边，无声地用四音节拍子吟唱自己的名字，4是能防止她发胖的"魔法数字"。

书的最后，她是否会再次住院依然是个未知数。

过了一会儿，服务生走过来，将盛着蓝莓松饼的盘子放在我面前。我想象着厨师如何把松饼一切为二，涂上液体黄油，然后放到烤架上。她问我是否还有其他需要。我哭起来，慌忙摇头。

松饼放在盘子上，从中间分成两片，烤过的每一面都往外渗着黄油。我拿起刀叉，像丝卡一样，把松饼从中间切开，再切开。慢慢地咬了一口。

第二章
思忖冒号

我男朋友克里斯两手抱着刚采摘的黄南瓜，从后院的菜园回来了。他面带微笑："再不吃它们就要坏了。"说完，进厨房忙活起来。

我们租的公寓无可挑剔：一个双层套房两居室，在芝加哥一个不算特别高档的社区。楼上没有人，就像一栋属于我们自己的小房子。木地板坑坑洼洼的，破旧的窗户冬天往里灌冷风，但有一间大厨房，一个餐厅，还有一个在我们看来堪称巨大的后院。我们的生活围绕食物相关的区域展开：厨房，克里斯做饭的地方；餐厅，我们和朋友一起吃饭的地方；还有后院。

种蔬菜是克里斯的主意。园子的一侧是块废弃的荒地，另一边是一条小巷。在园子与汽车飞驰而过崩起的石砾、尘土和垃圾之间，只隔着一层铁丝网。我们为这片园子感到欣欣然。从某些方面来看，这是我们对食品店物资匮乏的一种回应。附近商店的货架上摆放的全是罐头食品、十磅一份的烤牛肩肉，还有经常缺货的枯黑冻生菜。于是，我们拿出丰收的西葫芦、百里香和香菜。收获的罗勒和西红柿太多了，我们不得不连续吃了好几天的意大利黑醋汁西红柿罗勒沙拉。与我们自种的辣椒相比，芝加哥第一家全食超市的辣椒在惨白的荧光灯下像是蜡做的。

那天下午,克里斯在厨房做黄南瓜,我去洗澡。高大的老式四脚式浴缸,抛光瓷面上遍布着星星点点的划痕,浴缸的四只狮子脚有一只折断了,下面垫了铁片和木屑,但泡在里面让我感到包裹与温暖。

我不再觉得冷了,也不再把自己饿得奄奄一息。转变的过程很漫长,大概持续了将近十年。大一时,我陷入了一种奇怪的饮食状态,用一定量的垃圾食品维持着身体不健康的浮肿,看上去不会过瘦——一整天不吃东西,然后控制不住地往胃里塞咸薯条和甜饼干。为了更像在吃一顿饭,我也会吞一个三明治或者一份沙拉。这种情况或许依然是进食障碍,但真去了进食障碍科却不会得到正经治疗。

在大学里修习女性研究专业让我对自己有了更深的认识。我撰写有关男性凝视的文章,参加"还我安宁夜"游行,抗议对女性施加的暴力。我的大脑中装满了有关厌女症的内容,也将性别歧视和性别议题内化为自己的思考。我了解到父权、大型企业、广告和媒体是如何让女性相信,她们来到这个世界就是为了购买刺挠的内衣然后"诱骗"男人结婚的。我剃了光头——原本及腰的浅棕色长发变成了头顶上的"胡茬"。之前在学校熟食店晚班打工的时候,我曾经被醉醺醺的兄弟会男生(总是以一种令人毛骨悚然、嘲弄的方式)调戏,但现在他们眼里似乎看不到我。非女性气质让我在他们面前隐了身——这是一种解脱。

再后来，我读了琼·雅各布斯·布鲁姆伯格（Joan Jacobs Brumberg）的《禁食的女孩们》（*Fasting Girls*），我与食物以及自身身体的关系发生了变化。布鲁姆伯格述说了那些违背社会常规的女性，她们用禁食的手段表达不逊，伸张自身权利。在中世纪，这些女性比如锡耶纳的凯瑟琳、玛格丽·坎普和诺维奇的朱利安等，自愿变得瘦骨嶙峋，饥饿使她们异常虚弱，以至于在幻觉中看到了上帝或耶稣的降临。公众视她们为潜修者甚至圣徒，人们源源不断地前来寻求她们的祝福，触怒了感到威胁的神职人员。宗教改革过后，妇女没有财产权，"奇迹使女们"通过展示自己的饥饿谋生，以禁食为噱头吸引人们付钱观看。维多利亚时代的英格兰也是如此，"禁食女孩"是当时媒体追踪的轰动话题。布鲁姆伯格强调了自愿禁食和厌食症的区别。这本书改变了我对自己行为的看法。那些妇女是反叛激进的；我的行为是愚蠢的，无意义的。

远离进食障碍科也起到了一定的作用。没有人在我身边提醒我患有厌食症。我不再被定义为病人，不再给自己加标签（萨拉，一名厌食症患者），我不再认为自己是厌食症患者。

泡澡的时候我把浴室门打开，这样便可以听到克里斯切洋葱的声音，点炉子的声音，流水在厨房水槽里哗哗作响的声音。珥珥走进来，喵—呜着在浴缸上蹭了蹭，又走了出去。我没有问克里斯他准备用南瓜做什么菜。给我什么我吃什么。

他对食物近乎热忱。在他的手里，每一口汤汁，每一瓣大蒜，都值得尊重。他保持着健康的饮食习惯，一般感觉饱了就停下，他不像我那样控制食欲或者害怕食物。休息的时候，他会花一整个下午做饭，烹调一大锅土豆韭葱汤或者茴香白豆汤。我们用蔬菜汤做主菜，主要是为了省钱。

泡完澡，我穿好衣服，坐在沙发上看书。我们在一起的生活很简单。我们没有装网络。电视一直放在柜子里，偶尔拿出来看点节目。我们做服务行业，干晚班——他是调酒师，我当服务生。在白天和不工作的晚上，他会写歌，跟南区的一个前卫剧团一起演出，我写没人看的言情短篇小说。

我们的社交圈子不涵盖社交媒体，我们也不追逐金钱和名声。当时是20世纪90年代。做"独立音乐"仍然是可能的，个性还没有被互联网的扁平化所冲淡，现在所有的专辑——无论是主流音乐或者独立音乐，资金充足还是紧缺——都仿佛是一个模子里轧出来的。克里斯的高光成绩是签约了独立唱片公司惊吓骑师——该公司制作推出了大海与蛋糕、乌龟等乐队。除了写过一些没发表的东西，我对艺术专业课程和代理人一无所知。我们只是希望明天能够和今天一样好。

我们过着某种意义上充裕的生活。房子租金很便宜，家具和衣服几乎全是二手的。我们不买乱七八糟的东西，大多数钱用来买 CD、书籍、不到十美元的葡萄酒、食品杂货，还有珥珥的食物和猫薄荷。

克里斯喊我去厨房。餐桌上放着两碗热气腾腾的黄南瓜泥，入口很烫，但不影响它的美味。我们沿着桌子的对角线坐着。

他比我大七岁，真诚、酷、有才华、风趣幽默。我的家人——我的母亲、父亲、继母、姐姐、姐夫——全都很喜欢他，他对我的爱也毋庸置疑。从来没有人愿意像克里斯这样为我花费时间和精力。我们刚确定关系的时候，有次他刚独自完成了阿巴拉契亚部分国家步道的徒步，就开着大众汽车巴士赶了一整夜的路，只为了早点见到我。

他举起勺子，把汤吹凉。我把一只手放在他闲着的那只手手心，轻轻捏了捏。他把勺子放回碗里，与我十指交握。

"谢谢你。"我泪如泉涌。

他歪着头，显然对一碗南瓜汤居然令我如此触动而感到惊讶，"不客气。"

我把我们握在一起的手举到唇边，吻了吻他的手背。恍如隔世。我被治愈了。

• ▬•▬ •

治愈（cure）这个词原本并不是我们现在理解的意思。它最原始的定义是"照顾"。从这个意义上说,我被"治愈了"。我学会了照顾自己。我们碰到治愈(cure)这个词时,想到的是《牛津英语词典》中出现的派生定义:某个人的某种疾病痊愈了。Cure 最早与疾病挂钩是在《威克里夫圣经》,只局限于身体上的疾病。直到 16、17 和 18 世纪,我们才逐渐接受情绪,比如爱、悲恸和欲望也可以被治愈这一观点。

如果我问劳拉我是否康复了,她会否认,并且拿出厌食症的统计数据。我复发的可能性很大。"厌食行为"很有可能再次出现。然后我会出现心动过缓,也就是心率缓慢异常,以及严重饥饿引起的心力衰竭。说不定我会自杀身亡。未来我极有可能酗酒,而酗酒也可能导致死亡。

我会告诉她,你错了,我不再是厌食症患者萨拉了。我吃克里斯做的汤,里面加了大量橄榄油,起锅时还用了黄油;我当着他的面大快朵颐一碗(有时是两碗)冰淇淋,从不藏着掖着;在餐馆用餐时,我也会点丰盛的肥美鲑鱼和奶油土豆泥。我的行为对应非厌食症特征:均衡饮食,不限制卡路里,正常体重,不执着于瘦,家里没有秤。我几乎是和朋友们一起欢享食物——主要是克里斯的朋友(我从来不需要很多朋友)。在我们举办的晚餐聚会上,我吃着苹果山核桃芝麻菜沙拉、烤鲑鱼排配酸奶油和莳萝,甜点是无花果和巧克力。我可以专注于谈话而不是计算卡路里。我健康的想法和行为与不健康的想法和行为出现的比例是

10∶1，也许20∶1。

然而主流观点认为大多数《精神障碍诊断与统计手册》中的病症是长期的慢性病[1]。沾上这些病的人可以"体验解脱"，可以"得到控制"，他们甚至可以过上"一种满意的生活"[2]，但他们无法被治愈。

------·|·------

一天下午，在上班的路上，我在一间二手书店前停住了脚步。从店外可以看到书架上 M. F. K. 费雪的《恋味者》，封面正对在我眼前。那是一张费雪的黑白照片，她涂着深色口红，头发向后梳成髻，拿一根筷子固定住（我也是这么扎头发的）。费雪直视镜头——坦率、机敏。我之前从未听说过她，也不知道美国的美食写作是回忆录、操作指南和冒险故事的结合体这个传统是由她奠定的。这本书记录了她作为一个女人毫不掩饰自己贪婪胃口的生活。

我读了序言。她写道，食物是我们的三大基本需求之一，另外两项是安全和爱。三者"是如此深切地融合、混杂、交织，以至于我们无法只专注思考其一而不涉及其二其三"。她对食物崇拜得颇有章法，不乏怀古情愫。我草草向后翻，停下来欣赏她吃一只牡蛎的经历，牡蛎独有的滑嫩、咸腥被描写得淋漓尽致；她研究了古埃及的饮食习惯，介绍了古希腊人对酸奶和蜂蜜的热爱；她回忆了二战期间自己如何在配给和粮食短缺的情况下抵御饥饿之"狼"的侵袭。

那天晚上，我和同事们坐在吧台叠餐巾，准备当晚的服务。他们中有一半是艺术工作者和胸怀抱负的演员，侍应桌前是为了付房租。叠好餐巾，我们又擦拭玻璃杯和银餐具，试吃当晚的特色菜：用白黄油汁烹调的鳐鱼。这是我的最爱：口感浓郁，黄油醇厚，肉质紧实但不失湿润。鱼肉在舌尖融化，我的身上不会掠过哪怕一丝一毫的恐慌。

这家餐厅很"酷"。没有招牌标明入口，全靠食客自己摸来，新客人会觉得很不方便，有郊区过来的客人提前订了位置，等满面愠怒地找到时，已经过了预约时间。在那间餐厅，食物不仅仅是用来吃的，它有自己的讲究。厨师教过我菲力牛排、夏多布里昂牛排和惠灵顿牛排之间的细微差别。我也学会了区分烩肉汤和清炖肉汤，生菜沙拉和餐前肉[*]，甜果馅饼和格雷派饼。

还没到营业的时间，我站在厨房的窗户旁，和一位流水线厨师有一搭没一搭地讨论电影。中午刚过，他们就得开始上工，在灼热的炉灶前一站就是六个小时、八个小时甚至十个小时，直到

---

[*] 生菜沙拉和餐前肉两者都是法国菜式，法语名字 crudités 与 charcuterie 发音相似，且都为凉菜，容易混淆。这里提到的三组对比都是常见的美国菜式与类似但比较正宗的法式烹调餐食。——译者注

晚上忙得快要散架才结束轮班。和他们相比，我们所做的那些不过是九牛一毛。锋利的刀具和滚烫的锅子意味着精神高压与肉体危险。流水线厨师把厨师服的袖子翻上去——两只小臂上是斑驳的烧伤疤痕。我想，他是出于对食物的热爱。

我负责的区域落座一桌客人。我记下他们四位点的菜品，把酒拿到他们餐桌上开瓶。一个站在厨房窗户旁的服务生奚落着前天晚上抱怨主菜的那对英国夫妇："说得好像他们有权利谈论食物似的。他们给世界贡献了什么美食？牧羊人馅饼吗？"

我也跟着笑。然后一种恶心的感觉笼罩了我。难以忍受的恶心。难道那个浑浊的坑又出现了吗？不，是鳐鱼太腻了。

很快，我被灼烧和恶心两面夹击。身体更难受了。越来越煎熬。半小时后，我找到经理，请求提前走。他不太愿意，担心店里忙不过来，但他最终还是让步了。

等我到家时，灼烧感已经非常强烈。我跪在马桶和浴缸之间的空隙里，等待呕吐物的上涌。

———◆—◆———

那次之后的胃痛却有些不同寻常。浑浊的坑被腹胀、恶心、反胃、灼痛所取代。不吃东西不仅没缓解，反而使情况变得更糟。我想吃东西，但吃完却更难受了。我绝望地、希冀地渴求着食物，但我的胃只能承受蒸菠菜，或者蔬菜汤、干巴巴的吐司。

每到傍晚时分，一股可怕的能量会伴随着反胃和灼热涌入我的胸膛，令我焦虑不安。而焦虑又使我心神俱疲，奔逸的思绪和嘈嘈作乱的心跳擂着耳鼓膜，让我夜不能寐。我躺在克里斯身旁，盯着被窗外的微风徐徐撩动的窗帘。

不久我出现了偏头痛，随之而来的，是一次发作便足以将我撂倒几个小时的眩目光圈：我的视野中会出现一个点，它逐渐长大，变成一道道闪光。我只得拉上百叶窗，在卧室躺下。一次次的头痛让我头脑发蒙，阅读和写作几乎难以为继。

不是因为怀孕。由于患有慢性偏头痛，我没有被要求进行脑部扫描，只是以前我的头痛没有伴随目眩。初级保健医生让我去做结肠镜检查，检查后发现小肠和大肠状况都还可以。钡餐显示胃部可能存在溃疡，但情况并不足以导致我描述的那个级别的疼痛。

没过多久，我便经常无法完成工作。接着我开始请以前从没请过的病假。最后，我只能请求经理一个礼拜只安排我轮两班，但如此一来我们的经济状况便大受影响。

我每天花很多时间等待克里斯回家。一天晚上，我搬出电视，打开公共电视频道。里面正在播放一部黑白影片。我窝进沙发里。珺珺跳上来，偎在我腿上。

主演是亨弗莱·鲍嘉和劳伦·白考尔，电影叫什么不清楚。鲍嘉饰演的角色被指控犯了谋杀罪，于是他接受整容手术，改头换面。有一幕是他第一次摘下绷带看到自己的新面孔，鲍嘉对着镜子，审慎地摸了摸下巴。白考尔说自己更爱他现在这副面孔。他微微一笑。他有了一个新身份，一个获得自由的机会。

我曾经以为自己也获得了新身份，以为终于摆脱了名字后的同位语，摆脱了病人身份的枷锁，但是现在我的自由再次被剥夺了。曾经标记身体健康的逗号（我已经治好了：吃饭香甜，呼吸新鲜空气，锻炼身体），现在又标记出一系列不同的症状（这些问题以前未出现过：灼烧性胃痛，失眠，精神紧张）。

又过了段时间，一次克里斯出去上午班，我去翻我们的书架。上面有一本威廉·斯泰伦（William Styron）的《看得见的黑暗》（*Darkness Visible: A Memoir of Madness*），我不记得自己买过这本书。肯定是克里斯的。书脊上几乎没有折痕，书页崭新得发脆。

我坐在后院的阳光里，一口气读完了这本书，还把自己晒伤了。站起来的时候我的两条腿都在打颤。书中的文字好像是作者当面亲口对我说的。抑郁症并没有让他身心疲惫，整日昏昏欲睡；据医生说，他患的是非典型抑郁症：早上很好——甚至兴致勃勃——只有傍晚时才被阴郁、恐惧和焦虑残酷地折磨。我想问他你的胃是不是也疼。

斯泰伦给了我有关抑郁症最初的认识。他把抑郁症当作一种"心境障碍"——听上去很严重——将它定义为由"大脑神经递质"中"机体应激"引起的生化功能障碍，认为该障碍会大量消耗血清素。这听上去非常科学。非常可信。非常合理。

那是"抑郁的时代"，但当时的我还不知道[3]。抗抑郁药百优解已经出现了近十年，每年都为礼来制药公司带去20亿美元的盈利[4]。伊丽莎白·沃策尔（Elizabeth Wurtzel）创作的抑郁症回忆录《百优解之国》（*Prozac Nation*）畅销美国。

斯泰伦也随口提到了《精神障碍诊断与统计手册》，称它是"精神科医生的圣经"。我从来没听说过这本书。《精神障碍诊断与统计手册》？他说，自己以医学生的方式研读过《精神障碍诊断与统计手册》，以便更好地了解自我的"疯病"。是的，疯病。

1990年《看得见的黑暗》出版时，斯泰伦应该已经研究过《精神障碍诊断与统计手册》第三版修订版了。从他如此确凿无疑地陈述自己诊断的病症来看，他一定相信《精神障碍诊断与统计手册》是科学的产物。

很明显，他没有意识到《精神障碍诊断与统计手册》第三版与其修订版接连造成的破坏。《精神障碍诊断与统计手册》第三版由哥伦比亚大学精神病学教授罗伯特·斯皮策（Robert Spitzer）带队编写。斯皮策常被称为近年来最具影响力的精神科医生之一，他作为《精神障碍诊断与统计手册》编写委员会的主席，用这本册子改变了我们对精神障碍的理解。记者阿利克斯·斯皮格尔总结得最好：斯皮策"举起《精神疾病诊断和统计手册》……并把它确立为极为权威的科学标尺"。[5]斯皮策与合著者创造出一本看上去是科学手册的东西[6]，虽然其中的诸多诊断没有阐释生物学成因，并且对疾病的诊断分类过于主观随性，但该手册奠定了精神病学在医学中的地位。[7]《精神障碍诊断与统计手册》第三版修订版旨在修复第三版中的不一致之处，但这一次斯皮策还是老调新唱，在依旧缺乏实证研究的前提下，将228项诊断病症重新进行排序，另外新增加了25项（第一版是128项，第二版193项）。

《精神障碍诊断与统计手册》第三版可以说扭曲了疾病的定义（"疾病"这个词本身就是一个不断引起争论的话题），其目的是去适配他们掌握的有限数据和证据。根据泰伯医学词典，疾病不仅需要病人的主诉和症状，还需要"实验室或者放射检查的结果"。疾病是客观的、有形的、可衡量的。《精神障碍诊断与统计手册》第三版没有提供客观的研究发现，仍然以"推断存在行为上、心理上或生物学上功能障碍的"体征和症状作为诊断标志。[8]"生物学"这个词代表手册中的疾病在某种程度上是可以检测的。尽管斯皮策表示，手册"没有假设有机生物体的功能障碍或其负面结果本质上是躯体的,"但正如医学历史学家爱德华·肖特(Edward Shorter)所写,《精神障碍诊断与统计手册》第三版将"诊断变成了疾病"[9]。

斯泰伦高举《精神障碍诊断与统计手册》之时,精神病学界正在大力推动脑部疾病理论的发展。精神病学家、研究者南希·安德烈森(Nancy Andreasen)1984年出版了一部颇具影响力的著作《破碎的大脑》(The Broken Brain),其中写道:"精神病学主要研究的应该是疾病。精神疾病应该被视作医学疾病,就像糖尿病、心脏病和癌症一样。该模式的重点是像内科医生或神经科医生一样,仔细诊断患者所患的每种特定疾病。"[10] 对该观点表示认同的,还有诺贝尔奖获得者埃里克·坎德尔(Eric Kandel),美国国家精神卫生研究所前所长托马斯·因塞尔,甚至美国国立卫生研究院(National Institutes of Health, NIH)。[11] 精神病学界的研究成员咬住疾病的定义不放,目的是精神障碍也可以被纳入疾病范畴。[12]

三十年来,精神病学一直试图将《精神障碍诊断与统计手册》中的诊断变成疾病,但一直没有成功——或者说至少在不操纵意义和扭曲定义的情况下没有成功。抑郁和焦虑等障碍与癌症和糖尿病不同。两者不可相提并论。癌症和糖尿病等疾病可以用客观的衡量标准来进行诊判,而《精神障碍诊断与统计手册》提供的诊断病症,不论在过去还是现在,都完全靠主观判断,依凭的是患者主诉的症状和临床医生的个人意见。我经常口干舌燥，饿得极度烦躁、头晕眼花，身体感到疲倦，排尿相当频繁（尿频，我知道），但我没有糖尿病，抽一管血就能验明正身。我永远不会被告知我患有糖尿病，被认定为糖尿病患者，然后走上注射胰岛素的不归路。但是，如果我走进精神科医生的诊室，表示我感到焦虑，是经常无法控制的焦虑，我心神不定，神经紧张，常常无法集中注意力，烦躁不安，半夜睡不着觉，经常回避社交场合，我就可以被确诊广泛性焦虑障碍，但其实没有任何客观的衡量标准能够支撑诊断结果。我会走出精神科医生的诊室，相信我患有焦虑症，一种精神疾病，也许会开始服用精神类药物。

《精神障碍诊断与统计手册》的诊断过去没有依据，现在仍然没有。在科学和医学的标准下，如果某一事物基于"事实"，[13]那么就是有效的。《精神障碍诊断与统计手册》中的诊断病症无法被具体化，这意味着它们脱离了观察者之外并不存在。[14]它们甚至不是各自独立的疾病，没有明确的分界线。诊断病症和症状是交叠的。

《精神障碍诊断与统计手册》第三版和第三版修订版中新出现的数百项诊断病症，基本都是由编写委员会发明和批准的。斯皮策与合著者们将症状与诊断连连看，创建适用于症状的诊断病症。据说他对分类极其痴迷。斯皮策承认自己有点像现代林奈*，

＊ 卡尔·冯·林奈，现代生物学分类命名的奠基者，现代分类学之父。——译者注

"从孩提时候起，我就喜欢整理东西。"[15] 传说他乐于搜集各种症状，然后根据某种症状最适用于哪种诊断病症，将症状整理并再分配到各个理论框架中。编辑第三版人格障碍部分并领导《精神障碍诊断与统计手册》第四版编写委员会的艾伦·弗朗西斯表示，手册的创作"并不体面，它更像是行动上的精湛艺术，而非科学层面的深思熟虑"。[16]

《精神障碍诊断与统计手册》第一版没有自称具备科学权威性。美国精神医学学会之所以出版它，目的是给医院的精神科医生和临床医生提供一门通用语言。该语言主要展现了当时的主导理论：心理动力学和精神分析心理学。[17]《精神障碍诊断与统计手册》第一版（1952）笼统地区分了精神障碍类型。但症状罗列含糊不清，有时甚至以"等等"结尾。[18] 器质性脑部障碍（如癫痫）与那些被认为外部压力导致的障碍——既包括精神上的（例如精神分裂症）也包括神经上的（例如焦虑和抑郁）——区分开来。第一版几乎没有掀起什么水花，也并未被看作是一种明确的"疾病分类学"——对疾病的医学和科学进行分类——作品。[19]

第一版之后，每一版《精神障碍诊断与统计手册》都越来越多地标榜科学权威性。第二版（1968）延续了心理动力学的方向，扩大了精神障碍的定义范围，收入了辐射更多公众的轻症。几乎所有的反应都被删除了。[20] 抑郁反应、焦虑反应、精神分裂反应消失了，只剩下抑郁症、焦虑症、精神分裂症。虽然第二版表示，删掉反应并不代表里面的诊断症状是"固定的独立疾病"，反应的缺席却说明精神障碍那无法被证实的病因起码没有症状重要。范式发生了偏移。[21]

《精神障碍诊断与统计手册》第三版（1980）可谓一个转折[22]。当时，生物精神病学家、研究人员、制药公司、美国食品药物监督管理局（Food and Drug Administration, FDA），以及美国国家心理健康研究所需要一个至少看上去具有坚实科学基础的诊断分类系统。[23]《精神障碍诊断与统计手册》第三版修订版（1987）继续坚持了第三版对自身科学合法性的主张。《精神障碍诊断与统计手册》第四版（1994）引入了诊断病症必须明显损伤人的"整体"功能的观念。不过这种说法含糊不清，因为其时并没有生物标志物来定义损伤和功能障碍。《精神障碍诊断与统计手册》第四版修订版（2000）基本没有给出什么改变。尽管神经科学未能明确证明《精神障碍诊断与统计手册》的诊断具有客观现实做支撑，但《精神障碍诊断与统计手册》第五版（2013）说，是的，我们的诊断不是基于生物学，但我们只需等待，不用担心，有一天大脑中的神经回路（可能，也许，可能）会显示它们是生物学层面的。[24]（精神病学把病症、疾病和障碍相混淆，导致我们和媒体也跟着一起混淆。）

不过我们可以说，这无关紧要；《精神障碍诊断与统计手册》的书名已经说了，诊断的是障碍。即使《精神障碍诊断与统计手册》中没有一个诊断病症具备哪怕一个检验或者身体迹象，精神病学研究的只有障碍——不过就连这样的说法都站不住脚。正如杰罗姆·韦克菲尔德（Jerome Wakefield）的论述："主张精神病学是医学学科能否成立，取决于精神障碍是否真正存在。"[25] 问题在于，障碍是一种价值判断。我们无法判断什么样的行为是一个人在一种状况下对生活事件作出的"有障碍的"反应。即使我们坚持将障碍定义为"有害的功能失调"，"有害"也是主观的。精神病学中关于障碍的定义实际上并不是统一的、不可动摇的。它通常依赖于痛苦和缺陷等术语，但这些也是相对的。如果像《精神障碍诊断与统计手册》编写者们承认的那样，障碍无法被定义[26]，并且编写《精神障碍诊断与统计手册》的工作组和委员会终究没有使用障碍的工作定义作为基准，那么我们被诊断出的病症到底是什么？

我眼前出现这样一幅画面，斯泰伦坐在自己书房的办公桌前——或许在沙发上——一盏灯照亮了他面前的《精神障碍诊断与统计手册》，他把它当作科学，当作真理。

———— ❖ ————

去纽约旅行期间，我经历了最严重的一次发作。我们住在廉价的市中心酒店，房间里的地毯肮脏破旧不堪，几乎看不出原本是米色。窗外对着一片砖墙。街上车流的声音——汽车的刺耳尖叫，救护车和警笛的哭号——按说肯定会传进来,但我们并没有听到,或者说在窗式空调机破损风扇的嘈杂中听不见。房间的味道令人想起发了霉的淋浴间。床罩的颜色我已忘记了——照理说我应该记住更多酒店房间信息的——毕竟我一个人在里面待了很久。

大多数情况下,我都是在房间阅读,克里斯去拜访朋友或者出门吃饭。我的胃又烧又痛。每天下午,摧枯拉朽的恐惧和骇人心魄的能量呼啸而来。

我们收拾行李准备回家——我躺在床上,他把衣服放进我俩共同的行李箱——我说我感觉不舒服。

他说,"我知道,"我还从没听他这么恼火过,"我知道你不舒服。"

我本以为后面跟的会是我已经受够了,或者我受不了之类的话。没想到他就此打住了,还向我张开怀抱。我靠过去,心中是多么希望自己好好的,而不是现在这副样子啊。他抱着我,我把头靠在他的胸膛上,感受着落在发间的他的轻抚。

——❖——

那天下午是我第一次品尝到自杀意念的滋味,我坐在沙发上,臂弯里瑁瑁依偎着。克里斯出去了。小而密的雨珠哒哒叩响身后的窗户。

胃痛——现在是恶心的反酸——仍在继续。阅读变得越来越困难，我选择重读费雪的书。那天下午，我的眼睛在她的话上游荡，一个字也没看进去。

念头和画面到底哪个先出现，很难说清楚。一定是念头：这永远不会结束。然后是画面：浴室，浴缸——我们的四足浴缸——我的身体在浴缸里，双手手腕割开，浴缸里的水是红色的。

画面在脑海中挥之不去。我把珺珺推到沙发上，站起身，来回踱步。画面在我脑海中闪过——一次又一次——几乎与打在窗户上的雨同步。

我坐在厨房餐桌旁的椅子边上，心中惊恐。我这是自杀倾向吗？他们说的自杀倾向到底指的是什么？我的了解大部分来自电影、流行文化和媒体。很多名人，比如欧内斯特·海明威、玛丽莲·梦露、西尔维娅·普拉斯、弗吉尼亚·伍尔夫、科特·柯本*，都死于自杀。听得最多的是几年前刚去世的柯本，每每提及他的死，大众总是用"悲剧性"来形容。

研究人员和临床医生仍然认为自杀行为是重性抑郁障碍或边缘型人格障碍等情绪障碍的症状。[27] 自杀行为障碍尚未被视作一种独立的疾病。[28]

然而当时的我对这些还一无所知。抑郁症、《精神障碍诊断

---

* 科特·柯本（1967—1994），美国著名摇滚乐队涅槃乐队的主唱兼吉他手。——译者注

与统计手册》、精神病学和自杀都远离我的生活。我有一个朋友吃药，但我们从来没有真正探讨过这个话题。在那个时代，精神健康还不是报纸等媒体上的热词。

克里斯回家了，他做了我们俩的晚餐：番茄，茴香，白豆汤和一根法棍。我想到了费雪的话，滋养自我需要诚实："碗里有食物，而且有比没有的时候多，因为我诚实，所以心中的营养可以喂饱更狂野、更深切的饥饿。"[29] 诚实是饱腹感出现的前兆。如果不对自己和他人诚实，我们就不可能感到肚子被填满。

我们俩——或者说他——吃完饭，收拾干净，我坐在沙发上。他去餐厅练吉他。琴弦弹奏的每一首乡村蓝调歌曲——出自罗伯特·约翰逊和盲人乐手威利·麦克泰尔——都在告诉我，倾诉吧，到餐厅去，坐在他身旁，告诉他：我在想象自己的死亡，只是想象而已。或者去书房，试着用一封信来解释——亲爱的克里斯：我可能有自杀倾向。

我爬上床，平躺，盯着天花板，这到底是什么情况，我甚至对自己都解释不清楚。

——◆——

第一次读《看得见的黑暗》时，我没有注意到斯泰伦使用冒号来介绍和预示即将发生的事情。作为一名写作者，我为自己对标点符号规则和含义的无知而感到羞耻,但说实话这对我没有什么影响。我的小说写作指南和诗歌创作指南里从未提过冒号的用法。

冒号用以解释他的抑郁症——"它最出名而且最险恶的特征是:头脑混乱、精神无法集中和记忆力下降"——以及抑郁是如何在傍晚时分降临在他身上的——"现在有一种类似心境分叉的东西出现:一天之中前半段时间大脑比较清醒,下午和晚上逐渐昏聩。"[30] 他用这句话引出了加缪有关自杀的名言:"要判断是否值得继续活下去,就看生命是否回答了哲学的基本问题。"[31] 冒号为有自杀意念的抑郁症患者提供了一个悲惨的病情预后:"我对我的观点直言不讳:严重抑郁症的痛苦对于那些没有遭受过它的人来说是难以想象的,在许多情况下,抑郁症之所以会杀人,是因为受害者再也无法承受它给的痛苦。"[32] 他列举了许多死于自杀的"沉沦的艺术家":"哈特·克兰、文森特·梵高、弗吉尼亚·伍尔夫、阿希尔·高尔基、切萨雷·帕维塞、罗曼·加里、瓦切尔·林赛、西尔维娅·普拉斯、亨利·德·蒙特赫兰特、马克·罗斯科、约翰·贝里曼、杰克·伦敦、欧内斯特·海明威、威廉·英格、黛安·阿勃丝、塔杜施·博罗夫斯基、保罗·策兰、安妮·塞克斯顿、谢尔盖·叶塞宁、弗拉基米尔·马雅可夫斯基……"[33]。

冒号不会出现在我当时写的言情短篇小说中。因为不知道如何使用,所以我只好假装它们不存在。不要管我原本可以去展开的罗列和描述,也不要问我本来可以提供的解释、可以下定义的语句、可以引用的人物。

冒号是一个神圣的标点符号。和逗号一样，它起源于拜占庭阿里斯托芬的三点系统，但冒号的实际使用应该出现在公元400年，当时牧师圣杰罗姆用它在拉丁圣经上做记号，以确保僧侣能够正确阅读上帝的指示。[34]遇见冒号，男孩们就知道应该停顿了，停顿的间隔要比居中的点长，但无需像看到顶部的点时那么长。调整节奏。冒号让他们对诵读的内容保持适当的敬意。

今天的冒号不是为了调整节奏，不是要加入或分隔内容，也不是表示结束；冒号指示预言。它源自希腊语中的肢体（limb）一词，表示延伸。它出现在一个完整的想法之后（我只想要两样东西：和克里斯在一起以及写作）。冒号就像两个车前灯一样，照亮即将发生的事：表示列表（也许我本可以做更多的事情来让自己好起来：休息，好好吃饭，锻炼），提示信息（只有在一种情况下自杀意念需要引起警觉：想法由被动变为主动）。

———◆·◆———

我强迫自己重返工作岗位。一天晚上，我站在吧台前，一桌客人点了一瓶酒。给他们服务时，我胃里开始剧烈地灼烧。沉甸甸压在身上的恐惧更重了。心中可怖的澎湃能量不断暴涨。二者在我的胸腔中遭遇了。

调酒师回来了，把一瓶比诺葡萄酒放在鸡尾酒托盘上。他问："你还好吗？"我没有回答。经理正站在接待台和一对我服务的夫妇交谈。虽然他们的声音平静而轻松，但却似乎一下下撞击着我的胸膛。

那对夫妇终于离开了，我告诉经理我必须现在就回去。他的表情像是在说，你在开玩笑吗？我用一只手按住额头。他盯着我的手。它在颤抖。

我回到公寓，一片黑暗与空旷。发抖仍止不住，我坐在沙发上，手里拿着手机。恐惧——没来由又令人麻痹地——在我的心中不断攀升。

我坐在沙发上，盯着浴缸。一连串的念头泉涌而出：这永远不会结束。永远不会好转。情况只会更糟。我承受不了。

没有画面出现。奔涌的思绪似乎转瞬即逝——只是划过我脑海的句子。没什么大不了的。

克里斯进家时，我躺在床上，和往常一样瞪着天花板。我听见他打开了冰箱的门。过了一会儿，流理台上传来瓶子的叮当声，抽屉打开又关上，撬开瓶盖吐出的嘶嘶声，开瓶器放在柜台上，咔哒。我眼前出现了他走进客厅的画面。最后，他坐在沙发上，戴上耳机听音乐。

我多么希望自己当时爬下床，走到了克里斯身边，他坐在沙发上，过了一分钟才抬起头，我对上他的眼神，知道自己可以告诉他一切，我多么希望当时能告诉他我脑子里的画面和想法，他看起来很惊慌，因为他很少惊慌，所以他的惊慌让我失措，然而他伸出手，将我拉到身边，我的头靠着他的胸膛。我最希望当时他看着我的眼睛，问我们应该怎么做，而我们——他把自己也纳入了这个处境，我的处境——这个词带给了我解脱，让我知道自己并不孤单。

可我不记得向他开过口。我记得自己好奇过这个场景和想法一旦实现会对我产生什么影响。我记得当时的害怕。我记得我想告诉他。我记得——在某个时刻——我们两人坐在沙发的边缘，他的脸对着我的脸，他的膝盖碰着我的膝盖。

第三章
省略号

45　　接下来的一年半充满了空白，也就是省略号。省略号的标记——点点点点点点（……）表达的是擦除、遗忘、否认。英语中省略号（ellipsis）一词出自希腊语，意思是"不足"或者"略去"。省略。短时失忆。记忆空白：我们吃了晚饭，喝了一瓶酒，讨论了我们的关系，又点了一瓶，然后……想不起来了。

　　与其他标点符号辅助厘清语意的功能不同，省略号是用一个个点注入犹疑。它标志着一个想法无法延续（一句话的中断）：我酗酒，但我不确定我是酒鬼还是……犹疑的标志。克里斯是不是也忍住了想要和我谈谈饮酒问题的冲动？难道是因为他不想让我难过？萨拉，你真得……算了没事。省略号可能表示缺乏自信：我的……表现还不错吧。

　　据考证，省略号的出现可以追溯到16世纪，但直到17、18世纪才被广泛使用。当时，它们大多还不是几个点，而是写作连续的连字符、破折号或者星号。最早的省略号使用记录之一，出现于罗马戏剧家泰伦提乌斯的剧作《安德里亚女子》1588年版的英译本。[1]翻译者使用多个连字符来提示演员拖长话音或者台词被人打断。

被称作悬点号的省略号有时还可能让人上瘾。(自 18 世纪以来,人们一直在尽力避免过度使用省略号。[2])一旦开始用它们表示下坠、缺席或戏剧性的停顿,那么……你将欲罢不能。

用省略号暗示未尽之言也颇具意味,比如:谁也不知道接下来会发生什么……

——◆·◆——

西雅图和我们想象的有出入。一个阳光明媚得令人心醉的周末,我俩跑来看了一眼这座城市,然后就搬来了。皮吉特湾在阳光下熠熠生辉,雷尼尔山巍然屹立在远方。这座映在我们瞳孔中的城市是一座建给音乐家和作家的堡垒。我们去巴拉德的拖拉机酒馆观看一个乐队的现场演出。我们漫步在第一坡道,搜寻可以居住的社区,一位身着睡衣和浴袍的女人坐在前门门廊看书。好像每个人都在演奏音乐。好像每个人都在阅读。

我们错了。彼时亚马逊正在崛起,它没有创造书籍和阅读力量的繁荣,反而带来了高昂的租金和互联网从业人员。我们住在一间两居室的小公寓里,与在芝加哥的住处截然不同。西雅图之声——多亏了替补流行唱片公司、涅槃乐队、珍珠酱乐队和声音花园乐队等的贡献——吸引了许多(或者说过多)踌躇满志的音乐人,也因此,克里斯无缘舞台。他离开了服务行业,在一家小咖啡馆当面包师。我成了一名侍酒师,几乎没有时间写作。不过至少自杀的场景和念头没有再纠缠我。

距离我参加西雅图一所社区大学的兼职写作老师面试,已经过去一个礼拜了。

写作中心的主任一直很热情。她是那种看上去"犀利"但镜片后藏着一双善良眼睛的女人。写作中心宛若天堂。每一张桌上都放着取之不尽的笔和草稿纸。秋季学期还没开学,教室里没有学生,但却像图书馆一样散发出滋养人精神的能量。屋子里弥漫着书架上语法书的气味。我拿出笔记本电脑,坐在厨房的桌子旁查看电子邮箱。

我不得不接受语法和标点符号使用能力测试。那天我一坐下,主任就把考卷放在我面前,宿醉的感觉一下子涌了上来。头天晚上我原本没打算喝酒,结果克里斯和我一起分了一瓶红酒,接着又开了第二瓶。当时我根本不觉得有什么——我俩坐在厨房餐桌旁,珺珺瘫在窗台上,沐浴着西雅图罕见的夕阳。但是当我坐在考场上想要在句子中正确地加上标点时,却感觉大脑一片模糊:我想要这份工作,但我的语法和标点能力或许达不到要求。

珺珺跳到我腿上。笔记本上弹出了两封邮件。我打开主任发的那封:我很高兴地通知……

第一次会面定在两天后。就是这样:新的工作,新的生活。

我不再喝那么多酒了。宿醉和迟钝是无法辅导学生的。我会重新拿起笔写作。

那天下午，我去餐厅上班了。身后的关门声回荡在白色墙壁和20英尺高的天花板上。这个时间段服务生不在。磨砂玻璃墙将餐厅前部与厨房隔开，里面副厨师长和流水线厨师们正在为晚餐做准备。餐桌上除了白色桌布，一片荒芜。

那天下午没有食物供应商来餐厅谈价；所以我可以为几个礼拜后在拉斯维加斯举行的高级侍酒师考试做准备。接触侍酒师纯属偶然。当时我正在这家餐厅做服务生，他们解雇了一个手脚不干净的侍酒师。因为我能区分法国黑比诺酒的泥土味和威拉米特谷的浓郁浆果味，他们让我顶缺。

葡萄酒的另类和冷门令我兴奋不已、兴趣盎然。有的酒味道仿若泥土，含在嘴里几乎可以感觉到黏在指间的土垢。有的释放出十分顺滑柔和的余味，好像在品尝最香醇的黑巧克力。还有一种会爆出覆盆子的香气，恍如咬开了新鲜的果肉。

原本我在餐厅打工是为了赚钱写作。可很快，我便把所有的时间和精力都投注在了葡萄酒上。我甚至受到了媒体的关注，不仅因为年轻，还因为我是一名在男性占主导行业中的女性，并且活跃在太平洋西北地区的葡萄酒产区。《葡萄酒观察家》上出现了我的名字,《财富》杂志做了我的专版,但给我的酬劳堪称微薄（这让克里斯和我颇觉讽刺）。话说我的薪水一直挺微薄,又交了高级侍酒师的考试费。现在是箭在弦上,不得不发。

我选了一张靠窗的桌子,可以看到外面的街道,然后把几个葡萄酒杯分别放在三把椅子前。一个葡萄酒的冰酒桶当吐酒的痰盂。今天——从现在开始——我要使用它。

没有必要咽下去——永远没有。只需观察杯中酒,一位真正的侍酒师便能掌握充分的信息。空气中的香气已然泄露了80%的秘密。轻啜一口,在口腔中打几转,再吐出来,足够判定风味的平衡性（酒精、酸度、单宁和果香）、浓度（酒体）和余味（萦绕的香气）。

有人敲了敲餐厅的门。品酒小组的另外两位侍酒师也到了。我们不是正式的侍酒师,应该叫葡萄酒总监,不过当时随便哪个人都可以用这个头衔。他们已经完成了入门考试——两天紧锣密鼓的书面理论,正在为高级考试做准备；而我还没迈出第一步。

坐定后,他们打开了带来的葡萄酒（为了隐藏酒标,酒瓶全部装在酒套里）。我留了一只耳朵听他们讨论其他餐厅的八卦以及需要品什么新的酒。我拿出笔记本和笔,一边品酒一边做笔记。他们也都已经拿出了纸笔。

我们举起第一杯红葡萄酒，搜找酒液中的沉积物质，分析酒的浓度（浅？中？深？），评定中心色调（紫红？宝石红？石榴红？）和边缘色调（橘黄还是蓝？），评估挂杯和酒泪（相当于它的"腿"，和酒精浓度有关）。

我喜欢像侦探一样去揭开酒的谜底。我旋转酒杯，嗅着葡萄酒释放出的香气：果酱香，新橡木香，刺鼻香料香，一丝泥土味。答案呼之欲出：美国货，赤霞珠或者是调配酒。再嗅一次：纳帕酒庄或索诺玛的，大致是20世纪90年代初。

浅啜，漱口……

咽下。

第一口的冲击总是最过瘾的。腹中扬起一种温暖。酒精被胃壁吸收，渗入血液，扩散，最终阻断了大脑细胞之间传递的信号，赐予我一种化学意义上的宁静，让我的思维平静下来。

一个同伴伸手将酒桶拉到面前，往里吐出一口酒。我继续喝下一口酒。又一口酒。

———◆———

酗酒一直被视作精神错乱的表现，是道德败坏、社会问题，也是一种疾病。[3] 在18世纪，精神病学家将酗酒称为"oinomania"，即"葡萄酒狂躁症"。酗酒可以分为急性的、周期性的，或者慢性的。酗酒行为被视为暂时的精神错乱，患者经常要接受精神病院的治疗。[4] 但到了19世纪和20世纪初，禁酒运动更主张酗酒是社会层面的问题，而不是困扰个人的麻烦。第二次世界大战后，酗酒被归为成瘾行为，成了生物学方面的一种疾病。

《精神障碍诊断与统计手册》虽然将酗酒作为一种精神障碍进行了归类，却让原本就复杂的认识更加混乱；《精神障碍诊断与统计手册》的编写者们似乎无法决定应该将酗酒算作一种障碍还是两种障碍。酗酒在《精神障碍诊断与统计手册》第一版中作为反社会人格障碍出现（可以想象我在匿名戒酒会上的发言：嗨，我是萨拉，我有反社会障碍）。[5] 第二版中，酗酒被划为非精神病性质的人格障碍。《精神障碍诊断与统计手册》第三版不再使用酗酒一词，改称物质使用障碍，分为两种亚型：物质滥用和物质依赖。不过两者有什么区别呢？很难说得清。有人这样解释，滥用是指引发负面的社会、法律或工作后果的饮酒问题，依赖意味着需要戒断，但《精神障碍诊断与统计手册》第三版并未进行厘清。[6] 第三版修订版和第四版将含混进行到底。第五版将滥用和依赖合二为一，变成定义宽泛且易于被确诊的物质相关及成瘾障碍中的一种。[7]

当时，我只需要表现出以下任何一种症状，即可被定性为物质滥用障碍：未能履行大部分工作义务（倒还没有），人际关系出现问题（符合），在危险情境下饮酒（符合），触犯与物质相关的法律问题（尚未）。若要符合物质依赖障碍的诊断，以下情况出现三种即可：耐受（符合）；戒断尝试（符合）；与原本意图相比实际摄入量常常更大或者持续时间更长（十分符合）；多次试图减少或控制使用（符合）；"大量的时间"花在那些获取酒精、使用酒精或从其效果中恢复的必要活动上（饮酒是我的工作）；不再参与人际交往活动（符合）；在对躯体有害的情况下，反复使用酒精（绝对符合）。[8] 我简直是条条命中的典型范例。

是的，我喝酒速度快，量又大，酒精令我的身体出现了很强烈的反应，不过周围没人注意，也许是他们发现了也不在意。是的，我醉得不省人事，但我不是每天早上睁开眼第一件事就是喝酒。是的，酗酒是家族问题，我们家也有，但我不是离开酒就不能活，我可以随时戒酒。

——◆——

今天是我第一天去写作中心上班，晚上回家时，克里斯已经睡了。第二天他必须凌晨四点起床赶去面包店。珥珥蹭着我的腿，嘴里逸出一声喵——呜。我把手指放在唇边："嘘。"她又发出一声更加响亮的喵——呜。

一滴都别沾。我要做的就是把外套挂在衣架上，放下包，走进浴室，打开灯，然后准备睡觉。

然而接下来好像有另一个人操控了我的身体：厨房，酒杯，流理台上的红酒。我打开瓶塞时停顿了一下，眼前出现了自己身处写作中心的一幅画面，一个学生让我帮他看论文，我的视线扫过纸页，落在逗号、字母和句号上，然后标划出一些不知道为什么要标的内容。规则。我不知道规则。

一杯变成了两杯……然后是三杯。喝酒时，我的思绪在不停地打转：写作中心……为客人点葡萄酒……侍酒师学习小组……逗号。我走到书架前。双腿像灌了铅。我的目光划过一个又一个书脊，搜寻那本明明就在书架上但怎么也找不到的语法书。

我返回桌旁，将半满的酒杯举到唇边。其实很简单：把酒倒进水槽里。我站起来，去了厨房。就再喝一口……又一口，然后……

我的嘴唇抿得紧紧的。醉了。我喝醉了。以前发生过……很多次……只不过现在更频繁罢了。我努力微笑，但笑不出来。麻痹感蔓延到了胳膊和腿。我踉跄着扑倒，靠在流理台上，之后……

第二天早上，闹钟响了，我去洗了个澡。克里斯早就出门去工作了。我不记得自己是怎么换衣服上了床。厨房里，我的酒杯洗过挂在餐具架子上，已经晾干了。喝光的酒瓶也被冲洗干净放进了回收箱。

急匆匆骑车下山。酒还没醒。到了市中心，我把自行车锁在架子上,等公交来。旁边的男人闻到了酒味。不,是我闻到了酒味。

驶向西雅图北部的公交到了,我在车上啃着自己做的百吉饼。它吸走了我胃里剩下的酒精——如果还有残留的话。半小时后,我的头开始咚咚直跳。

我迟到了五分钟。走进写作中心时,其他老师们各自坐在桌旁,聚精会神地听主任讲话。我溜进去,拣了个后面的位置坐下。没人会注意。为了遮盖酒气,我嚼了薄荷口香糖,在手腕抹了薰衣草精油。

主任讲话的时候,有个留着花白短发的老妇人出言打断了两次。真讨嫌,不过那个老太太提出的学期作业布置以及如何让学生达到最好的学习效果,还是挺有用的。

主任讲完,又介绍了这位叫伊芙琳的老妇人,说要她给大伙稍微介绍一点专业知识。伊芙琳站起来,在一块三角立式板子上列出要点:主格、宾格、所有格、离格、呼格。

我一边听一边点头,实则不知其所云,传授的内容远远超出了我的理解范围。身边的其他人也跟着点头,不知他们是真明白还是假明白。

那天下午,我站在书架前,抽出那本语法书。沉甸甸,压手。

我会学习的。下一次开会时,我会发自真心地点头。

我的酒杯还在餐具架子上。我坐在餐桌旁翻看起来:格,单复数,人称。右眼角闪过一个黑点。我走进洗手间。偏头痛药不在药柜里。我翻找自己的包。找到了,往嘴里丢一颗,含水吞下去。我偏头痛发作的时候要保证房间的黑暗。我拉上卧室的百叶窗,躺在床上。

灯光秀开始了。宛若一朵白色烟花绽开,先是一个点——接着点逐渐增多——直到眼前一片模糊、身体无法移动。我的双手发麻,然后是脸。闪烁的光芒越来越盛。疼痛从天灵穴里面不断蔓延,是一种猛烈的钝痛。

是脑出血,我想。我将呼吸放得很轻,胸口一阵剧痛。我想打电话给克里斯,叫救护车,但眼睛看不到东西了。于是我躺在那里,监测胸中的疼痛和闪光的频率。

珺珺跳上床的动作吓了我一跳。她擦着我的肚皮迈过去,拿鼻吻蹭我的颈弯,肚皮里打着呼噜。

我被克里斯进门的动静吵醒了。烟花消散了。

他坐在床沿上,问我怎么了。我说偏头痛犯了,胸口痛得揪在一起,"我觉得心脏有些不舒服。"

他笑了笑,那笑不能说不宽容:"我觉得可能是你昨晚喝太多了。"

一个小时后，我俩坐在急诊候诊室的蓝色塑料椅子上。我坚持要来医院。我快死了。我一定是快死了。

胸痛两个字让我马上被接了诊，但想必血压、血氧和体温结果又表明不管我出了什么问题，都不算紧急。我的症状还不够严重，不需要立即进行治疗。

一个接诊员喊了我的名字。我们跟着他走了一段，然后换了一名护士把我们领到分诊区。我换上医院的病号服。克里斯怀里抱着我们俩的外套。他靠着墙，头向后仰着。

我坐上轮床。金属贴在腿上，很凉。身下薄薄的白纸皱起来了。

医生拉开窗帘，自信满满地和我打了个招呼。克里斯说他去外面等，搂着我和他的外套离开了。医生认真看完我的接诊单。他拿光照了我的眼睛，让我张开嘴巴，仔细观察我的两只耳朵内部。我躺下。他按压我的肚子，问疼不疼。我说不疼。

他又让坐起来，接着按压我脖子的腺体，将听诊器按在我的胸口上，我告诉他自己出现了偏头痛，感觉有个筛子穿过了我的心脏，"像是心脏病发作。"

他扬起两根眉毛，表示一个没有家族心脏病史的27岁年轻女人,不太可能出现心脏病。"你生活压力是不是太大了?"

我说:"应该没有吧。"虽然我的新工作和西雅图与我们希望的有出入,而且大部分时间我确实都醉醺醺的,好吧我想我确实压力大。

他拿起表格写了什么,我看不见。"因为,"他手里的笔不停,"压力会引起躯体症状。"

躯体症状。精神压力引发疾病。精神病人。

他把笔塞进白大褂口袋。

他们给我做了心电图。那个医生又过来了。结果正常。

疼痛,和那天早上一样的疼痛刺穿了我的心。我问他还要不要继续做更多检查。

"也许你可以考虑跟别人倾诉,减轻压力。"

"如果不仅仅是压力呢?"

医生不耐烦地点一下头,"我很确定是压力。"

我穿好衣服,走到克里斯身边,吻了他一下,复述了医生的话。他黑着脸摇摇头,好像在说,看到了吧?我就说你什么事也没有。

※

诈病者——以牟利为目的故意假装或夸大病症的人。诈病者装病的目的可以是回避工作、逃兵役、不履行陪审团职责、放派对鸽子。或者骗取残疾人福利、工伤补偿、同情、关心、关注。诈病者是机会主义者，而诈病者的谎言事关我们最宝贵的东西：健康。

但我的心脏疼是真的。还有头痛。还有耳鸣。还有肾上腺素飙升。还有⋯⋯

疑病症患者，或许是吧。疑病症患者是把身体的病痛无中生有。她要么讳疾忌医，要么强迫性过度就医，往往要得到两位乃至三位医生的诊断，然而得到的结果却和最初的相同，正如她一再同样地不相信自己没病。她是一个负担，日益消耗家人和朋友的精力，耗光纳税人的钱，耗尽医疗资源[9]。

疑病症曾经被视作一种身体疾病，但最终被认定为一种表现为身体症状的精神障碍。英语疑病症（hypochondria）的词源是形容词身体的（bodily）。这个词原本写作 hypokhondria——hypo 的意思是"下方"，khondria 的意思是"软骨"——肋骨和肚脐之间那部分柔软的胸骨。一开始，医生认为疑病症症状是由胃中黑色胆汁的积压引起的。[10] 到了 17 世纪，医学把疑病症解读为思维紊乱投射到身体上的结果。等到 18 世纪，医生把疑病症归为由特权身份和神经衰弱引起的神经反应。确诊患者中富有的、受教育的男性占绝大多数[11]。

在《精神障碍诊断与统计手册》出现后，疑病症仍被归为精神压力导致的疾病。《精神障碍诊断与统计手册》第一版引用弗洛伊德的术语疑病性神经症，把它描述为由无意识冲突引起的神经症状况。《精神障碍诊断与统计手册》第三版改称疑病症[12]。第四版将其划分成躯体形式（身体上的）疾病。第五版中，它被分到躯体症状性障碍或疾病焦虑障碍里面。

今天，疑病症被认为是使人衰弱的慢性疾病[13]。在疑病症患者看来，每一次的疼痛都可能是致命疾病的征兆，然而当医疗专业人士保证他们没病时，疑病症患者又拒绝相信。他们有的自我诊断出一种又一种疾病。有的疑病症患者身体上表现出检测不到的症状。

如果当时我去看精神科医生，很可能不会被诊断为疑病症。这个病那时还不是《精神障碍诊断与统计手册》中一个广为人知的诊断病症[14]。也许精神科医生会将我划入广泛性焦虑障碍或者某种人格障碍，也可能把我分到强迫症谱系的一类[15]。

如果当时我去看心理医生，她大概率会让我谈谈疑病症背后的潜在创伤（我没有）或者压力（我基本没有感受到压力）。如果她接受过认知行为疗法（CBT）的培训，那么她可能会在我面前肢解我的想法，质疑我的推断，并让我认识到自己是如何地妄下结论，以及由此灾难化每一次的疼痛。

但我没有去看精神科医生，也没有看心理医生；相反地，我选择了酒精。

第一次去写作中心上课,我发誓头天晚上绝不喝酒。然而正如你预料的那样:一杯葡萄酒……然后又一杯……继续……到了写作中心,主任又带我参观了一圈,把每个学生要填的表格交给了我。

伊芙琳走进来,选了一张桌子坐下。她从包里拿出自己的几本(虽然书架上摆满了数不胜数的)参考书、几只红笔、一个眼镜盒、一个保温咖啡杯。

主任问我还有没有问题。我摇摇头,选了一张离伊芙琳最远的桌子坐下。我的胃在低沉地咆哮,灼痛。我的脑子蒙蒙的,感觉根本教不了课。

我起身从书架上给自己选了一摞参考书。我经过伊芙琳的桌子,看到她戴上了一副角质框架眼镜,开始自我介绍。她以前是一名写作学和修辞学教授,退休后一直在中心工作——纯粹是因为喜欢。

中心的门打开了,今天的第一个学生出现了。我的头。我坐在桌子旁,努力做出一副很忙的样子。怦怦,我的头跳起来。他走向伊芙琳。

没等他坐下,伊芙琳转过来问我:"你介意……"

"啊,当然不。"这搞得好像她给学生辅导是欠了我,"没关系。你辅导他。"

那天上午进来三个学生,都是伊芙琳辅导的。午休有半个小时,我坐在一条水泥长凳上,吃着自带的鸡蛋沙拉三明治。校园里学生熙熙攘攘。三明治让我的胃好受了些,但并没有帮我的大脑清醒过来。

我回到教室,结果伊芙琳看见我,迎面站了起来。

恐慌瞬间攫住了我,"你要去哪……?"

她笑了,"午餐。"

一个男学生走进了教室,直奔我过来。熟悉的痛苦再次刺穿了我的心脏。

他在我对面坐下,掏出他最近在写的论文。伊芙琳从我们的桌子旁边经过。

另一种疼痛袭击了我——这次在身体的侧面。很深的地方。那里是肝脏?还是胰腺?脾?完了……真完了。

我问那名学生叫什么名字。他告诉了我。我的胃猛烈地抽搐。我问他需要什么帮助。他犹豫着没说话。我等他开口。他拽出一张作业说明递给我:就一个话题展开头脑风暴……如释重负的情绪将我从头浇到了脚。他需要头脑风暴,然后写一篇文章。这我能做到。

酗酒近些年被视作一种疾病，尤其匿名戒酒会这样的康复团体告诉成员酗酒是慢性病，是难以摆脱的。匿名戒酒会的联合创始人比尔·威尔逊（Bill Wilson）选择把酗酒称作"病症"，实际上他并不认为酗酒是"一种独立存在的疾病"[16]。

科学证明威尔逊是对的：酗酒的生物学原因依然未找到。大多数人认为它是人格（反社会人格）、遗传基因、社会经济情况和种族（一个非常具有诱导性的假设）的混合呈现[17]。临床干预的康复可能性与没有临床干预的康复可能性相差无几。

自19世纪末以来，这一精神性神经症/脑部疾病的困境一直困扰着精神病学界。这种两厢对立集中体现在两位重要人物身上：埃米尔·克雷佩林以及（当然是）弗洛伊德。很多人将克雷佩林视为生物精神病学之父（不过在那个时代，神经递质尚未被发现，他的生物学研究也只能是解剖脑物质）；弗洛伊德是精神分析之父。克雷佩林研究大脑构造；弗洛伊德将精神理论化。克雷佩林认为精神疾病是由外部因素和生理引起的；弗洛伊德则认为是由童年创伤、心灵冲突和性幻想引发的。克雷佩林在精神病院照看患有严重精神疾病的人；弗洛伊德聆听城市里无病呻吟者的倾诉。克雷佩林专注于精神障碍的病程和预后；弗洛伊德负责挖掘病人掩藏的病因。克雷佩林分类；弗洛伊德概括（通常基于对自己的分析，也许对象还包含其他一两个病人）。

精神病学的认识体系和实践经常在这两种理论与方法之间轮转。到了19世纪后期，学界认为能够解答所谓精神错乱和"白痴"原因的似乎只剩下了大脑。几乎所有精神科医生都扎堆精神病院治疗最危重的病人，他们往往更热衷于进行尸检而非治疗病人。[18]（1880年，精神科医生们共同将精神疾病定义为七种类型：其中三种是易怒躁动的暴力类型，区别于消沉抑郁的非暴力类型，剩下四种是瘫痪、痴呆、酒精依赖和癫痫。）

然后精神病学就变换了立场。20世纪上半叶，弗洛伊德式的思想和方法在临床实践和大学课堂上占据主流。像弗洛伊德一样，许多精神科医生选择投身城镇，治疗对象是从病情陈述来看没什么大问题的上层阶级。（弗洛伊德有点势利。他只接待有一定学历、阶级和处在一定年龄层的病人，拒绝接诊精神病患者、青少年和50岁以上的人，理由是他们不能以正确的方式接受精神分析。他曾经在一封信中写道，普通民众是"垃圾"。）[19] 针对神经症思维的精神分析理论成为潮流，正如弗洛伊德1901年的论著《日常生活的心理分析》(*The Psychopathology of Everyday Life*) 所述，忘记名字或说错词等简单的行为是无意识的欲望和被压抑的记忆的体现。

《精神障碍诊断与统计手册》出现之前，有两本相关手册，其中《精神失常治疗机构使用统计手册》(*The Statistical Manual* for the Use of Institutions for the Insane）倾向于生物学解释，而《战争部门技术公报：医学 203》（War Department Technical Bulletin, Medical 203）主要从神经症角度出发。1918 年，美国医学心理学会（American Medico-Psychological Association，后来更名为美国精神医学学会）编写了《统计手册》（Statistical Manual），旨在获取在精神病院接受护理的病人数据[20]。该手册被医院用来记录数据，除此之外并没有什么重要的用途[21]。之所以这样，颇具影响力的心理生物学家、约翰霍普金斯医学院的精神病学权威阿道夫·迈耶（Adolf Meyer）有部分责任。迈耶认为，精神疾病是生物学因素以及表现为疾病的、对生活环境的"反应"二者的共同作用。（这里重点介绍一下迈耶，他是精神病学研究中存在争议的众多人物之一。他曾参与优生学运动，并且支持逐次切除精神分裂症患者的"感染"器官）[22]。《统计手册》概述了 21 种诊断病症，其中 20 种适用于具有某一假定生物学基础的精神病患者，只有 1 种对应的是没有精神病（神经症）的患者。直到 20 世纪 40 年代初期，该手册的分类系统始终占据主流。

1946 年，在美国军方的主持下，一群心理健康方面的专家出版了《医疗 203》，为遭受创伤和心理困扰的现役与退伍军人提供帮助[23]。《医疗 203》聚焦那些对压力重重的生活状态产生了神经症反应的常人，而不是住院的患者。与统计手册中的诊断不同，《医疗 203》中概述的大多数病症种类都是短期症状，并且可以进行治疗。《医疗203》是服务于普罗大众的。

《精神障碍诊断与统计手册》脱胎于这两种方法以及脑部疾病和精神性神经症理论之间的拉扯关系。《精神障碍诊断与统计手册》第一版和第二版站在了精神性神经症这一边。《精神障碍诊断与统计手册》第三版、第三版修订版、第四版、第四版修订版和第五版转向了脑部疾病的阵营,也就是我们现在学界所处的这一边。

那天早上,阴云密布,细雨绵绵,克里斯外出去工作了,我打开家里的窗户。凉爽、潮湿的空气一拥而入。我坐到沙发上,拿起《流动的盛宴》。珺珺依偎在我腿上。

一页页的纸张令我感到慰藉。纯粹字面意思,一页页的纸。只是捧着它们便足矣,哪怕半个小时。不拘是哪本书,随便什么书都可以。

欧内斯特·海明威死后出版的回忆录(尽管海明威表示是虚构的[*])《流动的盛宴》中,海明威将两次世界大战期间自己在巴黎的经历,美化成格特鲁德·斯坦所谓的"迷惘的一代"。五年之后,

---

[*] 海明威于20世纪20年代旅居巴黎,但写作此书已经是将近40年后,记忆有所模糊,故称此书为虚构作品。——译者注

我读完他所有的小说才意识到，海明威展现的大男子主义形象以及在他作品中普遍存在的性别歧视和种族主义，与他作为"伟大的美国作家"的地位和他的写作同样重要[24]。又过了十年，我才读到托妮·莫里森对海明威在《有钱人和没钱人》和《伊甸园》中展露的种族主义的批评[25]。但当时的我明白得少，也没觉得《流动的盛宴》有哪里不对——甚至连海明威对反犹主义现代主义诗人埃兹拉·庞德的讨好也未察觉[26]。

海明威的回忆录讲述了自己某天晚上与F.斯科特·菲茨杰拉德在巴黎一个酒吧的经历。海明威毫无怜悯之心地描述了对方喝下香槟后的身体反应。菲茨杰拉德一开始是冒汗。他的面皮绷得紧紧的，看上去像"一张死人面具"。在那之前，我还从来没有看到谁描述过身体被酒精霸占时那种怪异的瘫痪。想到菲茨杰拉德——当然还有我自己——那样的情态，真是可怕又可悲。

好几年之后，我才知道菲茨杰拉德可能患有酒精中毒、酒精过敏或长期饮酒过量。不是每个人在喝酒时都能感受到多巴胺刺激或者说内啡肽[27]的冲动；有的人更容易[28]被酒精浸染出焦虑、抑郁（酒精是一种抑制剂）、压力和其他更加表现为中毒的后果。[29] 长期饮酒过量可能会改变神经回路[30]，导致对酒精的敏感性降低、耐受性和依赖性增加。在极限饮酒的情况下，部分人会呕吐（呕吐说明身体正拼命排出酒精救你一命），还有的会体温过低[31]。因为酒精会导致皮下血管扩张并抑制机体震颤的能力，使体温骤降。如果有人像菲茨杰拉德这样大汗淋漓，很可能会出现酒精引起的昏迷甚至死亡。

我继续往后看。海明威和菲茨杰拉德一起前往里昂旅行。在那里，他们一大早就灌威士忌，然后喝葡萄酒，等到了下午，两人已经喝了四瓶葡萄酒。暴雨突袭（他们驾驶着一辆无顶雷诺敞篷车），淋成落汤鸡的两人决定在附近一家酒店过夜。菲茨杰拉德担忧感染肺炎，于是海明威列出肺炎的症状细节（发烧和谵妄）戏弄他。海明威让菲茨杰拉德再喝点酒，说喝酒可以抵御肺炎（并不会）。菲茨杰拉德坚称自己发热了。海明威摸摸他额头，冷淡地表示他没什么问题，喝杯威士忌就好了。结果菲茨杰拉德更加确信自己病了，变得更加恐慌。海明威则回以更多的嘲笑。

令我产生不适的并非海明威在该场景下的冷酷无情（他列举肺炎的症状奚落菲茨杰拉德，堪比让一个疑病症患者自行浏览美国互联网医疗健康信息服务平台 WebMD），他的残忍在于将这一段收录文中。菲茨杰拉德不应该被描绘成一个可怜的、面对酒精束手无策的疑病症患者。

━━━◆━━━

疑病症和酗酒，两者可能相关。但具体的相关性我们尚不清楚。是疑病症患者借助酒精自我治疗，还是饮酒导致他们患上了疑病症？一些疑病症患者用酒精自我治疗[32]。因为体内出现了极其明显的感觉，他们觉得自己生病了，对死亡的恐惧指使他们求助于酒精的麻醉作用。但研究已经发现，反复的饮酒过量会降低大脑应对恐惧的能力，可能引发疑病症，即对身体感觉的过度反应[33]。

如果一定要让我选择——在疑病症和酗酒中——患上一种疾病并且终生不能摆脱这个标签，但条件是永远不会得另一种病，那么我会选择酗酒，因为看上去酗酒还有一个出路：戒酒，戒了酒问题便解决了。我唯一犹疑的是终生不得不过着匿名戒酒会式的生活，即使不再饮酒，也不再符合《精神障碍诊断与统计手册》的酒精依赖综合征标准，但仍要以酒鬼身份自居，随身携带戒酒会的硬币。

但疑病症的下场更糟。它不仅仅是一连串丧失理性的念头更是信念的基石，是毫无预警地出现的坚定看法，除非它自己瓦解，外界无法撼动。即使急诊室里的一切都清楚无疑地证明了身体没有异常，疑病的念头也不会被动摇。我不得不像一个强迫症患者那样生活，将每一次疼痛都视为致命疾病出现的征兆，并且拒绝相信医疗专业人士的保证。作为一名抑郁症患者，我在自己身上诊断出一种又一种疾病，但我要么出于相信自己确有其症的目的而排斥看医生，要么强迫性地寻求医生帮助，希望最终能找到一个人认同我确实生病了。

我的疑病症始于一种奇异的、丧失了身体控制的感觉，好像有人把我从自己的身体里拽出来了一样。每一种感觉——疼痛、隐隐作痛、耳鸣、刺痛、情绪上涌——都证实为一种致命的疾病：偏头痛是脑溢血的前兆，胃痛意味着癌症，头晕预示了脑瘤。我离死不远了的想法会反复涌现。

选酾酒，绝对地……也许……

拉斯维加斯，侍酒师大师考试的前一天晚上，克里斯和我去吃了一顿昂贵的晚餐，喝了价值不菲的葡萄酒。第二天——宿醉——我和其他大约五十个人坐在一间酒店的会议室里。侍酒师大师站在前面讲完话，引导我们逐一品尝。

我本应满心愉悦地将一杯白葡萄酒举到灯光下，评估颜色和清晰度。我本应该和其他人一起旋转各自手中的杯子，检查酒腿。这本应是一种享受：把酒抬到鼻子前，嗅着黄油、苹果和醇厚的橡木味道，心下确定是加州霞多丽。但我只感觉房间十分拥挤逼仄，头顶的灯光亮得晃眼，头脑发蒙，几欲作呕，好像胃里有毒药。

那天结束后，克里斯与我会合，我们漫步在拉斯维加斯大道上，迎面走来一个淌着泪的中年男人。也许他染上了赌瘾，我心里忖度着，好奇他输了多少钱。

再次共进晚餐……喝下更多的酒……模模糊糊地记得我们俩

深夜去坐了过山车。第二天拿到考试结果，我通过了。现场举行了一个简单的仪式，侍酒师大师为我颁发了初级认证徽章和文书。我把课程手册带回家留作纪念。

几个礼拜过去了，某天克里斯外出工作，我坐在餐桌旁用笔记本电脑打字。我喜欢上了写诗。诗很短，而且容易把控，情绪迸发时也可以创作。

大部分时间我都不碰酒精了……有时候吧……虽然不完全算戒酒……但绝不在上课前一天的晚上喝。一天，在写作中心，伊芙琳讲解了什么是主格（原来它只是一个听上去陌生的名词术语，用作动词的主语，例如：萨拉喝酒或者萨拉担心她的健康）。我观察伊芙琳，研究她怎样辅导学生，如何引导他们斟酌字词，以及怎样遣词造句。与她同时段上课时，我会压低声音和面前的学生讲话，以免我混淆了规则或者讲了错误的信息被伊芙琳听到。关于标点符号的知识我还有如此多的欠缺，很多地方我都很困惑。

第二部分

第四章
断—连

65 比莉·哈乐黛用浑然天成的沙哑歌喉已经在收音机里连续唱了几个小时。纽约市公共广播电台花了整整一天的时间介绍她的音乐。布鲁克林区的一个单间公寓，我坐在厨房地上，拆开报纸打包的马克杯和盘子。这是我今年第三次搬家，第二次独自搬家。

克里斯在纽约找到了一份演出工作。我们在布鲁克林租了一个双层公寓的单间，和其他五个人一起合租。毫不夸张地说，房间里只能放下一张床垫。克里斯每天忙着排练、见朋友和做侍应生；我就在餐厅服务，以及喝酒。

我们的关系被我用一种淡漠且粗暴的方式结束了。我不仅没有去解决自己的酗酒和疑病念头，反而觉得自己移情别恋了。后来才发现那个男人是已婚（只不过他忘了告诉我），并且早就和别人有染。

住在转租房的那段时间，我的酗酒问题达到了危急关头。之后的几个月我不太记得了，只有断断续续的碎片：燃烧的蜡烛，酒瓶，眼泪。一个个孤身在酒吧的夜晚，觉得好爱威士忌，它真是个再好不过的东西。

有一次的碎片持续得特别久：燃烧的蜡烛，房间一片昏暗，我冒出了想死的念头。第二天早上，这个意念已然真切地笼罩在我的心头，比在芝加哥出现的那些场景和冲动还要坚实。等到上午过了一半，吞下的吐司和鸡蛋似乎已经吸干了前一天晚上的威士忌时，我才觉得这个念头有点戏剧性了，仿佛从哪个烂片里捞出来的一样。

最后的结局是，我戒酒了——就这样。没有逐渐减量，没有加入匿名戒酒会，毕竟我从来都不自认是酒鬼，没有充满仪式感的最后一杯，没有一个标志着清醒人生开端的特殊早晨。我只是够了。生病和濒死的恐慌也消失了。我找到了一个家，是布鲁克林一个带花园的公寓，在那里，一切会越来越好。

收音机里传出哈乐黛演唱《暴风雨天气》的现场录音。她感伤的歌声起初很安静："不知为何"。凭借对讲述非裔美国人遭受私刑的歌曲《奇怪的水果》的精彩演绎，哈乐黛受到了民权运动群体的欢迎。作为一个30岁白人女性，我没有立场声称自己对哈乐黛能够完全感同身受，不过她依然是最能打动我心灵的歌手之一。这不仅仅是由于她饱含层次和情绪的嗓音，还有她处理歌词的方式。她唱腔中出其不意的犹豫丰富了歌词的内涵——"天空中没有日——出，一直——在下雨"——再比如——"我的男人和我不会在一——起，暴风雨的天——气。"

窗外是一个朦胧的春日早晨。我疲惫但健康。是正常的那种疲惫。痛失六年亲密关系的疲惫。我永远不会将自己的生活并入克里斯的生活。至于是拿掉自己的姓氏冠以他的姓氏，还是将两个姓用连字符放在一起，我从没想过。

我开始每个礼拜跑五天步，每天跑几英里。和减肥无关，我只想迈开双腿，锻炼心肺，呼吸新鲜空气，活动身体，让思路变得顺畅。

"喵——呜"，珥珥嘟嘟囔囔地走进厨房，翘着尾巴跟我打招呼。即使在暹罗猫当中她也算喜欢和人交流的了。她和我、我和她进行了长时间的谈话。与那些有丈夫、妻子等伴侣和众多保持着朋友关系的人相比，孤独的人对宠物有一种特别的依恋。我送上猫薄荷，摆好特选湿猫粮和金枪鱼罐头，提供抚摸耳后和下巴、鼻尖亲吻、肚子按摩和刷牙服务。

我挠着她两耳之间的软肉，珥珥发出呼噜声，抬起下巴示意让我也挠挠那里。等我松开手，她用身子磨蹭着我的背溜达了一圈，然后把脸搁在我腿上。

哈乐黛的嗓音渐渐远去，取而代之的是掌声和叫喊。电台的音乐主持人激情澎湃地介绍了《孤独》的录制。这首歌的前奏颤音带有迷惑性，让人以为接下来是欢快怡人的旋律。沉默了半拍过后，哈乐黛开口了，她省略了开头几个字的间隙，吐出一句缠绵呢喃的絮语：在——我的——孤独中。

腿没知觉了。我轻轻把珥珥挪下来，去橱柜里拿了一罐湿猫粮。她喵——呜着磨蹭我的双腿，看我用勺子把猫粮舀进她碗里。

等她吃完，我从冰箱里取出一小瓶胰岛素。按照兽医的医嘱，先摇晃瓶身，直到里面的液体变成乳白色，再拿外用酒精给橡胶塞消毒，将规定的单位数空气抽入注射器，然后把空气注射进小瓶保持内部压力稳定，再反转瓶子，让针头浸在液体中，抽取适量的胰岛素。

胰岛素的量似乎太多了。兽医指示我要增加剂量——逐次、逐量地增加。之前十二个礼拜的量现在三个礼拜就用光了。我向兽医表示珺珺似乎并没有好转。她向我保证会没事的，一切都会好起来的。

我把珺珺放到我时常当作沙发的单人床上，抚摸她的背。她舒服地卧下。我捏住她两枚肩胛骨间的一块皮肤拽起来，扎入针头。拇指按下，直到注射器里空空如也。

※

通常来说，丧痛是指因为与某人阴阳相隔而非分离所感受到的痛苦。丧痛是失去了亲密的人——孩子、父母、配偶、挚友。它是直接而深刻的。它让肺腑沉沉下坠，胸口空落落的，身体感觉空虚。

也许我感受到的不是丧痛。也许是更接近惩罚的悲痛。或者是无以安慰的悲哀。还有可能是充满了内疚和悔恨的哀恸。

我说不清楚，因为种种情绪对我来说太过陌生。除了那些容易分辨的——快乐、悲伤、害怕、愤怒——其他的我都说不上来它们叫什么。也许弥漫在我心中的正是悲痛，它向我宣示着自己的存在，然而当时的我还不认识它的大名。

◆━━◆━━◆

第二天早上，我按照往常的路线出发跑步：穿过麦戈里克公园，绕麦卡伦公园跑道一周，抵达哈西德派社区，然后顺着东河折返。我经过了散发出甜美香气的多米诺糖厂。肯特街上的建筑里挤满了艺术家、作家、演员和其他负担不起曼哈顿租金的人。

上午剩下的时间我都用来写作，瑂瑂趴在我的腿上。那天下午离开公寓之前，我给她注射了合适剂量的胰岛素。她喵一呜着把我送到门口。

我在卡罗尔花园的社区中心给以英语为第二语言的学生上课。今天我到那里时，中心老板正伏在办公桌前加班，冲我心不在焉地挥了挥手。她是一个堪称彪悍的女人，红色的短发烫了卷，绝大部分人生都献给了中心。即使卡罗尔花园这一片已经跃升富人区，她也没有变卖房产，而是让住在昂贵联排住宅和高档精品店以东的人们有 ESL 课程和 GED* 课程可以上。

---

* ESL，以英语作为第二外语。GED，普通教育发展，取得证书者被视为拥有高中同等学力。——译者注

我放下外套和背包，从书架中取下《ESL 教师活动日》这本语法指南。书的外缘已被磨得发毛，封面的宣传语向我承诺，只用五分钟就可以教会学生标点符号和语法。标点符号直接罗列在使用方法下面，好像标点符号很是简单直白，既没有细微差别，也没有变幻莫测。

我用打印机打印了大量的课堂讲义。我们正在研究句子结尾什么时候用句号，什么时候选感叹号，什么时候打问号。我的课程计划非常紧凑，原本六个小时的授课内容压缩到了三个小时。想想不觉好笑，只用在礼拜二和礼拜四晚上各花三个小时，好像我就能把有关英语的一切全教给学生似的，何况我也并不是什么都知道。为了避免被学生在语法和标点符号上问住，我基本只在词汇和简单句上打转。

上课的地方在地下室。那股霉味已经变得熟悉，甚至令人心安。

早早到了的学生们坐在不舒适的破旧课桌前。他们来自世界各地，整个教室变成一座名副其实的巴别塔：阿拉伯语、西班牙语、波兰语、阿姆哈拉语、葡萄牙语。大多数学生为了维持家中生计要兼两三份工作。我不知道他们是如何还能坚持来上课的，更不用说撑住不睡着。

课上得很顺利，怀抱这种决心的学生很容易教。他们非常感激我传授知识。

打开门，公寓寂静得反常。我叫了瑂瑂的名字。没有动静。每次喊她她都会回应我的。

终于，瑂瑂小跑着过来和我打招呼——尾巴竖起，像一根感叹号。那天晚上，像往常一样，她和我一起睡在被子里，惬意地趴在我肚子上。

我仍然在格拉梅西酒馆当服务生，通常是负责午餐，我现在——尽管作为侍酒师有过那么三分钟的名气——做一名助理服务生。第二天下午餐厅的轮班时间很长。我们忙得天昏地暗。离开时我只感到身心疲惫。

回到家已经快四点了，瑂瑂没有来迎接我。我唤着她的名字，脱下外套挂在走廊的衣架上。没有她的声音，也找不到她的踪迹。

她躺在最大的那间房的地板上。两只后腿瘫软无力。我奔向她，口里喊着她的名字。喵—呜，她发出了低沉、嘶哑、痛苦的呻吟。呜字拖着腔，仿佛出自她的灵魂。

她被我抱在怀里，头往后耷拉着。她没有看我的眼睛。我再次呼唤她的名字，紧紧把她揽进胸口。她又发出了一声茫然的喵—呜。

※

去动物医院的出租车开了好久都没到。路上瑂瑂连呻吟都发不出来了。我只能恳求司机再快一点。

皇后区大桥上的车流挤得水泄不通。我们堵在车里，她的身体都瘫软了，眼球呆呆地翻着，像是要掉出来。我们断连了（unjoined）。

我站在医院昏暗的走廊里，等待兽医来救治珺珺。我的脑海中浮现出忽视这个词。我曾那样毫不在意地忽视了她的感受，把猫薄荷放在床底下她够不到的地方，出门时没有弯腰抚摸她，每次她吐在被子上，都要被我骂一通。

护士把我叫进检查室。兽医是一个高个子的黑发男人。他的下颌两侧深深地凹陷。

珺珺躺在检查台上，身上盖着毯子。她看起来不那么茫然了。我伸手去挠她双耳之间的皮肤，她发出了呼噜声。

"她好多了。"我的声音扬起了希望。

兽医解释说道，这是因为现在给她进行着大剂量静脉注射。

"可她在呼噜呢。"

他告诉我，猫不是只有在快乐的时候才打呼噜。刚出生没几天的时候，它们便学会了用呼噜与母亲交流，遇险时，它们也会呼噜，还有生病的情况下。猫吸气和呼气时会发出呼噜，其实是因为声带震动带动肌肉颤动，附近的空气出现振动。有研究发现，振动可以促进骨骼和肌肉的生长，并修复骨折和伤口[1]。有的猫临死前也会打呼噜。

他怀疑是癌症阻碍了胰岛素的吸收。我要让她做癌症检查吗？我询问他的意见。他的停顿有点久。很有可能是癌症，他说，或者是因为不正确的胰岛素的注射。

我移开视线，低头盯着刮花了的瓷砖地板。

他说，无论哪种方式，预后都不好。还有一种选择，是施行安乐死。

我问他觉不觉得安乐死残忍。

他说，如果他这么想的话，就不会成为一名兽医。

我只有片刻的时间做决定——实际上是十分钟。兽医和护士出去了，琯琯躺在台子上，发出呼噜声。她是与我最亲近的生命，我和她一起生活了十多年。

让她永远沉睡的官方程序十分繁琐。我回到大厅，护士先是让我签字表示选择集体火化，然后又保证她在过去十天里没有抓伤或咬伤过任何人，还有一份程序授权书。费用需要手术前支付。

我回到检查室，看见琯琯的腿上少了一撮毛，被他们剃了，好方便注射镇静剂。我想要与她对视，最后一次和她建立联系，但她的瞳仁已经涣散了。随着镇静剂起了作用，她再次倒在我面前。

兽医抽了满满一注射器的液体，告诉我是安乐死溶液。那液体呈骇人的明蓝色。他解释说，这是一剂超量的巴比妥类药物。注射后，她会陷入深度睡眠，呼吸停止，心脏骤停，但据说不会感到痛苦。

他开始注射,我背过身。几分钟后,兽医说她"走了"。

他和那名护士离开了房间。珥珥一边身体侧躺着,嘴巴微张,舌头伸在外面。她的眼睛没有闭上。我陪在她身边——哭泣——他们允许我待十五分钟。

一眨眼护士又走进来,礼貌地告诉我时间到了。集体火葬,我没拿到她的骨灰。我抓着轻飘飘的宠物背带,走出那栋铺满瓷砖墙的无菌建筑,来到第七十三号街。

我继续走着,走在这座城市,每走一步都感觉自己消散了一分。太阳已经落山。路灯亮了。一个提着公文包的男人从我身边经过。我停下脚步,想要问他能否看到我,我是否存在,我忍住没有开口。

瑞士裔美国精神病学家伊丽莎白·库伯勒-罗斯(Elisabeth Kübler-Ross)将悲痛分为五个阶段:否认、愤怒、讨价还价、抑郁和接受。否认的特征是震惊和困惑;愤怒对应挫败和敌意;讨价还价是质询他人;抑郁主要表现为无助和无力;承认现实并且不与之抗争表明最终的接受。与常规观念相反,她认为实际上这些阶段是垂死之人而非失去他们的亲人所经历的。因为缺乏科学证据的支持,库伯勒-罗斯并没有试图对它们进行严格的阐释[2]。

我感到自身的干瘪和空虚。也许这就是《牛津英语词典》对失去的定义："处于丧失、被摧毁或毁坏的状态或事实之中；被剥夺或未能成功保留。"曾经有人告诉我，珥珥死的时候我会明白失去的含义。而现在珥珥已经离开，虽然我依旧不明白什么叫失去，但我感受到了它的捉弄——我被绊了一下的时候以为是她，下班进门的瞬间期待她过来问候。我的一部分相信我们仍然连接在一起。

她的死亡让我产生了极端的反应：抑制不住地流泪，睡眠困难，对自己的工作和写作萌生排斥。我知道，这其实是一种放纵和特权。有多少人能够奢侈地为一只猫任性地悲痛一场？

实际上类似的人有很多，要不是在谷歌输入了悲痛和猫两个并列关键词，我也不会看到搜索结果有四千三百万个[3]。要不是访问了康奈尔大学兽医学院的网页"你为失去自己的猫而悲痛"，我不知道英语中安乐死（euthanasia）的希腊词根意思是"善终"，也就不能以此安慰自己也许没有必要感到内疚。我没有从《电讯报》一篇名为《我的猫死了，这带给我的影响和失去父亲一样多》的文章中找到解脱。我不再对自己说，对宠物的死亡反应如此强烈是荒谬的。

◆◆◆

我开始每天跑步——长距离的那种。我的常规路线延长了，从绿点区的公寓出发，沿着贝德福德大道，穿过威廉斯堡大桥，顺着东河来到第十四街，然后再返回。周末还要加上中央公园外圈的环形路，全程达十二英里。另一条的"四座桥"路线长得多：穿越皇后区，经过皇后区大桥，一路穿过曼哈顿，跨过布鲁克林大桥，横插邓波区，翻越曼哈顿大桥，沿着东河顺流而上，通过威廉斯堡大桥，回家。一连几个月，我没有一天休息。

某次跑完后，我的左臀出现了疼痛。疼痛很尖锐，但不是十分剧烈，我无法当作它不存在，暗自希望它能自行消失。不到一个月，疼痛几乎成了常态，发作间隔越来越短，疼痛的程度却逐渐加深，最后痛得失去知觉。尽管如此，每天早上六点，我都会系好跑鞋鞋带，过度地拉长距离，过度地勉强自己。我一直跑，跑到空虚的空洞被短暂的内啡肽所取代。

脚上磨出一个个水泡，我不理。走路有困难似乎也并不重要。没多久，去地铁、上班和杂货店时，我都是一瘸一拐的。

但我仍然可以跑。开始的一两个街区腿脚不太灵便，没关系，上半身前倾，先从慢跑开始。等到肾上腺素开始发挥作用，疼痛就好像从不存在。

※

如果当时是2020年，心理医生、互联网甚至单凭一本女性杂志都能诊断出我患有运动性厌食症[4]。这个词其实有点矛盾：厌食症是抗拒进食，而运动性厌食症患者不一定排斥食物；他们只是运动过量。患有这种病的人有的离不开内啡肽的快感（运动成瘾），有的即使得不到乐趣也依然强迫自己坚持（运动强迫症）。

如果做一个强迫性运动测试（CET），我肯定属于强迫性运动[5]。如果不能运动，我会感到消沉，激动，愤怒，暴躁，沮丧和焦虑。锻炼过后，我的压力和紧张有所减轻，内心更加快乐和积极。（这不正是意义所在吗？）不管受伤还是生病，我始终坚持锻炼，因为我告诉自己，我的伤病一点都不严重。

如果我去就诊，那么可能会再次被确诊为"厌食症患者"。基于我确实曾经得过厌食症、思维已陷入怪圈、身体正逐渐分崩离析的事实，这么说也不无道理。

《精神障碍诊断与统计手册》没有收录运动成瘾，但精神科医生可以将我的症状归入手册第四版中的"未特定"或第五版的"其他特定的喂食或进食障碍"。"未特定"（NOS）及其在第五版中极其相似的对应"未分类"（NEC），将没有对应诊断病症的症状也统统划入诊断范围，用于那些没有达到诊断标准，但用一种貌似有临床意义的方式来看，貌似具有某种貌似问题的人（比如影响了他们的日常生活和人际关系）。《精神障碍诊断与统计手册》好像在说，谁在乎这个人是否真的和诊断的病症匹配？先判他个确诊再说。

我的脚背上横跨了一个两英寸长的水泡。破的时候估计要疼死，但它现在还是完好的，只是鼓着。它就待在那儿，像一个虎视眈眈的球。

我蹒跚地走出公寓，顺着街区往前走。臀部仍然在抽痛。我振作精神慢跑起来。这次跑短的吧。一英里就结束战斗。

五英里过后，袜子好像湿了。我停下来，脱掉鞋。水泡破了。清澈的脓液浸湿了袜子。我穿上鞋跑回了家。

回到公寓里，我仿佛什么都没发生似的打开音响，播放比莉·哈乐黛的《没有更伟大的爱》。在黛卡唱片的录制中，哈乐黛的歌声流畅而自信。她没有粘连歌词，只除了更伟大的爱（greater-love）。

我打开淋浴，破掉的水泡刺痛，没有灼烧感。疼痛分散了蔓延了几个礼拜的内疚。内疚是最难跨过去的坎：背叛克里斯，让珺珺长眠。

冲完澡，我拿毛巾擦了擦，穿上衣服。鲜血飞快浸透了袜子。怎么说我也该贴个创可贴或者套上两双袜子。要么用胶带缠住脚。实在不行试试凡士林。可我什么都没做，没有消毒，没有绷带。

珺珺去世前便很久没见的一个朋友联系了我，约了一顿晚饭。

75 吃完我们走在第二大道上,她问我怎么一瘸一拐的。直到那时我才感觉到了疼,仿佛我只有她的话才能让自己的痛楚化为现实。我说没事,然后想继续走,却再也走不动了。我靠在一栋楼的墙上,脱下靴子和袜子。那个水泡——现在是一片伤口——正往外渗出血和脓液。

"我的老天哪,"她说,"这是怎么搞的?"

我没有发现自己的回答隐藏着危机:"跑步吧,我猜。"

她脸上混合着厌恶和担忧:"你应该去见见我的心理医生。"

"不必,"我穿上靴子,"没关系。我没事。"

———·———

这个朋友过了一个礼拜给我打电话,坚持要我去看医生。我同意了,因为我已经两天没能去跑步了。我已经要被内疚、沉沦、空洞和空虚的感觉吞噬了。

我站在第八十四街的心理专家办公室门前,珥珥去世的动物医院距离这里不远,沉沦空洞的空虚愈发沉重。要是我能去跑步……

她的办公室在花园层。我按了铃,嗡,门开了。没有人来接待我。候诊室里没有人,只见昏暗的光线,深绿色的地毯,古旧的陈设和褪了色的印花窗帘。我坐在一张大扶手椅上,翻看《人物》杂志。

五分钟过去了。十分钟过去了。我怀疑自己是不是约的不是今天下午。

终于，心理医生出来了。她身材细瘦，大概六十多岁了，并没有为自己的迟到道歉。

诊疗室狭窄的窗户外是第八十四街。墙上挂着一些画框，里面是抽象艺术的海报。

她坐在维多利亚式的客厅椅上，椅子摆放在深色木质长咖啡桌的一侧。我坐在另一侧一把差不多的椅子上。一支笔一动不动地待在她腿上的黄色横线本上，她询问我之前的心理诊疗经历。我说，我在十二岁时被诊断出患有厌食症，并且看过心理医生。

她追问具体细节。

我告诉了她。

她问我最近是否有在吃饭。

"有的。"

她不相信地点了点头，在黄色横线本上写了些什么。我们聊了我的家庭和童年。我的每一个字在她那里似乎都含有深意，而且指向了某个重要的结论，仿佛她从中知道了一个我自己都不知道的真相。

讲述珺珺、兽医和医院的时候，我忍不住了。她没有给我递纸巾，也许是因为我们中间的桌子上就放着一个纸巾盒，而她指望我自己伸手。她问我睡眠有没有问题，或者是否对工作和爱好丧失了兴趣，我说："也许吧。是的。"

谈话快结束了，她叹了口气，说我得了重性抑郁障碍。彼时我还不太了解抑郁症以及其他任何一种《精神障碍诊断与统计手册》里的诊断病症。抑郁症在各色名人回忆录中是一个老生常谈的话题——伊丽莎白·沃策尔的《百优解之国》、劳伦·斯莱特（Lauren Slater）的《百优解日记》（*Prozac Diary*）、安德鲁·所罗门（Andrew Solomon）的《正午之魔》（*The Noonday Demon*）——不过我都没有读过。抑郁症是由人体化学物质失衡引起的。诊断似乎无需阐明：我患有抑郁症，而且是重度。

她走到办公桌前，又在黄色横线本上写了些什么。她说，我应该服用抗抑郁药，好像这再理所应当不过了。

我想要争辩的冲动被思考诊断是否有意义覆盖。我曾经患有厌食症。那我在芝加哥想象的画面是怎么回事？我的饮酒问题呢？她是一名有执照的心理医生。根据她的专业意见，我患有精神疾病，而且显然需要药物治疗。我甚至没有告诉她自杀的念头和脚上的水泡。

她递给我一张纸，上面写着一位精神科医生的姓名和号码。"他很厉害。"她说。

我踏上第八十四街的路面，沉沦空洞的空虚在心中膨胀。精神疾病。听上去如此确凿，如此一锤定音。我一瘸一拐地走向地铁站，那张纸上写着精神科医生姓名和号码，我把它从中间对折，变成 1/2 大小，然后是 1/4、1/8，我把它塞进口袋。

-----◆-----

作为一种情感，抑郁已经在人类的记载中存在了两千多年，古埃及的古文书和古希腊的医学教材中，都可以看到。抑郁的特性并不总是被当成问题。提不起劲是人类的常态，同样的还有绝望、空虚、消极以及做事缺乏乐趣和兴趣。甚至与社会的疏离在很多时候也是常见反应。

抑郁症作为一种诊断病症，最早可以追溯到 19 世纪，时称忧郁症，被认为是一种严重的疾病，确诊病例相当罕见[6]。疲劳不会被诊断为忧郁症，丧失兴趣和乐趣以及难以自拔的情绪低落也不算忧郁症，真正与忧郁症关联的是激动、幻觉、偏执和痴呆。

《精神障碍诊断与统计手册》第三版拓展了抑郁症的定义，降低了确诊门槛[7]。所有抑郁症——不论轻度或重度、神经症的还是精神病的——都一视同仁。到了 20 世纪末，因为诊断方法发生了变化，抑郁症取代焦虑症，成为最常见的精神病症[8]。抑郁症的"兴盛"部分是由于抗抑郁药制药公司的营销，但最主要的原因是《精神障碍诊断与统计手册》第三版没有区分重度（忧郁）抑郁症和轻度（神经症）抑郁症的症状[9]。个体性抑郁的成因也鲜少受到重视。几千年来，医生们都习惯性地考虑可能的外部原因，但在《精神障碍诊断与统计手册》第三版中，并没有将外源性抑郁症（由事件、触发因素和压力源引起）与内源性抑郁症（可能由生物学、遗传学因素和对治疗的抗拒引起）之间的区别考虑在内[10]。在第三版修订版、第四版和第五版手册中，抑郁症的诊断条件变动不大（不过第五版删掉了丧痛标准——稍后详细介绍）。其结果，正如艾伦·弗朗西斯所说，是"将情理之中的悲伤转变为临床抑郁症"，以及过度诊断和误诊："如果我们要一个不漏地诊断出真正患有重性抑郁障碍的人，那么许多人不可避免地会被误诊，他们只是在生活中遇到了一段艰难时光，无需医疗标签和医学治疗。"[11]

那么我需要标签吗？治疗呢？再大胆一点怀疑，我真的有"抑郁症"吗？

———◆———

那天是我生日，晚上我来到社区中心讲 ESL 的课。中心老板在那里工作到很晚，要处理一笔不能足额提供给中心的捐赠。我用机器复印了描述可能（may）和可能会（might）区别的讲义——may 的语气更强，可能性更高，might 暗示未来某个时刻的可能：

她可能会感觉好一些（She might feel better）。她可能感觉好了一些（She may feel better）。

我又过了一遍课堂要点。电话响了。老板接起来。我想告诉她我的沉沦空洞的空虚，以及我是多么害怕它会跟我一辈子。那张写有精神科医生号码的纸放在我家的厨房桌子上。

下楼梯时，我觉得教室里的人声比平时要大一些。走到教室门口，我听到了"嘘"，里面的灯悉数灭了。我推门进去。灯光大亮，"生日快乐！"此起彼伏地响起。一张课桌上摆放着一个白色霜糖蛋糕，椅子上空飘着蓝色气球，学生们唱起了《生日快乐歌》。他们是如此喜不自胜，如此发自肺腑，我被淹没在一片感激、亲切又尴尬的混合情绪中。虽然我对他们不甚了解，但我与他们的联系比我和生命中的其他任何人都要多。

吃完蛋糕，我们开始"练习对话"，也就是尽可能充分地交谈和交流。他们很喜欢这个游戏，叫"你家房子着火了"。我将学生分成两两一组。在游戏中（这真的是一个游戏），学生A家里的房子着火了，但幸运的是屋外的学生B碰巧有房子的钥匙，并且打电话告知了学生A。火势并没有严重到B不能冲进去抢救A需要的物品。A必须向B描述需要抢救的物品以及物品在房子里的位置。描述完三件物品后，双方角色互换。

那天晚上之前，我好像已经讲过连字符的用法。我们用连字符连接字母和单词。一切都与连接有关。它形成了一个统一体。

它合二为一。

连字符看似是一个英语中简单的标点符号,但实际绝非如此。它的使用规则用"含混"来形容最合适不过了:用于复合形容词,但前面是副词时不可连接(比如 biologically caused mental illnesses,生物学成因的精神疾病),并且只有在没有连字符会混淆语意或者看上去很别扭(pre-death 死亡前、post-death 死亡后)时才能用。但规则也不总是一成不变的,比如 cry-baby(爱哭鬼)得写作 crybaby,death-bed(临终床前)应该是 deathbed。一个由连字符连接而成的单词可以当作一个单词,也可以永远是断开的。

已知连字符最早出现在公元前 2 世纪语法学家狄奥尼修斯·特拉克斯(Dionysius Thrax)的文章中。它最开始写在底部,略微弯曲(‿)。亚历山大大帝时期的人们肯定特别欢迎连字符,因为在那个单词之间没有空隙的时代,它无疑让含义表述更加清晰。希腊人延续了这一用法,取名 hyphen(即现代英文中的连字符,意思是"在某个……下方")。随着古腾堡印刷机的出现,连字符的使用普及开来,特别是用于连接跨行单词的"行际连字符"。

学生们走后,我去了楼上中心的厨房,清洗切蛋糕用的刀。沉沦空洞的空虚又回来了。不,不,不要再来了。

我从包里掏出手机,拨打克里斯的电话。我们已经好几个月没联络了。他没有接听。我发了条信息约他见面。

几天后,我们面对面坐在贝德福德大道上的一家咖啡馆里。

他点了一杯卡布奇诺。我要了茶。他双颊红润，眼神明亮。他向我介绍他创办的唱片公司和参与的节目。我没有提看心理医生的事，重性抑郁障碍、跑步，统统没有。（进咖啡馆时我尽力让自己不要一瘸一拐。）但我透露了一点沉沦空洞的空虚。

他很尖锐，"你要弄清楚什么能让你快乐。"

快乐？快乐不是我现在能考虑的事；我只想让沉沦空洞的空虚消失。

回到家，我展开写有精神科医生姓名和号码的纸条，紧紧握住。也许我生病了。也许我确实患有重性抑郁障碍，临床意义上的抑郁症。我站在原地，盯着手里那张薄薄的纸片。

有一个例外也许能使我免于被诊断为重性抑郁障碍：悲痛反应。早期《精神障碍诊断与统计手册》的排除丧痛条件是这样说的：失去亲友的人可能会表现出抑郁症状但实际没有重性抑郁障碍。手册中甚至说："丧亲的正常反应通常在各方面都符合抑郁综合征症状"[12]。但丧痛反应会使重性抑郁障碍的诊断难度升级。因此，《精神障碍诊断与统计手册》第三版修订版指出，如果丧痛反应持续时间超过两个月，临床医生可以判定，尽管症状没有发生变化，但"无并发症的丧痛"已经变为重性抑郁障碍。

嘀。你没看错。《精神障碍诊断与统计手册》第四版进一步缩小丧痛范围。哀悼似乎只能局限于他人的死亡，而失去一份干了20年的工作或者家园被烧成废墟则不许被算在内。《精神障碍诊断与统计手册》第五版干脆彻底拿掉了丧痛标准。为什么要这样呢？原因正如艾伦·霍维茨和杰罗姆·韦克菲尔德所说，引入丧痛"强力地、清晰地、严重地扰乱了（重性抑郁障碍的）有效性"[13]。

当是时，处于《精神障碍诊断与统计手册》第四版的时代，不论怎么看我都没有被判断为丧痛的资格。我哀悼的是和克里斯分手，而不是他的死，是一只猫的死，而非一个人的死，更不必说我的悲痛反应已经持续了将近半年。

精神科医生要想将我或其他任何一个人诊断为重性抑郁障碍一定相当容易。根据《精神障碍诊断与统计手册》第四版，我只需表现出以下九种症状中的五种、持续两个礼拜即可：心境低落（当然），对于几乎所有的活动乐趣和兴趣都丧失（符合），食欲显著变化（是的），睡眠崩解（这难道不是睡眠的本质吗？），身体和情绪反应迟缓（好像是），犹豫不决（好像是），不适当的内疚（取决于你对安乐死的看法）。剩下我可以排除的是疲劳或精力不足、反复出现死亡的意念、自杀行为或自杀企图。

《精神障碍诊断与统计手册》第四版在某些方面试图提高重性抑郁障碍的确诊门槛。按照它的规定，症状必须明显或显著，并且至少持续两个礼拜（才两个礼拜？）。第四版试图创建一个具有"临床意义"的基准，要求个体表现出"在社会、职业或其他重要功能领域的重大痛苦或损害"[14]。但它没有定义"明显"或者说"显著"的含义。

达到重性抑郁障碍的确诊标准实在是太容易了，以至于抑郁症已经成为一种虚假的流行病。正如艾伦·弗朗西斯所写，当三种力量出现并发生碰撞时，就会产生虚假流行病：《精神障碍诊断与统计手册》诊断标准放松或改变，制药公司看到了盈利的手段，媒体危言耸听冠之以"流行病"（例如"自闭症流行病""多动症流行病""双相障碍流行病"）。结果，大众开始在自己和周围的人身上看到对应的诊断症状，给自我贴上标签，给他人贴标签，甚至主动去套标签[15]。难怪心理医生将我确诊的时候那么笃定。

◆━━·■·━━◆

第二天早上，我蹬上跑鞋，抄起iPod出门了。蹒跚地走完一个街区后，我强压痛楚开始慢跑。耳机里比莉·哈乐黛演唱着《我覆水滨》，这是1954年在科隆演唱的现场版，五年后她死于肝硬化。《我覆水滨》是哈乐黛的代表曲目之一。她把这首歌演绎得含蓄深沉又扣人心弦。科隆的这个版本中，她的吐字尤为缠绵粘连，赋予了歌词一种更深重的失落感："我——独自——站在，孤——单——码头，我的——心，重——得——像——块石头，寻——寻觅，我的——爱。"还有最触动人心的那句："即将——抵达的——黎明——会——带来——光吗？"

嗵，嗵，嗵，我的双脚踏着威廉斯堡大桥的柏油自行车道，远处传来呻吟声。喵—呜。我调低了 iPod 音量。是一只猫发出痛苦的叫声。并不太像珥珥，但喵—呜的黏糊的劲儿很接近。我停了下来，声音似乎是从一个垃圾箱后面传出来的。我走过去，什么都没有。

喵—呜，这次是从东河传来的。第十四街，又一声。到了第四街南，又一声。

没有一次是真的。这个喵—呜是船发出的雾角，那个喵—呜是汽车门关闭时车轴的叫声。是幻觉吗？又出现了一个需要去看心理医生的原因？

但是想象中的喵—呜让我感到慰藉。我放慢脚步。臀部开始抽痛，我加快了速度继续前进，一步接一步。

第五章
询医问药

教室里弥漫着漂白剂、婴儿湿巾和铅笔屑的味道。还闻得到苹果汁，以及椒盐脆饼。书架上没有一排排代数教科书，而是手指绘画用的水彩颜料、蜡笔、塑料袋、洗手液和一盒盒医用手套。

玛德琳女士站在黑板前板书。我们一起等待看护陪同的其他六名学生。教室里只有娜塔莱和金柏莉——班上仅有的两名十六岁女学生——坐在课桌旁。娜塔莱留着一头棕色齐肩短发，发梢像被狗啃过。她双臂环抱在胸前。金柏莉睁着一双小鹿般天真的大眼睛。

我浏览了一遍自己带来的讲义。我工作的那个文艺组织把一些作家选派到纽约公立学校，教授创意写作。（专业作家不敢当，不过我已经有作品出版，并且获得了精英艺术家群体的头衔，代表《巴黎评论》采访了诗人杰克·吉尔伯特，可以说徘徊在"文学世界"的下游。我还参加了创意写作的艺术硕士课程。）这个文艺组织包含一群声名鹊起的作家，他们的成绩是我当下为之奋斗的目标，名单中有琼·乔丹、肯尼斯·科赫、菲利普·洛帕特、格蕾丝·佩利、穆里尔·鲁凯泽、安妮·塞克斯顿。我在每个分配的学校大概教个十几二十天。我给皇后区一年级的学生讲怎么写俳句，教过布朗克斯区七年级的学生写自传，执导布鲁克林区十年级的学生创作短篇小说。我的学生还经常是需要特殊教育的重度精神和身体残障人士。

皇后区的这所高中是访问作家来了还想再来的那种学校。我已经连续四年去那儿授课。公告板没有被弄得破败不堪，上下课铃声发挥着它们的作用，老师们也没有一副筋疲力尽的模样，至少特殊教育部门的老师没有。

教学辅助专业人员山姆先生（他是一名受过培训的助理教师，负责在课堂上帮助有特殊需要的儿童和青少年学习）与其他学生一起走进教室。班上八名学生全是重度自闭症患者，他们需要一个专门的教室。

斯坦德曼和泽维尔进来了，每人肩上都斜挎着背包。背包在学生们中间很流行，不过泽维尔背包是为了更像学校里其他接受常规教育的高中学生。他的背包拉链只拉了一半，里面其实没有几本书，很空，几乎悬在他的肩上。

凯末尔迈着大步出现，脖子上的绳子挂着他的学生证。他把背包放在自己座位旁边的桌上，朝我走过来。

他挺起胸膛。我知道接下来会发生什么。

一直到我们俩几乎脸贴脸，他才站定。"你有什么话说？"他的布鲁克林口音让我想起了罗伯特·德尼罗在电影《出租车司机》中饰演的特拉维斯·比克尔的一句台词，"你有什么话说？"

这是他打招呼的方式。第一次听到的时候我一下子被惹毛了，猛地回头去看是哪个家伙居然敢这样。然而随着相同的问话一次次出现，那种被冒犯的不适越来越淡。他只是用青少年的方式表演了那部电影，而恰好这部电影暴力色彩尤其浓厚罢了。

"你有什么话说？"

我后撤一步。"好啦，凯末尔。你该坐下了。"

他点点头，走回自己的课桌前。

双胞胎伯纳德和查尔斯与看护玛丽亚一起进来了。他们病情严重，离不开专人护理。两人都没背包。我分不太清他俩，只除了少数几种情形，比如打哈欠的时候查尔斯动作夸张得令人侧目，伯纳德则还好。他们坐在课桌前，开始拍手。这叫"自我刺激行为"，是一种刺激感官的形式。在听玛德琳女士讲自闭症的知识之前，我一直认为伯纳德和查尔斯是在展示"自闭症行为"，但实际上他们只是按照自己对世界的经验行事而已。这是完全正常的。玛德琳女士让我用和其他学生一样的方式对待他们。

鲁本跟跟跄跄地走进来，姿势僵硬。他的肩膀上也有一个轻轻搭着的背包。从我面前经过时，他打了个招呼，表情平淡，目光垂向地板。他向我问好。我说我很好，问他怎么样。他说他也很好。

终于，学生们都就座了。我开始为他们讲希腊神话中的伊卡洛斯。这堂课的目标是让他们在阅读（或听讲）了一种特定的文学体裁（神话、诗歌、短篇小说）后，能够自行模仿创作。大多数特殊教育的学生——尤其是那些不能讲话的学生——不会写字。他们要么用画画表达自我，要么得用问题进行引导，然后由我们代写。

那天的课堂作业是画出自己心目中的神。玛德琳女士、山姆先生、玛丽亚和我在教室里四处走动，查看学生的作业情况，一个一个地给他们提供帮助。斯坦德曼是少数几个会写字的学生之一。我的视线越过他的肩膀，凝视着他手下的那张纸。他在最上面写下了自己的名字：斯坦德曼·肯尼迪·奥纳西斯。那不是他的真名，许多青少年崇尚名人，而他一门心思地痴迷肯尼迪家族。

不会说话的诺埃尔正在画画。他也会写字。我站在他身后。他的纸上是一些圆圈、椭圆形和波浪线。他画的东西像一只狮鹫——一半是狮子，一半是鹰。

我坐到他身边，伸手想去拿他的画纸，"我能看看吗？"

他一只手举到耳朵边，另一只手捂着嘴巴，这个动作表明他的情绪焦躁不安。

我缩回手。与凯末尔不同，诺埃尔在个人空间方面有明确的界限。"抱歉，"我站了起来，"你画得很好。"

我去辅导斯坦德曼，某种不安的焦躁似乎把我控制住了。与诺埃尔无关。不是沉沦空洞的空虚。尽管花了大约两年的时间，但我的悲伤已经消退了（我一次也没有给那位精神科医生打过电话，也没再去见那个心理医生）。这种感觉是不同的——好似既脆弱又封闭。

那天上完课，离开学校的路上我遇见了副校长杰基。她留着古铜色的刺猬头发型，兴高采烈地问我课上得怎么样。我回答很顺利。她笑起来："我们能有你真是太，太，太好了。"

当时是"自闭症流行病"的高峰期。据美国教育部报告，自1993年以来，自闭症在美国全国的发病率上升了657%[1]。据估计，每166名儿童中就有1名受到自闭症的困扰（2016年，这个数字攀至惊人的1/54）[2]。

约翰霍普金斯大学的利奥·坎纳（Leo Kanner）在1943年确立了自闭症，当时数千名儿童中只有一名被认为患有自闭症[3]。英语中的自闭症（autism）一词是从瑞士精神病学家厄根·布洛伊勒（Eugen Bleuler）那里借来的，这个词原本是用来描述精神分裂症的一种症状：内在生活占主导地位，同时与外部世界分离。坎纳将自闭症定义为一种社交能力、沟通能力和活动能力的发育缺陷，其特征是与他人"完全不同的"关系和言语上的障碍[4]。他观察到自闭症孩子的特征是自我孤立，重复，以及对单调的痴迷。

自闭症这一美国"流行病"的发作少不了媒体宣传、家长、老师、社会工作者、心理医生和精神科医生的推波助澜，但罪魁祸首是《精神障碍诊断与统计手册》。在《精神障碍诊断与统计手册》出现之前，自闭症一直是一种罕见的疾病，主要与语言和言语的障碍有关。《精神障碍诊断与统计手册》第三版将自闭症作为精神分裂症的独立诊断引入，认为其特征是沟通能力、社交能力和对环境的反应存在缺陷。《精神障碍诊断与统计手册》第三版修订版创建了以社会功能为核心的自闭症诊断条件[5]，自闭症的确诊范围不仅大大拓宽，而且任何年龄阶段的儿童，甚至婴儿都可以被确诊。

父母、老师、社会工作者、心理医生和精神科医生认为自闭症是一种生物学疾病。许多研究假设性地展示了自闭症的生物学起源[6]。虽然根本没有找到与基因相关的生物标志物和生物学原因，基因却被认为是致病原因之一，环境因素也在讨论范围之中，杀虫剂和电视被归咎为病因[7]。还有蒙受不白之冤的疫苗（《柳叶刀》先是发表了著名的疫苗有罪论文章，在该文章被证明是捏造的之后又将其撤销）。[8]

通过引入阿斯伯格综合征，《精神障碍诊断与统计手册》第四版大大拓宽了诊断标准，以至于自闭症真的变成了名副其实的"流行病"。维也纳儿科医生、优生学家汉斯·阿斯伯格（Hans Asperger）于 1944 年创造了阿斯伯格症（Asperger's）一词，用于描述患有"自闭症人格障碍"的儿童[9]。他后来写道，这种疾病与坎纳的"近乎精神病的"自闭症完全不同，阿斯伯格案例中的对象是"非常聪颖的孩子，具有非凡的思维独创性与活动自发性，只不过他们的行为并不总是对当前情况的正确反应"。阿斯伯格症的标签起初并没有被广泛用于诊断儿童，直到它出现在《精神障碍诊断与统计手册》第四版上。一些推动将阿斯伯格症收录的编写人员后来表示后悔，承认没有数据支持这一继发性诊断。[10]

由于越来越多的孩子被诊断为阿斯伯格症，父母们成立了网上互助小组，提升了公众对该病的认识。阿斯伯格症名声大振。记者史蒂夫·西尔伯曼（Steve Silberman）2001 年在《连线》杂志上发表了文章《极客综合征》（The Geek Syndrome），里面将阿斯伯格症与（充满热钱的）互联网繁荣联系起来[11]。根据西尔伯曼的说法，阿斯伯格症是发源于硅谷的"极客特征"的集合，它的诞生需要事业成功的、推崇数学与技术的父母。

玛德琳女士班上的学生没有阿斯伯格症，他们是货真价实的坎纳自闭症。他们要么"没有语言能力"，要么采用自闭症言语模式，比如模仿语言（打招呼时，凯末尔经常重复我的话"嗨，凯末尔"）或用第三人称来指代自己（"凯末尔想要零食"）。他们饱受智力障碍和活动、行走困难的折磨。他们无法像我们对待人际关系那样与他人建立联系。在那段时间,他们是我生命中最美好的一部分。

◆

几个礼拜后,我又来到了这所学校。前一天晚上,焦躁让我难以入眠,在公寓里走过来又走过去。各种念头在大脑中循环播放,不断为焦躁添柴煽风。

去玛德琳女士教室的路上,焦躁烧得更旺了。我走进教室。同学们和我打招呼。他们很平静。当时是阴天,可能是阴沉的天空抚平了他们的情绪,不过我没有科学依据。也许太阳会刺激他们。

我们读了智利诗人巴勃罗·聂鲁达的《破碎事物颂》。聂鲁达写下了许多赞美人和事物的颂诗,大多是对普通物品的幽思,比如:袜子,字典,市场上降价出售的金枪鱼。

对那时的我来说,诗歌就是一切——部分是由于我正在攻读诗歌方向的艺术硕士课程,还因为即便胸中的焦躁烧得再旺,诗歌都能让我一口气读完。那段时间我几乎没有读过其他东西。不读小说,没看过几篇论文,新闻更是一眼都不可能瞟。情况好的时候,我会去 Y 街 92 号参加诗人之家、鲍瑞诗歌俱乐部和克格勃酒吧的诗歌朗诵会。

我站在教室前面,给学生们读了聂鲁达的诗:

东西破碎了

在家里

好像它们是被

一个看不见的打碎者有意推倒……

生活继续把

玻璃碾成碎末，衣服磨得破旧，

把碎片，

打

碎

了，

那穿越时间而不腐的

仿如大海小船上的岛屿，

被水域和威胁残忍送上的

危耸的脆弱包围，

很容易就腐坏了。[12]

　　我读到最后几行："如此多无用的东西／无人打破／但无论如何都被打破了。"

　　学生们似乎没有在听。鲁本盯着面前的纸，嘴里哼哼。双胞胎背对背坐着。凯末尔身体摇来晃去，这种动作对一些自闭症患者有很好的舒缓作用。

我回顾了一遍这首诗，询问破碎的是什么。在我重复了几遍这个问题并举出一些例子之后，伯纳德的手欻地伸到天上，"盘子碎了。"

"还有房子。"查尔斯说。

他们是有在听的。

我们开始了写作练习。玛德琳女士走向斯坦德曼，山姆先生凑到诺埃尔桌前。玛丽亚去帮助双胞胎。

我坐在娜塔莱旁边，问她什么东西会碎掉。

"心。"她说。

我在一张纸上写了心碎。

"还有吗？"我问道，焦躁开始膨胀。"眼镜会碎吗？"

"心。"她又说了一遍。

她的声音几不可闻，不仅因为她语声轻微，更因为我的心怦怦直跳。嗵，嗵嗵，在我的耳中回荡，在我的脑海里击响，以至于几乎听不到她的声音。那并不是我们熟悉的跳动，不仅声音极大，力道也称得上暴虐，仿佛在试图脱离并冲破我的胸腔。

骑自行车回家需要五英里。我拐进最危险的路段——弗农大道。这条路没有自行车道。一辆卡车呼啸而过，腾起滚滚尾气。汗珠顺着脸滚下来。虽然是六月，但也没热到那种地步。一辆车擦着我过去，后视镜几乎要把我的车把撞飞。

焦躁并没有消散——我把车推进公寓，双腿发抖，膝盖都打不直，没有消散。吞下那一点晚餐之后没有消散。躺在床上浅浅吸气时没有消散。不断被各种念头轰炸，尤其是害怕自己失去理智时没有消散。

胸中能量的汹涌和胃部的压迫持续了好几天，演变成一种折磨的焦躁。我只有一个念头，就是让它消失，但事与愿违。我的身体内部吱吱嘎嘎，好像在不断地松动，直到我感觉自己在分崩离析。

人类容易焦虑，至少已经有几千年了。在古希腊和古罗马，伊壁鸠鲁派和斯多葛派哲学家提出了避免焦虑的方法[13]。（剧透：即停止对过去的担心和对未来的害怕。）在17世纪和18世纪的医学教科书中，焦虑连同对惊恐发作最早的描述一起，被列为忧郁症的一部分。此时的焦虑指的是十分严重的症状，包括幻觉、躁狂和谵妄。到了19世纪和20世纪初，克雷佩林认为焦虑本身不是一种疾病，而是许多精神障碍包括躁狂抑郁症的表现症状，弗洛伊德主张焦虑是焦虑自身的神经症。

《精神障碍诊断与统计手册》的每个版本都各自对焦虑进行了分类和再分类。第一版中它被列为精神神经症障碍的主要特征，几乎与神经症同义。（用 W. H. 奥登的话来说，20 世纪 50 年代和 60 年代常被称作"焦虑的时代"，但这不是我们今天意义上的焦虑。它的症状更倾向于典型的抑郁症：悲伤，莫名不适，头痛，疲劳，食欲不振。）第三版不再将焦虑表述为神经症，而是将其分成九种不同的情况，包括恐怖症，惊恐障碍，广泛性焦虑障碍，强迫症和创伤后应激障碍（PTSD）。第四版将急性应激障碍添作焦虑亚型的一种。第五版将焦虑放进强迫症以及创伤、压力源相关疾病的一系列谱系中。

焦虑，轻飘飘的两个字，实际上包含了担心，紧张，不安。但有证据证明，焦虑本身便会使自杀意图和自杀行为增多[14]。焦虑使一个人在没有威胁存在的情况下感到被围困、被威胁。我感受到的那些能量的汹涌，战栗和焦躁，分崩离析和灾难性的想法，使我最终坠入黑暗的可能性增加了十倍。

我只是需要"放松"下来。我去上瑜伽课，站在垫子一侧，按照老师的指导，发出长长的"嗯"，然后呼吸，伸展，"通过转动消除身体的紧张"。听说摩挲耳后的乳突骨有用，我就每天早上按摩。我在东村一家商店买了中草药——某种植物的根吧，记不清了，看上去像黑黢黢的树皮，一股狗尸体腐烂的味道。（我

闻过那种气味：从前在芝加哥，公寓旁边空地上死了一只流浪狗，我们花了好几天才搞清楚那东西是什么。）我把中药根浸泡在沸水中，然后一股脑闷下去，没有效果。我进行冥想。哦，我冥想过。这些都无济于事。

两年来，我第一回做年度体检（我的医疗保险覆盖范围有漏洞），给我检查的是一位之前没见过的初级保健医生。他的候诊室很小，墙面粉刷着令人心神不宁的复活节彩蛋蓝色。我打定主意绝不告诉他我的现状，比如坐地铁时觉得有人在往我的神经系统里钻，还有失眠成了我生活中无法摆脱的一部分。

他个子不高，中年，看着他，我的脑海中冒出了宽和这个词。他的表情很愉快，举手投足带着自信，让人感觉他的病人没有一个不是很快痊愈的。他有一种父亲般的气质，看起来很真诚。

我们先走了一遍常规检查流程。他听了我的心肺，然后问我是否有任何身体方面的问题。

好像也没必要告诉他。我又该怎么说呢？我觉得焦躁不安？我在分崩离析？

检查完毕，他走出房间，我穿好衣服。他敲了敲门，进来问我是否还有什么问题。

我告诉了他自己的焦躁不安，但没有说分崩离析。

他热切地点点头。"明白。"他说着走去拿处方簿，在上面涂画几笔，递过来一个我从未听说过的药物处方：地西泮。

"这是什么?"我问道。

"安定。"他说。

不用看也知道我的脸上写满了担忧。

"就跟喝一杯苏格兰威士忌差不多。"

我把处方揣进口袋,走上第五十六街。把药塞满口袋能有什么危险呢?我只是把安定带在身边,以防万一。

————◆·◆————

那天晚上,我站在公寓的厨房里。半透明的橙色处方药瓶放在流理台上。收音机里一名记者大谈美国占领伊拉克。

我决定不吃药,没有必要。我回到床上,躺了几个小时。胸口的焦躁变成了一种难耐低沉的嗡嗡声。吸气,呼气,再吸气,然后呼气。

嗡嗡声愈发响亮。我的脑海里反复地出现一个声音:我受不了了,我受不了了,我受不了了。这不像忧郁症。忧郁症的力量是绵长的。这是一种缓慢的思虑,是由内而外的分崩离析。

翻下床,踱步。从我的公寓可以眺望到布鲁克林区到皇后区的高速公路。汽车飞驰而过,太快了。痛苦的嗡嗡声再次暴涨,无声的恐惧将我打碎、吞没。

我打开厨房的灯,接了满满一杯水,去摸索装安定的瓶子。

费了半天劲把瓶盖拽下来，蓝色的小药片倒进手心。一片？半片？还是两片？

一个念头出现在我脑海中：你就是在小题大做——这句经常安在女人身上的话。我变得歇斯底里了。我不想歇斯底里。我将药片放回瓶中，拧紧盖子。

——❖——

没有人告知我诊断结果，我也没问。也许他以为我去那里就是为了安定。诊断只是走个形式。

安定是最早出现的"特效药"之一[15]。另外包括——治疗精神病的氯丙嗪，治疗躁狂症的锂，治疗抑郁症自杀行为的阿米替林和苯乙肼——但这些都是专门给"疯子"的。安定是"母亲的小帮手"，是家庭主妇的"快乐药丸"[16]（眠尔通是20世纪50年代的快乐药片，五羟色胺再摄取抑制剂*作为快乐药片被用在20世纪80、90年代和21世纪的头二十年……）作为日常生活中治疗压力的药品，安定改变了精神药理学。制药公司不用再为患有严重精神疾病的病人开发药物，安定迎合了那些想要感到"正

---

* 即SSRI（Selective Serotonin Reuptake Inhibitor），是一类新型的抗抑郁药品。临床常用的五羟色胺再摄取抑制剂有6种：百优解、帕罗西汀、舍曲林、氟伏沙明、西酞普兰、艾司西酞普兰。——译者注

常"和"快乐"并有钱购买的人们的需求[17]。到 20 世纪 70 年代，它已经一跃成为美国最常用的处方药[18]。

鉴于无处不在的询医问药和向医生敞开心扉的宣传运动，我的医生可能认为我只是想要一片药。具有开创意义的询医问药营销策略始于 1976 年，由当时的处方药惠菲宁的制造商 A. H. 罗宾斯公司发起。他们用一则电视广告对大众直言，"惠菲宁的制造厂家请你询医问药。"如此一来，他们不需要费心去卖咳嗽糖浆，消费者们自会去购买，医生们也对此公开表示认可[19]。时至今日，全世界仅有三个允许直接面向消费者宣传精神类药物的国家，美国便是其中之一。到 2016 年，制药公司已经在直面消费者的广告上砸了近 60 亿美元，目的是鼓励我们进行自我诊断和自我治疗[20]。

我能期待什么呢？像大多数医生一样，他接受过培训，能够通过恰当的治疗尽可能高效地识别和治疗患者，通常来说就是使用处方药。虽然一开始不知道，但我很快就发现，与医生谈论心理健康状况，就像去柠檬水摊子上说口渴，你会得到一杯柠檬水。

——◆——

在这所学校的时间没剩几天了，一次我在走廊遇到了杰姬。她招手让我等一下。我们并排走着，我听到了咔哒咔哒的声响。起初，我以为是她的高跟鞋踩在油毡地面的声音，后来才意识到是装在我口袋里的安定。我不吃，只是随身携带——五片，以防万一。

她打开门，让有什么需要尽管和她说。

一进教室，漂白剂的气味兜头撞过来。我向玛德琳女士、山姆、玛丽亚和学生们问好。凯末尔用"你有什么话说？"跟我打招呼。我放下包，抽出讲义，焦躁变成了分崩离析的感觉。

我站在教室前面。最先出现的是焦躁，然后是我脑海中的分崩离析。感觉连一首诗都读不完。我让学生们想象一台可以产生爱的机器："它的大小是不是能装进口袋？会不会很大？它制造的爱又是什么样子？"

眼前的教室有一瞬间似乎消失了。"画出这个机器。"我说。

我打着颤，把马克笔和自己带来的讲义分发下去。他们开始画画。

快下课啊快下课，我无声地大喊着，在教室里转了一圈，走到诺埃尔身后。他画了一台长着翅膀的电视机，如此生动，如此鲜活。他也写了些什么。我俯身去看。

他一只手捂住耳朵，另一只手捂住嘴。

我本应该就此打住，退开。但嘴里的话脱口而出："我能看看你的画吗？"然后不等他回答就拿了起来。

他捏着耳朵的手攥得更紧了。

我意识到自己做了什么。"对不起。"我把画放回桌上。

他的脸涨得通红。

精神病态

"给你,"我拍了拍画,"我不动。"

如果要描述诺埃尔接下来的所作所为,简直可以用"疯了"来形容。若是再用其他学生的反应加以渲染,那么"简直"二字可以去掉。自闭症学者、作家 M. 蕾米·耶尔吉厄(M. Remi Yergeau)等人写下了我们看到的"典型自闭症文章"、带噱头的小说、不负责任的剧本,而作为被书写的、沉默的非典型神经症自闭症患者本身,才是更加合适的故事讲述者[21]。我对事件的评述和诺埃尔的视角必有出入。

我言尽于此。山姆先生朝他走去,最终,诺埃尔被领出了教室。玛德琳女士不断拍手吸引学生们的注意。最终,学生们也拍手回应。

玛德琳女士建议我们今天就上到这里。我把学生们的画收上来,整理好自己的东西。走出教室时,药片在口袋的药盒里咔哒,咔哒,咔哒。

———— ◆◆ ————

我来到东河河畔的苏格拉底雕塑公园,坐在一张长椅上。这里曾经是一个垃圾填埋场,是一位又一位艺术家和住在这儿的人们将它变成了一处户外艺术展览馆。雕塑作品无处不在:用石头雕刻的牦牛头、漂荡在河水中的充气佛像、悬在钢管上方的克里斯托式蓝色织布窗帘。

我从包里掏出诺埃尔的画。在带翅膀的电视机上方,他这样写道:画一幅这个机器的画。我当时为什么要那样去拿他的画?

在修辞意义上,问号表示对自我的探究。它是一种解决疑问的方法,一种自我诘问的方式。与自我的辩论。对自身的质疑。

问号出现在句子末尾,表示请求和询问,是与我们最亲密的标点符号。它出现在我们最脆弱的时候,我们用问号寻求帮助。

出现连续疑问句时,问号起到逗号的作用,代表一种迫近的不解:你累不累?饿不饿?生气了?还是伤心?它们是对答案的欲望。

据说,古埃及人在地图上用问号标记新发现的地点和未知的位置。为什么独独选择这种形状?为什么是一条拉长了的曲线?联想到古埃及人对猫的钟爱(爱猫去世时,主人会剃掉眉毛以表怀念),一切就说得通了。问号是猫在惊讶或好奇时尾巴勾起的形状。

问号也可能源自罗马。拉丁语中"问题(quaestio)"的缩写是 qo。某天,某人将 q 写在了 o 的上面,q 有点变形,o 缩成了一个点,于是问号便诞生了:

$$quaestio \rightarrow qo \rightarrow ???$$

还有人则认为问号诞生于8世纪的一位名叫阿尔昆(Alcuin of York)的学者之手。他发明了"训问之点(punctus interrogativust)",意在提醒诵读该句的僧侣在结束时提高音量。这一形态最初出现在中世纪的文本中,是一个点加上一个"雷击"模样的波浪号,也许这个我们今天所熟知的符号就是由此演变而来的:

·~ .↲ ⸮ ?̗ ?

问号创建出一段关系。我们用问号互相问询,相互了解——或者至少在尝试互相了解。

一阵风席卷了河面,充气大佛在波浪中起伏。医生的声音在耳畔响起:"就跟喝一杯苏格兰威士忌差不多。"

我掏出药盒,打开。拈起一个药片,它轻得没有一丁点重量。像粉笔碎。就当它是粉笔。

药片在舌头上也轻若无物。我吸溜了一口瓶子里的水,和着吞下去。过了很久,焦躁终于平息了,我的思绪迟钝下来,一种不难受的虚弱盘踞在我的下半身。这又有什么害处呢?

第六章
破　　裂

我将手中的刀搁在葡萄柚的黄色表皮上。保罗站在我身后。[97]
他问了我一个问题。刀刃划破葡萄柚粉红色果肉的中央,一分为
二,我握着刀的手在颤抖。

"实在想不通。"保罗困惑地摇头。

我要求他搬出一起合租了半年的公寓。这半年我们没有冲
突。在过去的这段时间里,他作为一名演员——他是货真价实的
演员,不是那种还在努力获取这个头衔的"演员"——筹集到充
足的资金,制作了一部自己梦寐以求的长篇电影,我在曼哈顿下
城区策划了一个诗歌节。(多年后,我在热播电视剧《美国谍梦》
又看到了他,目睹着他饰演的角色被刺伤,我的心中莫名浮现出
悲伤。)我们之间没有萌发过任何浪漫的种子。也没有发生裂痕。

"我不明白为什么,"他说,"你妈都对我没意见。"

母亲过来的几次我都表现得很好。父亲来的那个周末也挺顺
利。我从没想过要告诉他们——或者任何人,不是因为觉得说了也
没什么用,而是因为我已经如此地疏远了他们以及我自己。另外不
知道怎么开口,我不对劲,但我不知道是怎么回事。我不——不行。

我用刀划开每一瓣葡萄柚的果肉。汁水浸透手指。即使服用了安

定，我的睡眠时间也总是不长。我要打三份工，还完成了艺术硕士课程，但我无时无刻不感觉大脑破碎一地，神经被一缕缕地扯出皮肉。

保罗站在我身后，等待我的回答。

尖叫的冲动——不讲理地涌上来。他不能理解为什么我需要独处——不是房间里没有别人，我需要那种世间万物都不存在一样的孤独，唯有如此或许我才能彻底停止自己的破碎或者说破裂。

"行，你不想说就算了。"他回到自己房间，关上了身后的门。

阁楼——我住的阁楼是在一座非民用的工业建筑里。按照我的精神状态——崎岖、日益沉重，非法租住并改装一个阁楼似乎反而是合理。我用在公立学校做写作顾问赚的钱付房租。我仍然是驻校作家，并开始为一个未获批的成人继续教育项目教创意写作，一个月的咨询费比我一年赚的都多。有家公司的人事看到我的履历上写着带过皇后区四年级一个班的学生（常规教育），他们开了一个如何教写作的讲习班，让我当培训老师。

招室友的时候我第一个见的就是保罗。只用一眼，我就决定把另一个房间分给他。不仅因为他的外表干净利落，明显房租对他来说不是问题。而且他是那种想让世界变得更美好的人，他真诚地分享自己正在读的书，比如有关解决世界范围的饥饿，争取 LGBTQ*

---

* LGBTQ 为英语单词女同性恋者（Lesbian）、男同性恋者（Gay）、双性向者（Bisexual）、跨性别者（Transgender）与酷儿（Queer）的首字母缩写，在当下用来泛指性少数群体。——编者注

权利。他善良而慷慨。我们的关系根本没有理由搞得像现在这么紧张——没有理由,除了我感觉自己的破裂日益严重。

我把刀放在流理台上。安定在口袋的药盒里。药片没有咔嚓作响,但它们的沉默变成了一种召唤。我还没有服药。还没到时间。我从来没有在上课前的早晨吃过药。

我在餐桌旁坐下。尖叫的冲动开始消退。我颤抖着吃下葡萄柚,舔了舔手上的汁液,又甜又苦。

那时我不会想到神经衰弱这个说法。这是 20 世纪 50 年代的词,当时商人们见面、开会都要来上一轮又一轮的马提尼。西尔维娅·普拉斯和罗伯特·洛威尔等诗人在艺术创作后精神崩溃,被送进麦克莱恩医院恢复神智。据说该词在美国最流行的时间是 1940 年左右。

这种也被称为神经障碍和神经疾病的病症已经存在了近一个世纪。患有神经障碍的人没有表现为精神病的症状(听见不存在的声音;与不在现场的人进行交谈;强烈的偏执;说话"语词杂拌",前言不搭后语)。神经障碍的特征是疲惫、轻度抑郁、轻度焦虑、身体不适(慢性疼痛、失眠、肠易激)以及强迫性思维。它与"精神错乱"是两码事,患者绝大多数是满怀忧虑的人。

1869年，神经学家乔治·M. 比尔德（George M. Beard）将神经衰竭（nervous exhaustion）改叫神经衰弱（neurasthenia），认为这是只有社会精英才会患上的病[1]。该病在精英、艺术家和领导人当中风靡一时，仿佛只有他们才处于当代生活压力和时代席卷而来的科技进步——比如蒸汽机影响的风口浪尖之下。病人名单里有亨利·詹姆斯与爱丽丝·詹姆斯、伊迪丝·华顿、杰克·伦敦和夏洛特·珀金斯·吉尔曼——她在短篇小说《黄色墙纸》里描述了可怖的"休养疗法"，也就是强制女人待在床上，同外界隔离，什么都不能做，这种治疗（不出所料地）让人得上精神病。

我的神经紧张不是源自压力，我本人也没有感到疲惫不能自抑。我更接近19世纪德国人对神经衰弱的看法：特征是精神上的彻底崩溃。

那天早上，我在南布朗克斯区*从6号线下车，经过小酒馆和公园长椅上的男人，朝上课的学校走去。男人们向我投来注

---

* 该区是非洲裔与拉丁裔聚集的区，下文的小酒馆（bodega）也是拉丁裔开的一种小店，贩卖酒和杂货。——译者注

目——出于无聊或兴趣,或兼而有之。迈出的每一步都伴随着脆弱而非焦虑——那脆弱因我确定自己即将崩溃而愈加无力。

如果我能来一点安定——哪怕只是一小口。一"小口"就是从那些蓝色药片中的一片上啃下一点碎末,"不算服药"。我在校门外停下。包里带了一瓶水,口袋里有药盒,轻而易举——

学校的门打开了,一个男人——管理员——走了出来。他冲我点点头,像往常一样。我也点点头。

在门厅里,我把包递给保安。他大略扫了一眼,示意我去过金属探测器。换班钟声响起。学生们涌入走廊。他们叫嚷着。没有储物柜打开又当啷一声关上的场景。学生们不得使用储物柜,因为觉得他们会往里放毒品。

路过一个公告栏,上面贴满了测验成绩,表扬满分一百中拿了九十和九十五分的学生。但成绩单只有一半还在,另一半被扯掉丢在地板上。墙上停滞的钟表指向 8:42。

走到教室门口,我透过门上的小窗户往里看。八名男生各自坐在小课桌后面,桌子之间隔得老远,免得他们不用站起来就能兜头给别的学生一拳。按说他们是七年级,但阅读水平只算四年级。其中几个块头又高又笨,已经现出了男人相,看上去远不止 12 岁,说不定 14 岁甚至更大,留了几次级。课桌几乎都装不下他们。

我以前教过患有重度情绪异常(SED)的学生,与一位资深教师杰克逊女士共事,她处事犀利,聪明过人。她的学生也贴着

SED 的标签。她曾说过,虽然他们表现差劲,但并没有"情绪不稳定"。他们很愤怒。"他们聪明得很,只是没人教他们读写。教育系统把他们落下了。如果是你,你难道不愤怒吗?"

给重度情绪异常学生上课可是个挑战。之前在另一所学校,两个女生在教室里因为一个笔记本争得不可开交,一个猛地伸手扯住另一个的头发,把她按到地上。有一回,一个学生把一张课桌从教室这头扔到那头。我被吐过两次口水。

课堂管理实在是超出我的能力范围。我只算一个旁观的代课老师。班级管理的基调由班主任决定。

我走进教室,坐在自己桌前的班主任抬起头,用手点着下巴,好像在审视我,然后又继续吃她的奥利奥。助教坐在教室另一侧的桌前嚼多力多滋。她没有注意到我,起码我没察觉。

后排的两个学生盯着窗外。教室中间两个凑在一起,十分明显地在桌子下面传递了什么东西。一个坐在前排的学生静静盯着一本书阅读,仿佛在另一个时空。达内尔瘫在椅子上,双臂环胸。

刚来这里没几天,班主任就用大到学生都能听见的声音向我抱怨:他们"斗大的字不识一筐"。我发现有五个学生可以磕磕绊绊地阅读。我的十节课中有七节课是给这个班上的,但我看到了那五个学生展示的潜力。

达内尔却没有给我这个机会。他从不和我有眼神交流。有次,我站在教室里,努力把课上下去,他嘟囔着——用大得我能听到的声音——"白皮婊子。"他展现出的尖酸幽默蛮受其他学生欢迎，简直算一种魅力。

我经过第一排桌子，达内尔瘫在座位上，拖着嗓子嘀咕了一句"去——你妈的"。

班主任老师喊我过去。她身体前倾，好像要耳语。然后她用每个人都听得到的声音说："达内尔有毛病。"

达内尔做了个鬼脸，移开了视线。

"之前有一个动物园的人好心带爬行动物给这些孩子学习。"她冲达内尔问："你要不自己说说你干了什么？"

达内尔显然不会搭理。掺和这次公开谴责不会改善我和他的关系。我走到黑板前开始上课。

"达内尔，"班主任继续说，"他抓住一只青蛙，捏着它的嘴，想把它撕成两半。"我继续在黑板上板书。"两半，"她重复了一遍。"这就是为什么他马上要离开教室接受副校长的特别召见。"

达内尔继续看向一边。他的脸颊涨红了。不知是因为尴尬还是愤怒，或者都有吧。

有人敲门。一个男人探进头，叫了达内尔的名字。达内尔翻了个白眼，从椅子上慢条斯理地站起来。他的动作很慢，那人不等他，已经返回大厅，教室门也自动关上了。我以为达内尔会摔门而去，但他没有。他只是让门在身后慢慢阖上。

我把讲义发下去，上面印着松尾芭蕉俳句——古寂池塘／一只青蛙蓦然跃入/扑通*——的六种不同英文翻译。我说，每个人都可以用自己的方式进行解读。很明显，我在对牛弹琴。我给他们讲过莎士比亚、兰斯顿·休斯、埃瑟里奇·奈特和西尔维娅·普拉斯，而他们除了拉腔拉调地念了几嗓子之外，完全无动于衷。

在一节讲解意象和俳句的短课上，我进入了我所谓的教学状态。我没有分崩离析。没有去想安定。我心无旁骛。我神清气爽。我勉力吊着他们的注意力，详细展开了俳句的三行结构和5-7-5的音节节律。（日语音节不能一对一翻译成英语音节，但引入音节有助于学生理解。）

我让学生们自己创作俳句。他们趴在课桌上扭来扭去，像在受酷刑。我提醒说只需要写三行，他们才振作起来。一个学生嘲笑邻座："你连一行都憋不出来。"他们互相嘲笑，攀比谁写的行数更多。

———◆———

这些学生中的大部分被细分为对立违抗障碍（ODD）。（保密政策当时要么是没遵循，要么不存在，否则我不会知道他们的诊

---

* 日语原文为：古池や蛙飞びこむ水の音，本书原文中采用的英文译文为 The old pond/ A frog jumps in:/Plop。——译者注

断结果。）对立违抗障碍在《精神障碍诊断与统计手册》第三版首次出现时是一种对立障碍，确诊该障碍的对象需处于3~17岁，且持续表现出至少两种以下症状长达六个月以上——是的，只要两种——便可判定他们是病理性的反社会分子：（1）愤怒，（2）在小事上违抗规则，（3）争辩，（4）出现挑衅行为，（5）固执。愤怒难道不是大多数孩子——以及许多成年人——的日常吗？谁家的孩子不犯错？另外，年轻气盛的时候谁不固执？

为了限制确诊对立违抗障碍的儿童数量，《精神障碍诊断与统计手册》第三版修订版进行了无力的修补，方法是添加"经常"这个词：经常发脾气，经常在小事上违反规则等。但"经常"是一个模糊的衡量标准，在实际诊断中毫无用处。第三版把症状扩充至九种，包括"经常说脏话"和"故意招人烦"[2]。第三版还撤消了孩子必须超过三岁才能被诊断的保护措施（他们难道没听说过两岁叛逆期吗？）[3]

《精神障碍诊断与统计手册》第四版也没有什么改进。[4] 这一次他们在症状中删除了脏话，将数量减为八个，但保留了"争辩"和"故意招人烦"，并恢复了3岁的最低年龄阈值。此外，第四版还强调了"临床意义"[5]。临床意义指的是能够用以判定孩子的行为和思维是否足够极端，达到被病理化的程度。这听起来很科学，很明确，但在实操中意义不大。如果达内尔表现出以下一项——仅一项——那么他的行为和精神状态便称得上具有

"临床意义":无法开展学习且找不到其他解释原因;难以维系人际关系;表现出不恰当行为、喜怒无常、恐惧学校或个人等相关问题[6]。

当时,《精神障碍诊断与统计手册》第五版尚未出版,但它也不会放达内尔一马。第五版中对立违抗障碍的诊断条件基本没变,另外还引入了备受争议的破坏性心境失调障碍,二者的交叉症状——易激惹和愤怒——可能让更多儿童被诊断为同时患有两种障碍[7]。

对立违抗障碍的诊断包含了如此多的性别歧视、种族主义假设以及隐含的偏见,已经可以算作明目张胆的冒犯。对立违抗障碍主要的污名化对象是有色人种儿童。2011年一项研究以书面形式公开表示,可以预测对立违抗障碍这样的破坏性行为障碍患者"未来将会受到刑事指控"[8]。另有一项研究表明,临床上有色人种年轻人更容易被诊断成对立违抗障碍患者[9]。多项研究都显示,在同等情况下有色人种儿童会受到诸如对立违抗障碍这类的污名化诊断,而白人儿童得到的是污名化(相对)较轻的诊断,如注意缺陷多动障碍。如果达内尔是白人,他可能根本不会被判有病。研究人员在一项审查中发现,同样的行为和情绪状态在有色人种年轻人身上普遍被视作更严重的精神疾病[10]。

在被确诊为对立违抗障碍这样的病、掉进精神卫生系统网之后,达内尔可能会陷在精神卫生系统中无法脱身,在成年后也一直遭受种族偏见[11]。研究表明，医生的隐性偏见是下达确诊判断的主要促成因素[12]。拉丁族裔被诊断出患有精神病的可能性是白人的三倍[13]。黑人被判精神分裂症的可能性几乎达到了白人的两倍[14]。印第安土著和阿拉斯加原住民的精神病确诊率最高，并且被认为遭受精神上痛苦的比重最高，然而占有相关服务资源最多的却是白人[15]。这种差异化存在于所有边缘群体中[16]。

（不过确诊率受到被诊断对象的种族和民族影响这一说法受到了争议。有人表示，少数族裔群体并没有"较高的精神障碍患病风险"，相反边缘群体的精神疾病患病率倒是更为居高不下[17]。某些群体中精神疾病病情"顽固"可能是照管方面存在障碍和系统性种族主义的结果：没有医疗保险，接触不到照管人，照管人对文化和种族不够脱敏以及缺乏支付照管费用的经济手段[18]。大多数研究人员认为处于弱势的种族和少数民族群体获得并接受治疗的可能性更低，然而有观点声称，由于耻感、宗教信仰、照管人的多样性不足、语言障碍、对医疗保健系统的不信任或者没有保险等原因，黑人、原住民和拉丁裔较少地向精神卫生保健照管系统上报精神健康状况[19]。)

对立违抗障碍的诊断引发了诸多疑问：黑人男孩是否往往被贴上"好斗"的标签？黑人女孩有多么容易被视作"怨愤不平"？与发脾气等行为、愤怒和不服气等情绪相关的准则不是主流（白人）文化规范评定的吗？又是谁来判定达内尔的冥顽具有临床意义?是学校里的白人辅导员还是白人心理咨询师[20]?

与达内尔不同,孩提时的我没有陷进对我不利的系统。我有幸没有受到任何一种诊断的影响,我可以申请安定处方,时而服用蓝色小药片——一次又一次。

我乘坐6号线回家,在几乎空无一人的地铁车厢里,费劲地去读艾米莉·狄金森,我喜欢她的诗歌,但我不理解她的诗歌。她的破折号用法——不是十字交错和其他奇异的书写方式——吸引了我(比如:我听到苍蝇嗡嗡——当我死的时候——)。尽管批评家就她笔下破折号的用途作了大量研究——强调、列举、中断、代替括号——可是单拎出一个破折号,却让人猜不透含义。对我来说,破折号的作用像地标,以超越常规标点符号的方式牵引读者。它们还带领读者行进——邀请我们继续阅读。

我拨弄着口袋里的药盒。到了第八十六街,人群蜂拥而上。为防有人更需要坐下,我站起身。一个穿着西装的白人占领了我的座位。他对身边的孕妇视而不见,目光低垂在杂志上。

到了列克星敦,又涌上一拨人,我被挤到车厢后面。一个女人压在我身上。中央车站一停靠,更加密不透风。他们挤上车,叠在我身上,我感觉身体要破裂了,浑身僵硬。

一片药就够了——只要一片。

我掏出药盒，手肘撞到身后那个女人。拉开背包拉链，捉住水瓶，里面空空如也。离开学校前忘了接水。我用一只手灵巧地打开药盒，递到嘴边，用舌头卷起一枚药片生咽下去。

回到家时——那片安定令我心生凄婉——保罗出去了。厨房的流理台上有他留下的一张字条，说想谈谈。我不想谈；我想再服一片安定。

第二天下午，我参加了一个有关顾问工作的职业发展会议。我和其他顾问坐在下东区一所小学的小礼堂，台上澳大利亚主管大谈问责制框架，又介绍了一种全面的扫盲方法。破裂的感觉又找上来了。你必须离开这里——要么服用安定——就一片，一丁点。如果不是那天晚上还要教创意写作课，我恐怕要就范了。

当晚，我赶到西村一所小学教室，这间教室是雇我的那家继续教育公司租的。桌子围成一圈。我坐在一头，四个学生在我身边和对面：一个工商管理硕士，一个全职妈妈，一个图书馆管理员，一个女服务生，他们都想学写小说。图书馆管理员喜欢言情，希望有一天能出一本自己的小说。那个工商管理的硕士喜欢读约翰·勒卡雷，想自己也创作一系列作品。女服务生看的、写的都是情色实验小说,相形之下我觉得自己简直像个清教徒。全职妈妈还不知道要写什么。

我们正在研究裘帕·拉希莉一部短篇小说中的人物刻画。我提出了注意标点符号——不是具体这篇故事中的运用,而是整体的用法。我问他们有没有留意过插入型标点的表达效果。"逗号(,)"我说,"就像两个减速带,几乎挡不住读者前进的速度。括号(几乎总是)迫使读者移步跨槛。破折号——总是——暂时消音,然后邀请读者进入另外的内容。"

两个学生像是走神了。还有一个挪开了视线。同样的场景也发生在我上的艺术硕士课上。标点符号和语法几乎没有人提,好像写作与它们无关无涉。我也不介意,因为就连我艺术硕士的同学们也和眼前这几个不以为然的学生一样,不知道如何使用逗号、破折号、括号,更不用说其他更复杂的标点符号,诸如分号的种种作用等。有人认为强调标点符号会使学生感到紧张,甚至妨害创造力。但我一直想不明白,若是作家心怀抱负却不知如何正确使用标点符号写句子,写作又如何让他们身心轻松、备受鼓舞呢?

下课时,几位学生站起来——微笑着谈论我布置的人物刻画作业。我向他们道了晚安。穿外套时,药片在口袋里窸窣作响。我已经忘了它们的存在。也许我根本不需要它们。

我沿着第六大道阔步前进。但到了第十二大道和第二大道,脆弱悄悄覆上了我的身体。太多了:太多噪音,太多人,太多汽车,太多灯光。

身后一辆汽车鸣笛,我转过头。我的脖子要裂开。我从包里掏出水瓶,吃下两片安定。

后来我才知道安定成瘾性极强。服用的越多,大脑独立工作便越困难。安定的半衰期比其他苯二氮䓬类药物(如阿普唑仑、克洛诺平和阿蒂凡)都要长,它起效迅捷,药效在服药一小时后达到顶峰,可以持续两天,依赖形成得很快,戒断反应与其治疗的症状相同:焦虑,失眠,惊恐发作——还有更糟糕的——精神病,癫痫发作,自杀[21]。安定可以使大脑多巴胺分泌活跃,短期内也许有所帮助[22]。安定还会操控人体奖励系统,造成它的故障,服药者对药量的需求会不断增加,记忆和学习机能受到影响。

我可以责怪给我看病的医生和制药业,怪他们将我推入危险中,但如果没有疾病诊断代码,我是不可能拿到那些蓝色小药片的。也许初级保健医生在我的病例上写下了代表广泛性焦虑障碍的 300.02,有了诊断编码,我就可以定期从药房领取Ⅳ类镇静剂,让保险公司报销费用。

不过,就算告诉我医生给我贴上了表示"广泛性焦虑障碍"

的 300.02 标签，我应该也会接受的。母亲总说我对这个世界有一种"独特"的担忧。小的时候做例行体检，我坐在检查台上指着绷带、纱布和尖头仪器问："他们要对我做什么，为什么要给我弄这些？"

诊断编码的初衷是方便编制统计数据和入院情况，但现在它们的主要功能已演变成帮医生拿保险公司的报销。美国《精神卫生均等及成瘾治疗衡平法》规定，精神健康的理赔应与其他医疗理赔同等对待，但保险公司只承保"必要医疗"的部分。这一点在涉及《精神障碍诊断与统计手册》的诊断时就变得很微妙了[23]。那些症状轻微的诊断病症（如焦虑）有必要在医学层面上治疗吗？不过精神科医生和心理医生自有"过墙梯"，他们给患者贴上与实际情况不符的、更严重的诊断标签，这样保险公司就不得不承保治疗费用[24]。下达确诊书的医生可能并不认为患者患有这种疾病。有时，患者也会参与其中，同意更严重的诊断以换取医疗承保的费用。即使患者可能并不相信自己有病，然而白纸黑字记录在案，从某种意义上说，这个人就真的有病[25]。

不必去看我的诊断书，处方已经足够说明问题。如果我去找精神科医生并告诉他我正在服用安定——它以一种黑暗的、扰乱正常秩序的、潮湿难耐的方式帮助着我——那么医生可能会将安定的处方视为对诊断的肯定。一个类似 300.02 的编码跃然落在我的病历上，无论我知晓与否，我都确诊了一个病症。

―◆―

转过头下个礼拜——我在那个学校的最后一天——达内尔没来。班主任告诉我，他因为青蛙事件被开除了。

"咎由自取。"她说，声音大得每个学生都听得到。

我在黑板上写下当天的课程要点。学生们无精打采地坐着。达内尔的课桌空荡荡。

放学后我往车站走去，路上一直在想，我再也见不到那个班的男孩们了。在这么年轻的时候就被当作精神病态，贴上潜在罪犯、情绪失常、破坏性人群的标签，他们将来要何去何从？

回到阁楼，我发现保罗的东西都不见了——全没了。那天，他搬出去了。同样不见的还有大部分家具，那些家具是他的。沙发没了，茶几没了，连灯都没了，阁楼里黑暗、空旷。地上的坑里积了雨水。不知是我们俩谁在离开时打开了窗户。最有可能——肯定——是我。

―◆―

破折号的起源没有定论。有人认为出自 12 世纪的意大利学者彭冈巴诺之手，他开发了一套自己的文本标点符号系统。其中竖着的斜杠（/）表示逗号，水平斜线号（-）表示句号。到了18世纪，它被小说家们比如塞缪尔·理查森和劳伦斯·斯特恩等用来插入不重要的短语或者旁白。（药片在哪里——不是离不开它们吗？——已经离不开它们了。）19世纪，夏洛蒂·勃朗特用破折号表示讲话被打断。破折号在她和其他作者的笔下也可以表示顿绝，即句子说到一半便生生断在那里。（我说过药片是——）

英语中的长破折号（em dash）——之所以以 m 命名，是因为它的长度和字母 m 相当——主要连接或隔开短语和分句。短破折号（en dash）——约等于字母 n 的长度——用于数字、日期和时间：2000–2007。短连字符（short hyphen）连接的是单词和前缀：anti-anxiety medication（抗焦虑药物）。

很多时候，长破折号用作切断，表示结束。

它也可以消声。在美国精神卫生系统中，有色人种遭到了漠视，药物研究对象侧重于白人男性，某些试验中的白人受试者比例占 90%。1993 年，美国国家卫生研究院颁布"振兴法案"，要求制药公司在研究时将有色人种纳入试验，但 2014 年的一项研究发现，高达上万次的癌症临床试验里，只有不到 2% 的临床试验集中在少数族裔身上[26]。有色人种——以及像达内尔这样的有色人种孩子——漂浮在破折号之间。

✦

保罗搬走了，阁楼里潮湿不堪，好像雨水灌进来就不出去了。也许是安定让我产生了这种湿气难耐的感觉吧。阁楼里空荡荡的，可能因为它也确实空荡荡吧。我很少与母亲或者父亲通话，有意与包括他们在内的每个人都保持距离，不得不通话时，我听见自己的声音回荡在没有保罗的空虚中。我关上了原先他房间的门，但无济于事。

那天晚上我决定停用安定。浴缸的水是温热的，公寓的空气冷得扎人。我将一只手从水中抬起来，蒸汽从那只手上慢慢升腾。看着滑落的水滴，我意识到明明已经滴水成冰，还一直关着恒温器是不正常的。我的脑子里一锅粥，不断地对自己说不要管。

我不再服用蓝色的小药片了——就这样。后来我才知道在没有医生的监察下停药是很危险的，可能会引发癫痫甚至更糟的情况。没有哪个镇静剂是好对付的。

失眠折磨着我。有时，猛烈的胃痉挛疼得我直不起腰。偏头痛令我头晕眼花。

破裂加剧了。为了缓解这种感觉，我走过一条又一条街道。若是天气太冷或者下雨，我就摸黑在阁楼里走来走去。透过窗户可以辨认出威廉斯堡大桥和曼哈顿下城区。世贸遗址向夜空中射出两盏聚光灯,纪念在"911"中丧生的人。隔壁大楼里有一台电视机亮起蓝光,熄灭,又亮起。

一天晚上,我在曼哈顿的街道上走到了下半夜。一个街区,又一个街区。我让红绿灯决定自己踏上哪条路。步行标志——过马路;禁止行人前行——转弯。

我不断念诵着狄金森的几句诗:

没有你我活不下去——

那将是生活——

而生活就在那边——

在架子后面——

这几句诗我至今仍记忆犹新。

来到亚斯特坊广场,看见一对夫妇正在转雕塑魔方。我转身,朝着上城区的方向往回走,穿过联合广场,纽约公共图书馆映入眼帘。

聚光灯下,图书馆门口两侧的狮子熠熠生辉。这一幕令我想起了老纽约、《了不起的盖茨比》和菲茨杰拉德的散文《崩溃》。在《崩溃》中,他谈到精神崩溃是变得像只比"一个破裂的盘子"略强些。他的情况和我完全不同——我从没把盘子和自己联系起来——但那种破裂感是一样的。那篇文章中有句话我最为喜欢,但总觉得没有理解作者的真意:"考验智力是否一流,要看能不能同时在头脑中展开两种对立的想法,并且保持大脑持续运作。"

我盯着两只石狮子的脸。在我看来,达内尔应该不太可能去杀一只青蛙。按照班主任所说,他把青蛙撕成两半是为了"引起注意",这似乎也不合情理。背后的原因肯定复杂得多。也许当时有一股强烈的怒火飓风一般笼罩着他,青蛙就是被飓风扫到的一角。也许他没有考虑过自己做的事情可能会给他人带来痛苦。也许他想要——

我不知道达内尔想要什么。作为一个口袋里装着安定、享受着特权的白皮女人,我不能假装懂他。

———•❖•———

房东发来一则通知。我住的这幢建筑已经出售了。因为用途不是住宅,所以从法律层面来讲,我和私自占用土地的人没有区别,不同的是为改造阁楼,我花了好几千美元。他们给我一个月的时间搬走。

我开始哭泣——逐渐转为抽泣。我来到厨房,从橱柜的草药茶后面拿出药盒。还剩三枚蓝色小药片。

我摸索着打开盖子,然后放在流理台上,拨通母亲的电话。我只能挤出破碎的字眼:"我——我——"

母亲说:"你冷静下来。"

"我只是——"

"深吸一口气。"她说。

"我——"

"深吸一口气。"

我说不出话——我的话被破折号打断了。

几个礼拜后,她来纽约帮我收拾行李。情况很明显——甚至我自己也清楚——不能再继续待在这座城市了。我开门迎接母亲,她一言不发。我看上去一定和我感觉的那样破碎。她试图用一个拥抱来掩饰看到我的惊讶。

我们坐在地板上,用报纸包盘子,谈论接下来我要怎么打算。我没有告诉她安定的事。我说我只是想喘口气,收拾东西离开纽约,和她在芝加哥待一段时日,然后再回来。

她用报纸裹好一把刀,不太赞同地点了点头。

"我的意思是,我必须回来。我需要——"

"我们到时看情况再定。"她说。

第七章
医　嘱

在母亲家，我刷碗，吸地毯，擦桌子，做饭，想装出没事的样子，免得她忧心。她说很高兴我过来和她一起住。这话我实在难以相信。

我们没有用神经衰弱或者抑郁症来表述我的状况。我们不提这件事。父亲、继母、姐姐、姐夫统统没意识到发生了什么事。外甥和外甥女还太小，不到好奇为什么萨拉姨妈在其他大人都有自己的房子和家人的年纪住在婆婆家的年纪。

母亲只是模模糊糊有些感觉。她以前的书房现在腾给我住，我躲在房间里一个人哭——默默流泪，免得被她听见。离开纽约仿佛打开了我的泪腺开关。

为了从深陷的漩涡中爬出来，我日复一日地按照相同的路线散步。我做了上千次瑜伽下犬式。我在网上教创意写作，除了母亲，这就是我社交生活的范围。那一年半的记忆是由一系列场景快照组成的：坐在"我"房间的书桌前，写文学评论文章和散文；浓重的失眠之夜，凝望着窗外街对面公寓楼上的灯光；在马德里下飞机，代表《巴黎评论》采访小说家哈维尔·马里亚斯，然后在东京采访诺贝尔奖得主大江健三郎；我的名字出现在《纽约时报》和《大西洋月刊》的作者栏；向博士研究生院递交申请；收到爱荷华大学英语文学博士的录取通知书。

很快，我就得离开母亲了。某种程度上，我认为如果在母亲身边待得太久，就意味着我真的崩溃了。当然，六年的博士课程也给了我一个脱身之处。

爱荷华城很完美。它是联合国教科文组织认证的文学之都，是一座搭建给阅读和写作的堡垒，就像我以为自己曾经在西雅图找到的那样。物价便宜，买房定居真是个不错的选择。我取出个人退休账户里所有的钱和全部的积蓄，再加上父母和继母的慷慨给予，买下了一所房子。结果，我微薄的助教收入在按揭贷款和生活开销面前捉襟见肘。

但读博就像置身于一个世外桃源的、脱离物质价值之外的书本星球。它让我感到一种独处的庇护。我所在的院系说的是另一种语言：辩证唯物主义、拉康的象征、语言和言语、双重意识、福柯的符号学、复调。我得以被"现实生活"释放，独自一人快乐地探索书架（实体图书馆里看得见摸得着的图书），要么跑到咖啡馆看书，或者在家写论文。偶尔参加读书会或部门聚会，让自己的社交生活看上去像是充满活力。

这是心灵的生活，安谧而平静。焦躁——分崩、破裂——消失了，我是坚实的，完整的。我感觉得到脚下的地面，我不再陷进漩涡中。至少看起来是这样。

第四学期快结束的一天下午,我在上文学阐释学的课,学生们的桌椅围成半圆,面朝黑板。这是个通识课,选的人很少。我们已经读完了《呼啸山庄》,学生们也交了期末论文,所以我准备给他们布置点创造性的作业。

我在黑板上写道:以"不确定"为题自由创作。学生们不是有创造力的作家——大多数是商科专业的学生或预科生——他们看着我,好像在说,你没开玩笑吧?我笑了笑。他们没有反驳。他们从不反驳,主要是因为我承诺过这门课程不会浪费他们的时间,并且一直都兑现得很好。他们想要实用的技能。我尊重这种想法。几乎所有学生——至少是那些完成作业的——都表示上了我的课之后对自己的写作更有信心了,我告诉他们,写作会使他们的生活倍感轻松。

他们有的掏出活页笔记本和笔,有的打开笔记本电脑。

"限时十分钟,"我看着时钟说,"开始。"

下课后,我来到自己的办公室,坐在书桌前批改他们的期末论文。我的评分标准只考察一个标点符号:逗号。我发现最常犯的十个写作错误中有六个和逗号有关。如果我教会了学生正确使用逗号,那么他们就会成为工作场所的那种人:"好"笔杆。我讲解了逗号的使用规则,给他们出测试题,又复习了一遍规则,再做一遍测验。部分学生一开始感觉很新奇。还从没有人教过他们语法和标点符号呢。有的还想继续加深这方面的学习。

我抽出一沓论文。第一篇是少数几个不走心的学生之一写的,他几乎不来上课,而且所有小测验都没通过。我大致扫了一眼:满篇的逗号仿佛在装饰一棵圣诞树。我想到了贝克先生和我的十年级期末论文。我用蓝笔(多年的学生生涯,使得大多数人都对标示自己错误之多的红色墨水很有心理阴影)圈出第一处错误。

批改完,我回到家,把装着一摞刚从图书馆借来的书的包重重丢在咖啡桌上。我给自己做好晚饭,坐在餐桌旁。盘子里的食物只有一种颜色:橙色。不同的色调,但都是橙色:胡萝卜、红薯、胡桃南瓜。遵循同一种颜色——这就是规则。

许多规则来了又去。我把食物从食谱中摒除又重新加入——我不断地修改可以吃的食物和必须避免的食物。每一次的变化都至关重要。肉是绝对不能碰的,再怎么草饲都不行;过一段时间又能吃了。鱼是可以,但必须是农场养殖的;后来是只能野生的。我先是确定了自己对茄属植物不耐受;过了一段时间发现转为耐受。

再之后,我偶然中将标准转向了颜色。只吃绿色的食物。只吃黄色。只吃紫色和蓝色。只吃红色和白色。

这些念头固执得强烈,特别是吃错颜色的时候:本该是羽衣甘蓝和西葫芦，却吃的是甜菜和紫甘蓝。我的脑子就会不停地念叨。是紫色。不，应该绿色。橙色。绿色。必须绿色。

———◆———

痛苦。障碍。功能障碍。残疾。

痛苦是外部或内部压力（如龙卷风、担忧）的结果，是一种折磨。痛苦的人既受到压制又被迫采取行动。我的饮食习惯很奇怪，但并不令我痛苦。

障碍的主要定义是混乱。有人可能会说我对食物的选择十分怪异。按颜色进食——赤橙黄绿青蓝紫——现在遵循这种方式的人寥寥，不过用不了十年，就会出现在《美食与美酒》杂志和饮食网络上。然而我并不混乱。

精神病学界从没有解释过什么造就了思想、情绪和行为的功能障碍。举例来说，判定 I 期高血压或者高血压危象是有确定的收缩压标准阈值的，但《精神障碍诊断与统计手册》没有给出类似的数字。我可能偏离了正常，不过我的机体功能运转良好。我吃饭。我教书。我完成了课程通过了考试。我代表《巴黎评论》前往旧金山采访诗人凯·瑞安，后来又访问了普利策奖得主、小说家玛丽莲·罗宾逊。

我显然也没有残疾——又或许我有残疾吗？我的动作、感官、活动是否被思维方式所禁锢？拿谁做参照？一个人在什么时候才可以说，我痛苦，我有障碍，我功能障碍，我有残疾？我们如何判断这个人所言不虚？

安妮是我的心理咨询师，她嗓音低沉，短发齐耳，总是穿牛仔裤。她坐在诊室的一张沙发上，我坐在对面的沙发上。我们博士研究生的健康保险保费堪称优厚，同学几乎人人都看心理咨询师，我也一样。

安妮直截了当的方式吸引了我。会面的大部分时间都是我抱怨自己的"问题"——即将到来的考试的压力，博士论文委员会怎么选拿不定主意，给这个学生的评分恰不恰当。对于我所说的大部分难题，她基本上都告诉我要自己解决。而通常，她是对的。

她知道我的厌食症、酗酒和在纽约的经历，知道我和母亲住一起，但不知道我脑海中的自杀画面和念头。她从没问过我是否有精神障碍诊断记录或者服用过相关药物。我也一直对自己的单色饮食避而不谈。

那天，出于某种原因，我却说起了这件事。我们面对面坐着。我随口提到了自己遵循单色饮食规则。

她问遵守这个规则花了我多少时间。

我问答案是否包括在食品合作社*购买食物（我几乎知道那家超市所有员工的名字）的时间、制定膳食计划并遵照计划烹饪的时间，以及再三检查所花费的时间。

她说包括。

我告诉了她那个数字。

她说："你可能有强迫症。"

在强迫症中，强迫是侵入性的，不能缓解的。是无法控制的，是令人内疚的。强迫性的想法往往是实施有害或者令人反感的行为。通常来说，它们源自对秩序、对称、稳妥和纯粹的需求。对强迫的压抑是强迫的源头。我们经常将强迫症与洗手的行为联系起来。感觉弄脏了的强迫性想法出现了，然后洗手的强迫行为减轻了痛苦。当想法一次次出现时，就必须一次又一次地实施强迫行为，即使手部的皮肤破裂，即使反复洗手使伤口感染。

我们现在认识的强迫症，首先出现在《精神障碍诊断与统计手册》第三版，后续版本的改动也不多。强迫症之前一直从属于"焦虑障碍"范畴，在第五版里被移到"强迫及相关障碍"下面。[118]

---

* co-op shopping，一家著名连锁超市品牌。——译者注

确诊强迫症只需要表现出一种引起痛苦的沉迷或强迫行为，而且该行为"显著地"干扰了我的正常生活，或者每天消耗我超过一个小时的时间。研究认为这两个条件并不互斥；大多数临床医生表示，他们面对的病人既表现出沉迷，也展现出强迫。[1]

强迫症带来污名和残疾。在强迫症面前患者笑不出来，他们是被嘲笑的对象。（哦，强迫症就是这么作弄我的。）障碍打乱了他们的生活，迫使人际关系紧张，有时——尽管很少——甚至导致自杀。

我也许确实患有强迫症：反复的、持续性的念头、想法、画面、感受（符合）；必须严格执行它们（符合）；精神不适，对周遭极度怀疑，看上去很紧张（符合）。我已患有一项典型的强迫症亚型：躯体变形障碍。

我做了一个"我有强迫症吗？"的在线测试。我是否过度地计数和安排？（安妮似乎是这么认为的。）我有检查自己的身体是否出现疾病迹象吗？（有的。）是否在明明没有必要的情况下重读或重写？（这是我的工作。）是否避免与不喜欢的事物相关的颜色？（当然。）做完了，20个问题我得了15分：您或许患有强迫症。

我给安妮推荐的专家打电话预约了会面。最早的档期排在两个月开外。我接受了。

夏天到了。我的课上完了,需要专心写自己的论文。恰好在这时,我却集中不了注意力了。我坐在自家小阁楼的书桌前,打开各种文件,里面是我应该掌握的颅相学史的笔记。

最终,写一篇关于舒文德·塞姆*传略的想法占了上风。这似乎比憋博士论文要好。知道塞姆是几年前的事了。当时我还和母亲一起住,有一次他的名字出现在谷歌随机推荐搜索栏。《卫报》的标题写道:《闯祸的超验天堂——震惊玛赫西大学的谋杀》[2]。旁边还放了一张塞姆的正面照:只见他头发凌乱,目光淡漠,一双眼睛冲着镜头冷笑,上嘴唇像是穿了个钩子似的噘着。他在一次精神分裂发作时杀死了另一名学生。我收藏了这篇报道,想着有一天我可能会写关于他、超验冥想和玛赫西**的文章,玛赫西已经去世了,披头士乐队是他的狂热拥趸。

我再次用谷歌搜索了舒文德·塞姆。他被关的精神病院离我住的地方有两个小时的车程。欸,他好像是在宾夕法尼亚州的一

---

* 玛赫西管理大学学生。2004 年,他先是持刀刺伤一名学生,然后在美国玛赫西管理大学的一个食堂将另一名学生列维·巴特勒刺死,但因患精神疾病被宣布无罪。——译者注
** 玛赫西·马赫施·约吉,印度著名的精神导师,以推动超觉冥想而闻名,是现代冥想和瑜伽运动的主要推动者,同时也是玛赫西管理大学的创始人。——译者注

个小镇长大的？那里应该没有几家姓塞姆的吧？我拨通电话。不到一分钟，查询台的接线员就找到他的家人给了我电话号码。电话是他父亲接的。我说自己是一名记者（尽管我只为《纽约时报》写过一些书评，在《大西洋月刊》上发表过艺术和文化文章，代表《巴黎评论》做过访谈），塞姆父亲似乎很不耐烦。他没有问任何问题，只要了我的电话号码。我给了他。他说会回复我的，然后挂断了电话。

十分钟后，我的手机响了。接起来是一段录音，告诉我接到的是独立城精神健康所（Independence Mental Health Institute, IMHI）的电话。塞姆说话了。他说他叫舒比。

"你是记者？"他问。

我说想采访他，写一篇相关文章。

无需引导，他主动打开了话匣子——在宾夕法尼亚州长大，十七八岁时第一次精神病发作。他和父亲关系不好。他问："你读过托马斯·弗里德曼吗？就那个专栏作家？"

我回答读过。正要问他喜欢弗里德曼什么，他说："我得挂了。我卡要没钱了。"通话结束。

----◆----

有关精神分裂症的记载可以追溯到古埃及和古印度。克雷佩

林将其称为早发性痴呆（dementia praecox，与当下意义的痴呆并没有关系），但在职业生涯接近尾声时，克雷佩林对自己诊断的有效性产生了疑问：精神分裂症可能"不代表特定病理过程的表达，而是表明这些过程发展中我们个性领域的体现"[3]。1911年，厄根·布洛伊勒（英语中的自闭症 autism 一词就是由他而来）重新进行了梳理，取名为精神分裂症（schizophrenia），用以描述患者的"分裂思想"——与现实分裂，而不是人格之间或自我的各个部分之间的分裂。（schizophrenia 是分离 dissociation 的同义词，布洛伊勒使用这个词，到底是认为患者与现实之间有分离还是患者自我的各个部分分离，学界其实一直存在争议；然而，大多数人都同意他不是指"分裂的人格"[4]。）克雷佩林和布洛伊勒都以精神的病症作为精神分裂症的典型特点：幻觉（看到现实中不存在的事物）和妄想（相信违背真实的事物存在）。在20世纪初期，新精神分析学派将精神分裂归咎于患者控制欲过度旺盛的"精神分裂症母亲"[5]。其他心理治疗师也认同家庭是该症的根源之所在。

在各个《精神障碍诊断与统计手册》版本中，精神分裂症的定义与分类在不断变化[6]。第一版写作精神分裂反应，包含七种亚型：简单型、慢性型、紧张型（神志恍惚）、偏执妄想型、分裂情感型（似乎与心境障碍有重叠）、童年型、谴责残余型（患者不再表现出急性"精神分裂反应"，但表现出所谓的残余干扰）。

第二版删除了"反应"一词,称之为精神分裂症。尽管第三版承认非遗传因素与遗传因素同等重要,但却认为患者终身无法撕下这一标签[7]。《精神障碍诊断与统计手册》第三版在调序、整理和重新分类后,将其重新命名为精神分裂障碍,只是为了在修订版里改回精神分裂症。第四版提高了确诊门槛,把急性精神病症状的表现最低阈值时长由第三版的一个礼拜延长到至少一个月。(两个版本都明确指出患者需要最短六个月的疾病迹象表现期,但关于"活动期症状"存在的时间长度有所分歧。)第五版发明了"精神分裂症谱系",方便更多患者被诊断成相关疾病[8]。

舒比在精神病发作状态下杀死了一名同学。幻觉与偏执控制下的他选中了列维·巴特勒。他们只见过一两次,闲聊过几句,但舒比相信自己是一项阴谋的目标,而列维·巴特勒正是主谋。

——◆——

等待舒比再次来电的几个礼拜里,我对这场谋杀进行了一番研究。舒比已经被诊断出患有精神分裂症,且行凶时处于精神病发作状态。根据列维·巴特勒的家人对玛赫西管理大学和对舒比个人提起的诉讼可知,舒比从进校的那天起就一直被偏执困扰,他认为中央情报局监视他,并且在他的大脑中植入了微型芯片,对他进行控制[9]。练习超验冥想可能加剧了他的症状,对一个头脑脆弱特别是有精神分裂症诊断史的人来说，冥想产生的影响不言而喻[10]。最终结果就是舒比精神病发作和一个名叫列维·巴特勒的学生被刺死。（在诉讼中，列维·巴特勒的家人声称，玛赫西管理大学"由于工作疏漏错误地接收了塞姆，允准塞姆入学并使其接受超验冥想指导……而根据玛赫西管理大学采取二次录取筛选可知，玛赫西管理大学清楚并非所有学生都适合超验冥想课程"。）[11]

舒比的一级谋杀被认定为NGRI（因精神错乱而无罪）[12]。该裁决意味着在谋杀发生时他已经精神错乱——NGRI是一个法律术语而非医学术语——并且无法"理解"自己所做的事情是错误的。他余生都必须待在独立城精神健康所。

经过长久的等待，终于，我放在厨房的诺基亚手机响起了铃，一般没什么人给我打电话，我赶忙跑过去接听。录音说电话来自独立城精神健康所。舒比出现了。他说，他有很多话要说。

我抓起笔记本和笔，坐在餐桌旁。

他问我是否前因后果都清楚。

"不是全部。"我说。电话那头停顿了很久。"你还在吗？"

"你知道墨尔波墨涅吗？"他问。

"呃，一点吧。"

"悲剧的缪斯女神。"

"是的。"我说。

"悲剧，"他说，"我的意思是，我和你聊的时候，你难道不会觉得，'妈的，这真是个悲伤的故事'吗？抱歉说了脏话。但我说的不对吗？你的读者也会这么认为的。他们一定会的。我是说，我现在很理智，你知道吗？我自己做决定。我在上课。"

"那太好了。"我手中的笔尖顿在纸上。

但他没有谈谋杀案；他说父母给他买了一只小狗，因为没考上大学，他一直待在家里，然后被捕，入院，在费城流浪——他知道当地哪些避难所是安全的，哪些食品分发点排的队最短，每个分发点在什么时间发放什么食物——二次住院，治疯病的药吃得他脑袋"要爆炸"，还有他在网上看到玛赫西管理大学的网站，觉得超验冥想是一根靠谱的稻草，能切断大脑中微型芯片的发射信号，所以他去了学校，一次又一次，然而他的情况越来越糟，一只黑猫开始跟踪他。

我耐心等待他继续。

"是的，嗯，我得挂了。卡没钱了。"

然后他就没声音了。

◆

又通了几次不痛不痒的电话，时间迈入仲夏，我询问是否可以前去和他见个面。他躲闪了一段时间——不再给我打电话——

但最终还是同意了。在填写表格并获得他的精神科医生 Z 医生的许可后，我驱车前往了爱荷华州独立城（何其讽刺）。

精神健康所的内部并没有我想象的那么呆板。院墙周围种了一圈松树和白蜡树，里面的楼被牢牢地挡住，从主干道上完全看不见。等终于见到庐山真面目，却发现映入眼帘的这幢楼直接像《简·爱》中的场景：穹顶、角楼、铁栅封住的阁楼窗户。它建于 19 世纪，是贵格派医生、心理健康倡导者托马斯·斯托里·柯克布莱德（Thomas Story Kirkbride）创立的"柯克布莱德计划"的一部分。

为了改善美国各地疯人院缺乏人道主义关怀的状况，柯克布莱德对建筑结构进行了设计。当时，严重的精神疾病基本分为两类：精神错乱和白痴，不过这两个名词经常混用。柯克布莱德坚持认为精神疾病患者可以被治愈，但他们需要新鲜的空气、美的感受、不受外界干扰的状态和舒适的生活条件。经过他的改造，建筑的中心结构大大方方地展示给外界，两侧的房间联通着新鲜空气和自然光线。里面设有博物馆、图书馆和工作间。患者拥有自己的房间，天花板距离地面有 12 英尺高。病人们有时会自己打理郁郁葱葱的场院。柯克布莱德说，精神病院应该给病人灌输积极的印象，激起他们对精神病学专业的信心。

独立城精神健康所是少数几家没有拆除或废弃柯克布莱德建筑的精神诊疗机构之一。由于约翰·肯尼迪一力关停美国所有的精神病院，并以社区中心取而代之，20世纪60年代和70年代，美国许多精神病院被拆除或废弃。肯尼迪的出发点是好的，但去机构化着实是败笔。他的本意是解决精神病院中的不人道行径，比如病人被锁在墙上，不给衣服穿，坐在排泄物中，强制洗冰水澡，后来又被施行脑叶白质切除手术、强行绝育、穿束缚衣、过度用药。改革者们认为社区中心和处方药可以满足严重精神疾病患者的需要。经过肯尼迪、林登·约翰逊、吉米·卡特以及其间所有美国总统的努力，在精神病院住院接受治疗的人数下降了70%[13]。患者被送回了家，然而还有家的又有几人呢。那些需要长期护理的人被赶出来，叫天天不应。承诺承接的社区中心大多数其实从未开放，精神卫生资金大幅削减，精神疾病患者流落街头甚至锒铛入狱，接受不到足够的治疗，有的根本没有治疗。芝加哥的库克县监狱（Cook County Jail）成为美国三大精神卫生管理机构之一，另外两个是洛杉矶县监狱（Los Angeles County Jail）和里克斯岛监狱（Rikers Island）[14]。

与外部环境相比，精神健康所的室内环境则有些相形见绌。墙壁上的油漆斑驳不堪，瓷砖地板布满了划痕，接待区凉飕飕的，可以称得上寒冷。唯一的声响是荧光灯的嗡嗡声和空调系统的咆哮，以及接待员键盘的哒哒，哒哒哒。她又拿出更多的表格让我填，表示负责我的联络人——Z医生——很快就会来见我。

Z医生走进接待区，他飞快地伸出一只手，进行自我介绍。

他嘴角坚毅，眼神柔和，夹克和翻领都磨得很旧。我们握完手，他脚后跟一转走了出去。

我跟着他穿过一道又一道宽敞的走廊。他放慢脚步说，本来他不想让舒比来这家精神健康所。"我们这里没有暴力罪犯。"

大多数患有精神疾病的人并不暴力。研究表明，精神疾病患者并不比其他人更暴力[15]。根据美国政府的数据，只有3%~5%的暴力行为是由精神病人施行的，但他们成为暴力受害者的可能性却是没有精神疾病的人的十倍[16]。暴力倾向与药物滥用和家族暴力史的相关性更高。

Z医生引着我走上一处楼梯。通风井用一个笼子堵住了，看上去是防止病人跌落或者企图自杀。

我们到达了一扇标有居民休息室的门前。他为我打开门。房间里挤满了男人——有年轻的有老的——他们坐在沙发上或者桌子旁边。屋里散发出尿液和漂白剂的味道。柯克布莱德的影响只余下一点残痕：透过拱形窗户的几乎呈现蜜色的光。

一个戴自行车头盔的男孩坐在一张沙发上。一名身着白色制服的男助手与他仅隔一臂距离。每次这名助手去抓男孩的手，都被他躲开。

看到我们，男孩一下子有了精神，朝我们走来。自行车头盔侧歪着，让他看上去凌乱中带点时尚。男孩的下巴上耷拉着口水。看着他一步步靠近，我发现他不是男孩，已经是成年男人了。

125　　一个胖乎乎的病人 T 恤上写着"我的另一辆车是劳斯莱斯",他在房间里漫无目的地晃悠,手里拿着一盒果汁。他叼着一根细吸管,慢慢地小口喝着。

　　Z 医生把我领到一张桌子前,让我等会儿。我把包挂在椅背上,坐下。居民休息室与《飞越疯人院》中描绘的完全不同——当然不是戏剧电影版,影视剧里的杰克·尼科尔森双目圆睁、举止野蛮,病房里的每个病人也都是对精神疾病的刻板印象的样子(小说中的场景是从酋长布罗姆登的视角呈现的,相比之下更安静,更有深度)——但也是一片混乱。很多人来到这里都会感到无序、绝对不正常。

　　他走后,我拿出笔记温习。就这么一会儿,各种想法蜂拥而入(橙色、紫色、绿色),但我如此专注于去想舒比,"我的强迫症"(我已逐渐将它视为我的一部分)似乎已经消失了。有没有可能我的强迫症已经好了?那精神分裂呢?

——◆——

　　20 世纪 60 年代和 70 年代的反精神病学运动提出了以下质疑:(1)精神疾病是否真的存在。(2)精神科医生是否具备判定我们确诊的专业知识[17]。触发"运动"(并非某个单一的团体组织)的因素有很多:强迫性的治疗,非自愿的承诺,氯丙嗪等药物的极端影响，《精神障碍诊断与统计手册》诊断的偏见和成见（例如同性恋），以及精神病医院和精神病所丧失人性的治疗。运动的领军人物不是执业医生，而是学者和理论家：如米歇尔·福柯、吉尔·德勒兹、费利克斯·加塔利、欧文·戈夫曼、托马斯·谢夫。他们从分析患者权利和国家权力的角度批评精神病学。运动中的一些人将精神分裂症诊断解读为社会控制的手段，即一种将那些被认为与众不同或越轨的人定罪的方式[18]。在反精神病学运动的人眼中，"精神病患者"是受压迫的群体，精神病学是实施压迫的主体。对于精神病患者，研究精神病并参与反精神病学运动的精神科医生R. D. 拉英（R. D. Laing）认为他们是一种特殊的存在；有的人说他们是先知[19]。

虽然有些人致力于改革，但也有的人是在追名逐利和羞辱精神病学。其中大卫·L. 罗森汉（David L. Rosenhan）的"砰砰实验"搅起的动静最大。20世纪70年代初期，他与七名志愿者进入精神病院，假装像入院病人那样听到砰砰、空洞、空虚等的字眼。他于1973年在著名期刊《科学》上发表了一篇题为《论疯狂之地的理智》的文章，文中宣称，精神病学"无法区分精神错乱和精神正常"[20]。罗森汉的研究，既缺少19世纪80年代娜莉·布莱（Nellie Bly）揭露布莱克威尔岛精神病院的报道的研究性，也没有欧文·戈夫曼20世纪60年代那本关于圣伊丽莎白医院的著作的完整性，后两项研究都旨在披露精神病院的治疗条件，罗森汉的研究更像是耍了一个把戏（讽刺的是，临床医生们证明了罗森汉的假设不假：所有"伪患者"都因为相同的症状被诊断为精神分裂症，只有一个例外）。可仔细想想，罗森汉所做的，也只是证明了假如有人谎称自己有精神病症状、需要帮助，只要谎言够真，那么精神病院的住院医生很有可能相信并提供帮助。后来有人指出这项研究存在严重缺陷。苏珊娜·卡哈兰（Susannah Cahalan）在一本泛论性质的著作中提到，罗森汉伪造了数据并公然撒谎[21]。

像所有《精神障碍诊断与统计手册》中的诊断病症一样，精神分裂症没有已知的生物标志。它不能像癌症或帕金森氏症那样进行检测。精神分裂症是慢性病，预后不良[22]，通常被视为所有精神病症中最像疾病的病。精神科医生和研究人员坚持认为精神分裂症受到基因和环境因素的作用[23]，但到目前为止，还没人证明这些作用是怎样发挥的[24]。

在《精神疾病的神话》（The Myth of Mental Illness）一书中，精神病学家托马斯·萨兹（Thowas Szasz，他坚持认为自己不是反精神病学运动的一分子，虽然运动中总是能看到他的身影）声称不存在所谓的精神病症。在这篇反对生物精神病学的檄文中，他这样写道，精神病症不是疾病，因为疾病存在于身体中，精神病症存在于思想和行为中；精神病症甚至不能叫疾病，因为疾病只存在于某种情况如何偏离规范的讨论，但精神病学从未像其他医学分支那样——比如细菌感染导致的球菌性咽喉炎便可以由发炎（异常）的扁桃体证实——建立"规范"。精神病学中的"正常"充满了关于人们应该如何思考和行动的道德与偏见评断；与之相反，萨兹认为精神病症通常来自"生活问题"[25]。

萨兹甚至认为精神病是患者"扮演"出来的。当然，萨兹是一个理论家而非研究者，并且没有引用任何研究佐证（他用了整整一章来讨论"元语言"以及标记、能指和符号的哲学内涵，语言学家索绪尔看到绝对会频频点头）。他自己的相关实践备受争议：1992年，萨兹被一名患者的遗孀起诉，据说该患者被萨兹说服停药后自杀了[26]。与其他批评精神病学的人不同，萨兹的论点较少地关注作为压迫者的精神科医生和作为被压迫者的病人；精神病学不是一个正当合理的医学领域。

所以萨兹应该会反对舒比 NGRI 的判决。根据他的观点，犯罪行为从来都不是精神疾病的结果。不过若知道了行凶的细节，萨斯也许会产生犹豫，至少如果他此时和我共处健康所的居民休息室中的话。如果此时此刻萨兹在这里，还坚持认为我们周围的年轻人是假装的或者没有病，那么我会认为他才是疯了的那个人。

Z 医生回来了，拖着舒比。舒比好像有点神游天外。他肉肉的，但不算胖，宽松的牛仔裤上带着褶痕，一件熨烫得很仔细的

纽扣条纹衬衫塞在裤腰里。他的两颊鼓鼓的,令人吃惊的是,头顶上竟然有一块秃斑,这让他看起来比实际的二十多岁显老不少。眼下的黑眼圈表明了他大部分时间都待在室内。

等他隔着桌子站在我对面,我伸出手,"很高兴认识你。"

他凝视着我身后窗外的景象,"开长途来的?"

"算是吧。"我说。

他在我对面的椅子落座。Z医生也找了个位置坐,他给了我们空间,但实际说话根本谈不上隐私。我拿出MP3,按下录音键。

我向他说明这份略传将产生多么重大的意义与影响,感谢他答应与我会面,并问他想达成什么结果。

"让大众,尤其是印度族群的人知道,我不是简单的精神分裂症,不是简单的杀人犯。"

一群病人进入休息室。一个整张脸上只有两片香肠嘴的年轻人看见舒比,招呼了他一声。舒比挥挥手,继续说下去。

我任由舒比东拉西扯。他详细描述了有天他用泥土塞满了家里的排水孔,结果却令厕所和水槽的污水回流,他之所以这样做,是因为脑子里有个声音怂恿他。

舒比形容受审前在县监狱里的情形。"他们怕我自杀就严密监视我。那件事之后我就是这种待遇。他们什么都不给我吃,只有一条蓝色毯子。毯子不能叠,也不能打结。屋里没有床单。只有一条蓝色毯子。"

"那可太不容易了。"我说。

"你和你父亲关系好吗？"他问。

我和家人很少说话。父亲去年来爱荷华州看我。我们花了一天时间在我的院子里种了花，如今已满园芬芳。我翻出一个便携式音响，一边和他一起挖土，一边听海明威的短篇故事《白象似的群山》。然后我给他做了一顿晚餐——没有限定颜色——炒鳕鱼和蒸西兰花。他吃了一口西兰花，问："味道怎么这么好？"我说是因为放了爱。

舒比分享了他父亲在印度服兵役的故事。漫长，前后不合逻辑。我瞥了一眼满脸无聊的Z医生，也许他不是第一次听。

头戴自行车头盔的男人又来了。他走到桌边，舒比打了个招呼。然后那人又走开了，脚底下转着圈又回到了沙发和助理那边。

"那是杰瑞，"舒比说，"我的室友。他和我——我们一起住。我罩着他。"

我问他是怎么学习超验冥想的。

他瞥了Z医生一眼。

Z医生站起身，"先到这里。"

我也站起来，想再争取一点时间，但还没开口，舒比已经快得出奇地起身走开了。

Z医生脚步轻快地带我出去。我开车回到爱荷华市，与卡车车流一起沿着380号州际公路疾驰而下，经过玉米地、废弃的农场和空置的筒仓,越过帕哈山脊——那是格兰特·伍德画笔下美国哥特式的高耸山丘——希望舒比会打电话给我,让我继续听他的故事。

又过了几个礼拜——也就是我去看强迫症专家的前一天晚上——我的电话响了。

"你好,"舒比说。"有时候我蜷成个球睡在地板上。当时情况就是这么糟糕。"漫长的沉默。"总有一天,我会从这里出去,我会有个女朋友。"一阵长久的无言。"这就是为什么我不能让这个东西把自己彻底毁掉。"

"什么东西?"我问道。

"你要弄的东西。"他说。

"文章?"

他说律师们都让他不要对外谈论那桩谋杀案。

"我理解。"我心里揣度着他会不会选择告诉我。

"我得挂了。卡没钱了。"

他挂断了。

我将放在阁楼的大量法庭文件归了档,阖上笔记。有几次,我幻听到电话铃声。要讲述的是他的故事。

我走到屋外的门廊上。棚架上挂着牵牛花。寂静触耳可闻。几乎听不到蟋蟀唧唧的叫声。

一个念头又一个念头涌上来。绿色。橙色。绿色。必须绿色。

牵牛花的蓝色花瓣合拢了,像是闭上了嘴巴,但等到第二天清晨,它们会再次张开。

英语中的撇号(')是一个表示拥有的标点符号——我们拥有什么,什么是我们的。萨拉的强迫症(Sarah's OCD.)。舒比的精神分裂症(Shubi's schizophrenia.)。

它是个不怎么受欢迎的标点符号。废除撇号的理由简直人人都能提上两个:(1)产生误解,(2)不是必须,(3)詹姆斯·乔伊斯的书名《芬尼根守灵夜》(*Finnegans Wake*)中就没用,萧伯纳把撇号叫作"粗鲁的杆菌"(实际写作中萧伯纳并不排斥撇号。他是一个精明的商人,通过出售创作的戏剧印刷品赚钱,他相信自己独特的版面设计——字体、页边距、用纸、装订,是的,还包括古怪的标点符号——可以帮他卖更多的书。撇号只有在不符合他的美学设计和古怪的印刷要求时才是"粗鲁的杆菌")。

撇号有助于我们理清文意,但它的使用规则并不总是合乎逻辑的。一些学者认为它是在古英语转向中古英语再到现代英语的过程中形成的：国王的疯狂写法从 the kingses madness 到 the kings his madness 直至变成 the king's madness。不幸的是，撇号并不像加一撇和一个 s 那么简单。对于可数名词单数单词，不以 s 结尾的没什么可含糊的——Shubi's disease（直译"舒比的病"，意思是该病属于舒比）——如果单词以 s 结尾，则更不会出现疑问。一般来说，以 s 结尾的单词——可数名词单数和复数——只用一个撇号即可：the girls' disorders（女孩们的失调症）和 the species' diseases（物种的疾病）。例外情况包括专有名称（《圣经》等）、s 声和 sh 声结尾的单词、字母以及首字母缩写词。还有那一串代词：it's 是 it is 的缩写，与 its（它的）不同，并不用来表示属于它的东西。Theirs（他们的）、hers（她的）、yours（你的）和 ours（我们的）也没有撇号。

虽然以当下的英语认知，撇号基本上意味着表示所有权，但这个词来自希腊语，原本的意思是"拒绝"。这也许是因为，占有一样事物便意味着要放手另一件事物。

第二天下午，我出门去看强迫症专家，穿过小镇，路过穿着爱荷华鹰眼 T 恤的学生们。乌云密布的天空翻滚成了不祥的绿色。爱荷华州暴雨常常肆虐，绿色的天通常预示着龙卷风的到来。

W医生戴一副玳瑁眼镜,他的头发快掉光了,浓密的胡子盖在两片嘴唇上。我在网上搜索过他。他研究的是人格障碍中的强迫性赌博和强迫性行为。

我们各自坐好。他问问题,我回答。他也像我一样经常用食指梳理自己的毛发,也就是胡子,这种分散注意力的手势似乎带点强迫性。

他问我家族中是否有人患有强迫症。我说没有。他问我是否在服用药物。我说没有。

"我没说你是哈——但如果你是强迫症,"他说,"大多数强迫症患者不愿吃药。"他停顿了一下,捋了捋胡子,"因为怕被下毒。"

我坐直了身子。"药物有用吗?"

又是一次停顿,再次捋了捋胡子。"大约60%的时间有用,但如果你问我准不准,我只能说这个估量比实际情况乐观。大多数患者的症状可以通过认知行为疗法得到缓解。"

"这就是你的建议?"

他扬起眉毛,"你是说给你吗?"

"是。"

"你没有强迫症。"

我们才只聊了半个小时。

"我告诉你,"他说,"有时候确诊——或者漏诊——是显而易见的。"他捋了捋胡子,说我对食物的忧虑导致限制性进食,是"不理想的",但不会使我身体衰弱。

"那我是什么病?"

他耸耸肩,"我可以把你介绍给另一个同事。"

我离开他的办公室,穿过桥。天色渐渐暗了下来。我想,他提出把我介绍给一位同事,说明我有问题,那么我只需要找出问题是什么。

我一回到家,雨就开始击打屋顶。雨水是水龙头微微拧开的水流那般大小。我从厨房冰箱里拿出西兰花、一把卷曲的羽衣甘蓝、一个西葫芦放在流理台上。我把砧板放在菜旁边。

窗外的风越来越大,撞翻了邻居的栅栏。等到我切蒜时,龙卷风警报响起。我放下刀,跑到地下室,蜷缩在楼梯下面,打开突发情况广播,等它宣布可以安全返回。

第八章
治疗 / 选择

记忆中后来发生的事情是模糊的：我坐在后门廊的桌旁，身畔是父亲种下的绣球花丛；面前有一个空的红酒杯；桌上还有半满和1/4满的红酒杯；一盘吃剩一半的饼干和奶酪，像一场鸡尾酒会的残局；有两个男人从后门走进我的房子，其中一个转头催我动作快点，否则读书会要迟到了。

我肯定跟着那两个人——和我算朋友的诗人——走进屋里，然后又从前门出去。我记得那是初秋的夜晚，我们仨走在人行道上。我好像被人行道的凹坑绊摔了一跤，因为到达戴伊之家的阅览室时，我发现一侧手掌有擦伤。讲台上的作者——别管是谁——并不能吸引我的注意。房间里其他坐在椅子上的人都和我揣着同样的作家梦，我心想，竟然没人发现我已喝得酩酊大醉，真是太棒了。

这种状况已经持续了几个礼拜：一杯又一杯的葡萄酒让我的种种思绪如野马脱缰。它们飞快地闪现，快得我几乎抓不住（思维奔逸，奔逸是比言语所能表达的速度更快地移动。它们几乎蜻蜓点水地从我们的意识上飞掠而过，在我们不知道的情况下与我们交流）。它们毫不留情地给我塞满担忧、遗憾和焦虑，于是我继续喝酒。

但酒精只会让奔逸的思绪更加难以捕捉,更加不合理。酒精也放松了我对自己的约束。我夜晚又去街上游荡,就像之前在纽约一样。与一位客座教授才见面一个小时,我就和他发生了关系。我向自己保证再不喝酒。可趴在餐桌上备课时,我总要站起身"只喝一杯",结果再醒来时脸埋在书里。

一场场宿醉实质上为我带来了解脱。我不在乎恶心、干呕和头痛。一场宿醉可能会放慢我的思绪或者干脆让它们刹车,至少是暂时的。

有一次宿醉后去上文学阐释课,我站在教室里,盯着学生们的脸。我花了十五分钟讲罗伯特·路易斯·史蒂文森作品《化身博士》的第二章,这一部分的重点是理解史蒂文森怎样运用多视角叙述来模糊小说主人公杰基尔医生的真身。讲着讲着,我突然一下子怎么都想不起来其中某个小角色的名字叫什么了。我的胃狠狠抽动,好险没吐出来。终于讲完了,一个学生举手提醒我(正如我自己写的教学大纲)他们还没学到这本书。

一回办公室,我就哭了出来,与其说是哭自己出了糗,不如老实承认是因为宿醉的效果在消退,我的思绪又变得暴躁、急迫、横冲直撞。

几个礼拜后我去做年度体检,这次换了一位初级保健医生。宿醉的我坐在检查台上。大腿下垫着熟悉的一次性白纸搓得皱皱的。思维的奔逸时不时地与宿醉共同出击,让我全身上下大汗淋漓。

B医生很高——可以说高耸得可怕——而且瘦。他的耳朵长得颇为惊异。乱糟糟的胡须和宽宽的黑框眼镜给人一种不拘小节但很敬业的感觉。

检查完毕,他把白大褂的两只袖子撸上去。问我有什么忧虑吗?

我提到睡不好。"我的思绪到处乱窜。无法集中注意力。"

他没有停顿,点了点头,"注意缺陷多动障碍。"他的语气并不专断,只是实事求是罢了。在清冷的荧光灯下,他表示我需要服用一种兴奋剂:利他林。我们会采用滴定法确定正确的剂量。

我离开医院,穿过大桥,口袋里揣着叠好的利他林处方。我去取了药,装进口袋里,回到家,走进厨房,掏出药瓶放在流理台上。也许我确实患有注意缺陷多动障碍。

好像确实是有的。对,肯定有。我认为的强迫症(过度警觉、强迫性的想法、社交孤立)其实是注意缺陷多动障碍(过度活跃、过度集中、社交孤立)。注意缺陷多动障碍看上去仿佛无害,很常见。在爱荷华城这样的大学城,想找一个没有注意缺陷多动障碍的人倒还不容易呢。

我接了满满一杯水。捏在指尖的那枚白色的小药片很小。我把它放在舌头上。几乎没有味道,很容易下咽。

— · —

想要确切地解释思绪是什么很难。定义是循环的。思绪是"一个人考虑的某种东西"。其他定义也大致近似:"思考行为的形成、过程或者活动。"它的同义词同样抽象:想法、深思、观念。当今科学发现,思绪是我们大脑中的化学反应——信号通过突触在一毫秒内从一个神经细胞传递到另一个神经细胞。

思绪转瞬即逝,这是大多数人的共识。关于我们每天产生多少思绪存在争议。六七十个的"事实"远远是低估了。最新的研究基本都认为六千个左右。不过能足够持久成为信念——一种我们赖以生存的真理的则很少。

— · —

大约一年后,利他林的处方药瓶摆在我家厨房的流理台上。那时利他林已然是我生活中不可或缺的一部分。我的一天是由(如果一定要的话)早上服药、下午服药和晚上服药(这一顿总少不了)撑着的。

我打开瓶盖,用拇指掏出一枚药片和水吞下。我感觉一个眨眼就能起效。实际上要花三十分钟：利他林穿过胃壁进入血液循环，来到大脑，提高多巴胺水平[1]——释放愉悦感——并协调好我的神经元[2]。

很快，我的心就静下来了——这药有防分心的作用。我爬上阁楼的书房，从书架上抽出淡黄色的三环活页夹。翻过一页页的手写笔记、图表、日记账分录、时间表，还有用黄色、粉红色和绿色醒目标识的日程安排，我找到了当天的事项。最重要的日程是我的"前额叶清单"和"思绪—捕捉的头脑风暴"。颜色编码规划表将一个大任务肢解成一个个小任务。在边缘的空白处，我会简略记录工作时冒出的"灵光一现"。我每天记录自己的食物。（开始服用利他林的当天我就把酒戒了。很明显，如果我的病严重到要服用精神类药物，那我也不能喝酒，不能服用镇静剂或其他娱乐性药物，不过后者我也没有试过。）B医生说我的诊断病症是慢性病，我的余生都会与多动症为伍，我必须进行管理。所以我努力做到了。

有时候我也会怀疑诊断有误。实话实说，我并不符合过度活跃和注意力不集中这两个典型症状（用精力旺盛和情绪强烈来形容更准确）。但是成年人的注意缺陷多动障碍有所不同：因为诊断标准不是以成年人为目标人群制定的，因此这些人不用那么符合也可以算确诊[3]。在有关成人多动症的经典著作《疾驰大脑：患有（或认为可能患有）多动症应该怎样活出一片天》

(*Fast Minds: How to Thrive If You Have ADHD [or Think You Might]*)中，我发现自己几乎符合作者们列出的所有症状：健忘（这还用说），达不到潜力值（当然了——我没上藤校还不能说明问题吗？），陷入生活困境（我一直喝酒），不能把握好时间（谁能？），做事缺乏动力（不缺乏，但想缺乏也不难），冲动（是的，有时冲动是我的主人），寻求新奇（具体是什么意思，我提不起劲去查），随境转移（完全没有，但该书作者和网上都说注意力尤其集中可以代替这个选项，二者似乎并不相同，但我没管矛盾之处），做事散乱（不算很严重，但确实存在）。另外，当我把诊断告诉母亲时，她一点都不惊讶；还说我从小就过分活跃。

伏案工作时，我感到天灵盖开始温热地震颤。思路越变越窄。我拿起一支黄色荧光笔，标画出当天偏离计划的时段：洗衣服时大脑出走了十三分钟，花了六十八分钟应该批改学生论文的时间到外面走路。我的心跳加快。心脏怦怦作响。汗水顺着胳膊淌下来。很快，熟悉的高亢的嗡嗡声又在脑子里响起。

利他林让我变得极度高效。那些形容词通通可以用在我身上：全神贯注、目不转睛、废寝忘食。利他林为我打开了一条隧道，但我每天六千个奔逸的念头中重要的却无法进入那隧道。

我对药物漫长的抵触终结了。不再有也许/也许不是。不再遵照 B 医生的医嘱中途停药一天，也不再担心对利他林产生依赖或者因为服用利他林情况变得更糟。这些处方上的白色小小药片是开给我的精神疾病，我的诊断病症，我的多动症。

在一口气写了三个小时的博士论文，没有去洗手间，也没有泡一杯咖啡（咖啡因能给我的短效利他林最后"加一把劲"）。我走下楼，盯着客厅的窗户。初夏的夜晚，灯光倾盖住街道。我的头又怦怦直跳。当短效利他林药效结束时，"利他林反跳"迎头一击：头疼、恶心、沉郁的悲伤[4]。我把它当作诊断的一部分接受了。

《精神障碍诊断与统计手册》诊断最令人沮丧的一点，便是用精神疾病类药物起效说服患者他们确实患有该精神障碍。拿药效做诊断的证明，相当于先预设鞋子合脚，然后再让脚去穿。既然《精神障碍诊断与统计手册》的病症无法证实，那么就让药物确定患者确实患有抑郁症、焦虑症、强迫症、多动症，等等。利他林在我身上起作用意味着我患有多动症[5]。毕竟，我感觉好多了——尽管并没有谁设定一个基准来评断应该怎么好、好多少。

这其中存在双重漏洞。首先，服用药物并不意味着你患有在针对治疗的那种疾病。因为按照这个逻辑，我也应该患有嗜睡症——利他林同样是该病的处方药。其次，精神疾病类药物可以在没有精神疾病的人身上产生积极的或者至少是预期的效果。未患有多动症或其他诊断病症的人在服用像利他林这样的安非他命类药物后，也可以感受到身体能量和注意力的加强。

我也成了"总比服其他药要好"这一心理机制的牺牲品：当其他尝试的药物无法忍受时，手头的那种药物似乎也会显得有效了[6]。找到正确的药物和正确的剂量需要几个月的时间。我们尝试了利他林和其他片剂的短效和长效版本，但是阿德拉让我的咽喉感觉像是要闭合了，服用专注达后肌肉僵硬得几乎无法从床上坐起。利他林的反跳现象也算得上残忍了，但阿德拉和专注达可怕到让我相信利他林堪称完美。通过排除法（非此即彼，绝不引入其他的假设）证明利他林是正确的药物——证明它是有效的——证明我患有多动症。

《精神障碍诊断与统计手册》诊断另一让人心生疑窦的点，是初级保健医生没有接受具备诊断精神疾病资格的培训。2000年的一项调查发现，初级保健医生在住院实习期间接受的心理社会培训时长中间值为 32 小时[7]。单看时长，仅相当于连刷几季医疗电视剧《实习医生格蕾》。2011 年，一项调查报告称有的医学生还达不到这个标准：第一年是为期八个礼拜的面试培训，第三年在住院病房进行八个礼拜的面试培训[8]。第三年的培训通常要面对最严重的病例，必须住院治疗的那种，而不是我们这些在常规诊室会面中听上去像有抑郁或焦虑症状的家伙[9]。美国全国各地医学院的项目负责人也承认这一点。从2001年到2002年，大部分受访的初级保健医生表示自己接受的心理健康培训是"最低限度的"或"未达最佳标准的"[10]（自那以来，呼吁改进课程的声音此起彼伏，但整体的大规模改变并没有出现）。[11] 对此毫不知情的我接受了初级保健医生的诊断，从未想到他并不具备诊断我患有多动症以及开具利他林的专业素质。

B医生或许是根据自己在大学城的初级保健医生经验筛选出了我的病。他之所以开利他林，是因为我描述的症状（我的思绪铺天盖地地充满了整个世界），以及对我蜻蜓点水的了解（在读博士，毕业论文撰写的最后阶段），最后从《精神障碍诊断与统计手册》提供的众多诊断病症里摘选了多动症。又有多少学生对他主诉了相同的症状，然后通通被诊断为多动症呢？

━━━◆━━━

六个月后，我家塌了，字面意思上的塌了。爱荷华州下了一场暴雨，我家门外的街道被洪水淹了。我准备去地下室，为不可避免的即将淹进来的积水做准备（买这所房子的时候我就听说爱荷华州的每个地下室里都免不了积水）。我打开抽水机。

正往楼梯走着，砖墙裂了。紧接着一股水流——就像罗马喷泉一样——冲了出来。我跑上楼，抓起笔记本电脑（我的优先抢救物品），套上雨靴。

走到门廊时，只听咔嚓一声，然后是稀里哗啦的一阵响动。我赶紧一步跨下四节台阶。我蹚着水在街上艰难地走着，不想回头去看那裂缝和轰隆声是怎么回事。

地基已经塌了，一起塌的还有绝大部分的砾石车道。房子主体没有塌，只是倾斜着，欲倒不倒的样子。我脑子里只想着我的药。（我的药。）我把它放在厨房的流理台上。一个学生模样的男人从人行道走下来。

"求你帮忙，"我说，"我需要你的帮助。"

我说服他踩着我家开裂下陷的车道边沿穿过后院，从厨房窗户翻进去（后门上了锁，我没带钥匙），穿过没有地基、随时可能塌陷的地面，最后救出我的利他林，仿佛它是一只无助的猫。

不管我原本站在什么岌岌可危的边缘，反正失去房子让我彻底坠落。我的户主保险不赔偿任何房体的损坏。父亲和继母支付了修理地基的费用，但慌乱紧张又身体不适的我把他们拒之门外，真是忘恩负义到没边了，可其实我心里对他们伸出援手无比感激。母亲和姐姐试图劝慰，然而我已躲进了自己的保护壳中。

那年夏天，爱荷华青年作家工作室的老板给我安排了大学宿舍。我低价卖掉了房子，因为这样就不必再睡在那里了。家具也低价处理了。我的精神出了问题，整个人丢了魂一样在街上走来走去。

----·----

《精神障碍诊断与统计手册》中的注意缺陷与多动障碍的判断标准经历了一个逐渐松动和范围扩大的过程[12]。它在《精神障碍诊断与统计手册》第二版中首次亮相，叫作"儿童时期的多动反应"，特征是多动和随境转移。《精神障碍诊断与统计手册》第三版将其重新命名为"注意缺陷障碍"，并说明可能伴有或者不伴有亚型多动。之后的版本中删除了不带 H 的 ADD（注意缺陷障碍），然后加了一个斜杠——将其命名为"注意缺陷/多动障碍"。

标点符号发展到现在，斜杠似乎已经没有了用武之地，它最常出现的地方是网址。斜杠没有可以夸耀的辉煌历史。斜杠 slash 在英语中又可以叫 virgule、solidus、stroke，出自 12 世纪意大利修辞学家/学者彭冈巴诺（Boncompagno da Signa）[13]。它最初表示停顿，在 20 世纪变为或者的简写，表示选择：是/否。

在斜杠的帮助下，ADHD 的诊断变成了 AD/HD：注意缺陷障碍（ADD）或者注意缺陷多动障碍（ADHD）。斜杠创造了两种组合类的亚型：偏重注意力不集中（ADD），或者偏重多动冲动（ADHD）。引入亚型本可避免过度诊断，然而《精神障碍诊断与统计手册》第四版的 ADD 和 ADHD 使确诊变得更加容易，尤其是针对没有表现出多动性也就是注意缺陷多动障碍关键症状的女孩。随着诊断病症逐渐增多，越来越多的孩子在没有接受过精神病学或心理学训练的校长、父母和老师口中也被确诊，证明确诊太容易了[14]。制药公司同样掺上一脚，向儿童销售阿德拉、专注达等等兴奋剂。结果是错诊的注意缺陷多动障碍流行蔓延，一项研究表明，《精神障碍诊断与统计手册》第四版修订版使患病率增加了 64%[15]。

《精神障碍诊断与统计手册》第五版进一步扩大确诊范围。它要求患者在两种设定环境中（家庭和学校/工作和家庭）表现出症状，但青少年的确诊标准症状数量要求较少，并将儿童出现症状的最低确诊年龄从 7 岁变为 12 岁[16]。我不清楚为什么有些人说第五版未能纠正第四版中的错误表明《精神障碍诊断与统计手册》的诊断标准"经受住了时间的考验"，但表达这种观点的声音确实存在[17]。

我并不是说我——或其他任何人——确诊注意缺陷多动障碍全怪《精神障碍诊断与统计手册》，也有其他推手。制药公司无疑是最大的利益推手，但政府、政治家、研究人员、学者、精神病学家、非营利组织、名人和互联网也参与其中。政府允许电视、女性杂志和互联网直接向消费者宣传注意缺陷多动障碍药物[18]。当美国食品药品监督管理局发出警告[19]，称制药公司宣传的这些药物疗效未经证实[20]时，政客们袖手旁观。哈佛等大学的学术型精神科医生在开展"证明"注意缺陷多动障碍的药物疗效研究时私自收受了研究经费[21]。制药企业资助网络宣传活动，散布注意缺陷多动障碍是生物性疾病的错误观念[22]。据报道，儿童和成人注意缺陷与多动障碍（CHADD）——一家非营利组织，为相关药物使用提供网络研讨会、策略和资源支持——近1/4的运营资金由制药公司提供[23]。一些名人，比如电台主持人格伦·贝克在广播中宣传自己服用注意缺陷多动障碍药物的好处。网上一些自我诊断测验和诊判症状清单背后同样有制药公司资金的作用[24]。媒体一而再再而三地反复强调根本子虚乌有的注意缺陷多动障碍"流行病潮"[25]。

尽管以上种种，如果没有第四版《精神障碍诊断与统计手册》，这一"流行病潮"是不可能出现的。尽管编写组负责人艾伦·弗朗西斯认为注意缺陷多动障碍诊断问题的真正罪魁祸首是制药公司，但他同时也为扩大诊断范围而公开道歉："我们的目标是防止确诊数量增长以致虚高不下，可我们的自负之处是自认已成功守住了底线。我们错了。事实证明，诊断系统的影响不在于文字本身，而在于文字的使用方式[26]。"

文字以及（他忘了提到的）标点符号。

那年秋天，我被选为一座大房子的看护人。我所在的大学准备启动格兰特·伍德艺术群落项目，在等待项目代码、许可证和合同最终确定的同时，需要有人住在活动场所。这是一个历史悠久的住宅。艺术家格兰特·伍德20世纪30年代和20世纪40年代曾在那里居住。我们系的一位教授是艺术群落委员会的成员。她听说我的房子"倒塌"了，问我是否有兴趣。我说当然，然后就搬进了一所几乎空置的、面积五千平方英尺的房子。

圆拱形天花板、地暖浴室、奢华的四足浴缸，足够了。主卧有一张床、一张书桌和一把扶手椅。厨房摆着一张餐桌，可以在那里吃饭。可是我总感觉脚踩在地上时整个房子都会发出回响。这栋房子如此诡异，如此不真实，奇怪的是，我越来越喜欢一直待在这儿，一个人，只在几间屋子活动，不去看其余空荡又漆黑的房间。

即使吃着利他林，思绪奔涌重新杀回来了：跑步，食物，颜色。胃里那个湿透的坑每天下午三点或四点准时出现。还有我在纽约感受到的破裂。全都找上了我。

我尝试了所有能找到的自然疗法：缬草根茶、GABA补充剂、色氨酸、薰衣草油、纯素饮食、瑜伽。还有冥想——各式各样的冥想：禅宗、藏传、内观。我跟随一行禅师"感受每一步"，与精神导师（也是千万富翁）埃克哈特·托利共同寻找我的"内在身体"，与拜伦·凯蒂一起质询自己的念头，遵照美国正念传道人乔·卡巴金的指示，在洗碗时正念。

冥想并不适合我。有些尝试会产生轻微的焦虑；还有的引发了难熬的、幽闭恐惧式的恐慌。对冥想产生负面甚至严重反应的人并不少见，只是媒体没有报道。1992年一项针对长期冥想的人的研究发现，其中有63%在冥想静修后至少发生了一次不良反应[27]。2015年，一项研究表明，一些冥想者出现了从愤怒、焦虑到精神病崩溃的一连串副作用[28]。2017年的一项研究显示，25%的冥想者会出现不良影响，包括惊恐发作和抑郁[29]。该报告还指出，许多以正念为基础的干预措施相关研究只关注冥想的好处，并没有测量不良反应。

一天下午，我外出跑步。融化的冰雪顺着水沟急冲而下。冰块之间出现了一个个水坑。冷空气从鼻腔进入肺部，又化为嘴里吐出的一团雾气。胃里的泥坑越来越重，脑海中的念头越来越暴虐。我避开水坑，加快跑步的速度，不顾脚下雪地难以掌握的平衡。一回到住处我就开始抽泣。那哭声很陌生，很奇怪，好像并不是我发出的。

年度体检时，我坐在椅子上，旁边是熟悉的检查台。我已经穿好衣服了。B医生坐在我身旁对着电脑打字。

他问我是否有什么忧虑，我告诉了他包裹住我的黑暗、难以抑制的莫名哭泣和凄凉感、可怖的绝望、胃里浸满了泥水的坑，不过用词没有这么文绉绉。

他一边打字一边说我有强迫症。

"强迫症？"我想到了捋胡子的W医生。

他点点头。

"多动症呢？"

他点头。"注意缺陷障碍／带部分抑郁焦虑倾向特征的强迫症。"

我没有提W医生。此时他无足轻重。B医生是我的初级保健医生。

B医生给我开了一种抗抑郁药，对我说，"就像戴眼镜一样"。他摘下自己眼镜——方形黑色镜框和厚得惊人的镜片。他的脸正对着我，眼睛一片蒙眬。"近视。远处看不见。"他重新戴上眼镜，调整好，让它服帖地待在鼻梁上。如果我服用抗抑郁药（五羟色胺再摄取抑制剂），就和戴副眼镜差不多。一个简单的调整。

在 CVS* 的处方柜台排队时，突然——有那么一瞬间——我觉得他可能是错的。很简单，他给我安排的调整不是身体外部的。我无法像摘下眼镜那样轻松取出服下的药片，摆脱药效。我的调整是身体内部的，神经方面的——其影响将持续多么久我还不知道。

但 B 医生是一位货真价实的医生。我是在一所大学医院而不是第八十四街某个私人诊室里接受的诊断。他对多动症有正确的认识。*注意缺陷障碍 / 带部分抑郁焦虑倾向特征的强迫症。*

回到家，我拿着新处方站在厨房流理台前。五羟色胺再摄取抑制剂药片躺在我的手掌上。它是长方形的，橙色的。闻起来微苦的清新，带着腐蚀感的辛辣。我把它放在舌头上，是苦的。我喝了一口水，吞了下去。

如释重负——或者说是平静？——如潮水般淹没了我。

◆

如果时光能倒流，我会问这里的斜杠是什么意思：注意缺陷障碍 / 带部分抑郁焦虑倾向特征的强迫症。非此即彼？要么是多动症要么是强迫症？部分抑郁焦虑倾向特征到底是什么？它们也可以选择吗？

---

* 美国药妆零售品牌。——译者注

B医生甚至没有给我做焦虑测试和抑郁问卷——不过二者都不能让我的诊断更加可靠或更具有效性。最常见的焦虑测试——GAD-7*——还有其他两种流行的抑郁症问卷——汉密尔顿抑郁量表（HAM-D）和患者健康问卷（PHQ-9）——并不能充当《精神障碍诊断与统计手册》诊断有效性的证据。

比如说，HAM-D和《精神障碍诊断与统计手册》第四版中的重度抑郁症诊断不是一回事。前者不是为后者设计的，它的作用是证明抗抑郁药的功效，问卷上有十七个问题，由临床医生提问并评分，以确定患者各个症状的严重程度。我的得分可不低：抑郁情绪（符合），自杀意念（无），失眠（100%），有罪感（太多了——我的父亲，我的继母，房子），躯体性焦虑（我倒想见见有谁在服用利他林的时候能不心悸、胃痛、出汗、头痛、尿频），胃部出问题（那个湿泥坑），工作困难（没有，感谢利他林），思维和言语迟钝（差得远呢），精神焦虑（毋庸置疑），疑病症（已经复发了），"自知力"（认识到自己是一个抑郁的病人）。据说HAM-D的内部信任值在46%~97%之间，但该数据来源的研究局限于已经诊断出患有心理健康问题的测试对象，另外也有临床医生抱怨量表的评分标准"不清晰"[30]。

至于患者健康问卷（PHQ-9），则是满满的被利益裹挟的底

---

* 广泛性焦虑自评量表。——译者注

色。该问卷由哥伦比亚大学一组精神科医生在20世纪90年代设计，他们的研究资金出自辉瑞，也就是人们口中常说的"制药巨头辉瑞"，抗抑郁药左洛复的制造商。即使最不抑郁的人做完这套题也会被定为抑郁。九个主要问题几乎没给人什么选择的余地。这一卡夫卡式的*问卷将患者分成不同的分数段：轻微抑郁，轻度抑郁，中度抑郁，中重度抑郁，重度抑郁。没有不抑郁。代表轻微抑郁的灰色模糊区是所能希望的最好的状况。问卷附带了处方："该分数表明患者可能不（may not）需要治疗。"从英语语法上讲，选择may（可能）是因为动词的时态（might是过去式，may是现在式），但在语意上它表达的是可能性。没有选项暗示患者现在不（doesn't）需要治疗或者过去可能（might）不需要治疗；患者可能（may）不需要治疗，意味着患者可能也需要治疗。

——◆——

那段时间不是一个坠入爱河的好时机。我肯定是以为自己状况可以进入一段亲密关系了。雷的约会资料中几乎没怎么放自己的照片，但一两张就足以看出他的魅力，其余照片全是他的画作。

---

* 著名作家卡夫卡作品中展现的困境，即人类在不理解规则内涵的情况下受到其控制和威胁。——译者注

146　这些画显然出自某个在思想和看待世界方式上独具一格的人之手。他的职业那一栏不是艺术家，而是修饰木匠和建筑监管。他住在芝加哥。异地恋也不是不行，我厌倦了爱荷华城，我的家人在芝加哥，我想看看他们，所以为什么不去见他一面呢？

第一次约会我们散了步，然后坐下来喝杯茶暖身。第二次和第三次约会，我参观了他的工作室，亲眼看到了他的画作。一张张画布上结着厚厚的颜料，挂在墙上，显得愈加蓬勃。一个月后，我见到了他的女儿米卡，小姑娘十岁，大部分时间和她母亲住在一起。

后来，我把自己的诊断告诉了雷，把它们当作事实呈现在他面前。他对这三种病都不太了解，也不在乎。他爱我，没有也许/也许不。

周末，我会从爱荷华搭超级巴士，目的是和他在一起。通常情况下，早上——我不知道自己以前有没有注意到——他无法下床。建筑行业的工作非常耗人，休息的时候他的关节像生了锈似的根本动不了。没多久我就知道他有慢性背痛，赶上从早上六点忙到下午两三点或者通宵翻修昂贵餐馆的时候尤其严重。

人们喜欢说没有所谓的正常，但是是有的。虽然具体情况可能有所不同，但正常是有一个结构的。无论多么虚无缥缈，它都有一个形状。它是坚实的，稳固的，完整的。一天晚上，我们俩带着米卡去了附近的墨西哥餐厅。他们父女俩好的时候好得不行，闹起来也闹得天翻地覆。米卡处在青春期，长着雀斑的甜美脸颊两侧挂着红卷发。晚餐时，她问雷到底能不能买手机。她的朋友都有。"想都别想。"雷说。米卡恳求。雷啜了口自己的玛格丽特酒，"不行。"米卡皱着眉头移开了视线。我和他们坐在一张桌子上，身边环绕着前来用餐的一个个家庭，服务生过来问我们是否需要加菜，米卡回答，"果馅饼。"雷说她已经吃了太多糖了。那天，我感受到了那种结构，那种坚固，我希望把它留下来。

我第一次觉得周围的世界好像不真实的时候，雷、米卡不在我身边。当时我走在镇子的街上。两名大学生年纪的女孩擦肩而过。她们奇怪地看着我。我才发现自己嘴巴张着而且一直瞪着她们。两个女孩在我眼里好像并不真实。脚下的地砖和经过的图书馆也不真实。

那天晚上回到家，我站在浴室镜子前洗脸。身上高领毛衣的条纹开始交叠。我的毛衣、我的身体好像越来越透明了。我在消失。

与B医生会面的时候，我真的以为自己要疯了。他在我的大臂上缠了血压带，按动测量仪，带子绷紧了我的二头肌，我的手臂失去了直觉。房间——还有他——似乎很遥远。

"现实解体。"他听了我的描述后回答。

"就像我失去了我的身体。"我说。

"人格解体。"他说。

我问这是否正常。

"对得了你这种病的人来说,"他说,"算正常。"

——·——

我试着想象1880年7月8日那一天的瑞士哲学家、教授亨利-弗雷德里克·埃米尔,那是他去世的前一年。埃米尔教授坐在书桌前,身后是一张硬靠背的椅子。山羊长胡子的白色没有给他增添苍老之气。或许是丰润的脸颊使他看上去如此的年轻。但埃米尔正在衰老。这从他所写的内容、怅惘的晚年回忆和健忘中表现出来:"我人格解体,我离魂,我四处游荡。"[31] 他表示这不是疯狂,因为疯狂是再无可能恢复平衡,是自我判断和自我控制的能力已然消失。在埃米尔看来,人格解体是一种哲学状态,代表沉思的一瞬。

人格解体*是一个心理学术语,出现于19世纪末,不仅仅指哲学上说的自我异化;它是疯狂——一种极度超脱的病态。一个

---

* 也译为"去人格化"。——译者注

人从外部观察自己，佛教徒也有类似的觉知主张，不同的是人格解体没有佛教的开悟。身份和人格消失，徒留那人于黑暗中。

与之对应的是现实解体：感觉世界不真实，时间扭曲，他人和万物飘飘然宛如梦幻，生活似乎是虚拟的。

我以前没有经历过人格解体和现实解体吗？我想起八年级野外考察时把我和同学们隔开的那层纱，还有偏头痛发作感到世界离我远去，在芝加哥浴缸里幻想自杀时的漠然，珥珥死后离开医院时被遗弃的状态，以及住在格兰特·伍德房子里黑暗的错位感，这些或许是的，不是吗？

我被确诊了不止一项病症。如果时间能倒流，我会告诉39岁的自己不要着急。哪怕有一瞬间能跳出来想一想，你是否真的相信自己患有多种精神疾病。我会告诉她，精神病诊断的共病率非常高，并且随着一个又一个《精神障碍诊断与统计手册》新版本的出现而不断升高，因为新版本调整了不同病症的症状列表，不断新增诊断病症，这都让确诊变得更加容易[32]。39岁的我可能会争辩说，身体上的疾病也会出现共病，同时患有多种疾病的比率也在增加。可我想说，是的，但身体上的那些疾病就是疾病，那些疾病是真正的疾病，它们是有确凿根据的。

严格按照事实来讲，我确实患有一种"共病"障碍：注意缺陷多动障碍和强迫症。只有这两个病症有代码（314.01，300.3）。"抑郁焦虑倾向"只是个添头。

共病——同时确诊两种或三种甚至四种疾病——并不罕见。2005年一项研究发现，近一半的受访者被诊断出患有一种以上的精神疾病[33]。另有一项研究分析了共病诊断的高频率，发现这是"规则，而非例外"[34]。目前还不太清楚高共病率是过度诊断的结果还是病症之间确有因果关系（例如，焦虑导致抑郁，反之亦然）[35]。但鉴于《精神障碍诊断与统计手册》的诊断病症无法被确凿证实，所以不能得出一个病导致另一个病的结论。向多病诊断的转变始于《精神障碍诊断与统计手册》第三版，该版本中有大量的障碍病症和重叠的症状列表——像是密实地结了一张精神病学之网，确保没有漏网之鱼[36]。

仔细想想，说我共病也不是没有道理。注意缺陷多动障碍和强迫症具有相似的症状。注意缺陷多动障碍和焦虑症也是如此。同样的，还有强迫症和焦虑症，焦虑症与抑郁症。抑郁症和注意缺陷多动障碍紧密关联，不少猜测认为其中一个会引发另一个（抑郁症使你注意力分散，注意缺陷多动障碍令人沮丧）[37]。患者一旦陷入多重的迷网（注意缺陷多动障碍、强迫症、抑郁症以及焦虑症共同结成）而非单选的症结（注意缺陷多动障碍/强迫症/抑郁症/焦虑症），就很难摆脱。二选一/多选一不存在。

我坐在一家水上乐园的劣质黄色木筏上，宣传小册子说这个项目叫"怪物水滑梯"，筏子和我在水中上下颠簸。雷、米卡和米卡的朋友在下面等我。雷策划了这次结伴旅行，让我们增进相处。

我仰面躺在木筏上，排队等着。我前面的是个男孩，他的眼睛兴奋得发亮，手紧紧抓住滑梯一侧。我也一样。轮到他时，他将木筏发射，消失在滑梯上。

那个周末的大部分时间，我都避免参加水上乐园的活动。我必须工作。当雷、米卡和米卡的朋友从水滑道上疾冲而下，漂在慵懒的河面时，我留在酒店房间里，为《纽约时报》写一篇书评。如果我的所有时间都能花在写作上就好了，但同时我也发现自己似乎没有缘由地在停车场踱步。有什么出问题了。我烦躁不安，坐不住。

那天早上，我说要和他们一起去玩。我想变得正常。稳定。做个有体系的人。

就这样，我最终坐上了一只脆弱不堪的黄色木筏，身后那个女孩——她快速摇晃自己的黄色木筏——提醒我到我了快点走。排在她后面的秃顶男人皱起眉头看向我，扬着下巴示意快点。没有退路。别无选择。我松开手，冲向滑梯尽头。

第九章
成为双相

雷和我坐在厨房餐桌旁。那是一个礼拜六的早晨。我们一人喝了一杯咖啡,中间放了一个法压壶。他神情灿烂又幸福,像是藏不住什么好消息,他问如果他向我求婚,我想要什么样的戒指。

我们同居了,尽管距离很远。我仍然住在爱荷华州。工作日我上课,住在校园旅馆,有教师折扣,比租公寓便宜。到了周末花二十五美元买往返票,坐四个小时的超级巴士到芝加哥。车到了联合车站,雷已经在他的灰色皮卡里等我。他总是戴一顶棒球帽,我有时想不起他的发色(是金色,他头顶有点秃)。我爬上车时,他侧头看我,好像我是他见过的最性感的女人。他会说,"嘿,你好。"

我不知道想要什么样的戒指,离开克里斯后,我没有戴过首饰,也没想过结婚。我独来独往,虽然讨大伙喜欢却不怎么和朋友们频繁联络,即使我处在一个婚姻仍然是常态的国家,在成年后也只参加了两场婚礼,不当伴娘,不做新娘。

孩子也是如此。我在13岁时就向母亲发誓,表示自己绝不生孩子。有的人坚称女人来到这个世界的唯一目的就是繁衍后代,但即便如此,也并不意味着我必须要生孩子。很多很多女人说我保证会改变主意。但我没有。

不过嫁给雷听上去很不错。我爱他。我爱米卡。担任继母的角色竟出奇的容易，无论发生什么，我基本上都能置身事外，关于米卡的事我都交给雷和她母亲决定。我也理解，虽然米卡和我是继母与继女之间的朋友关系，可她有时会希望我不存在，这样父亲就只属于她自己。

婚姻代表正常，稳定，一个体系。如果我结婚了，那就意味着我是坚实的，脚踏实地的，而不是一个觉得自己会再次破裂的人。

我被诊断为有病。但我在服药。不必管我是不是整个周末都强撑着，只有在返回爱荷华州的车上才抑制不住抽泣。我会没事的。一切都会好起来的。

圣诞节那晚，在他的——我们的——公寓里，我俩坐在床上交换礼物。梳妆台上立着一棵小小的假树。串灯洒下光芒，他拿着我给他买的健身裤和衬衫，向我表示感谢。他从不锻炼，但最近饶有兴趣地谈论健身，就像在谈论奇异的外来食物——活眼镜蛇心脏或皮蛋什么的——万一哪天心血来潮可能会想尝试一下。

欢快的气氛停顿了一下，说明没有给我的礼物，之后他去了另一个房间。他几乎没有过紧张的时候。分崩离析的感觉伴着其他症状出现——对此我想出了新的形容：破裂感，即将崩溃的感觉；浸满水的坑，不知怎么的呈现出与十几岁时的泥坑相同的色调，让情况更加复杂。我吞下药。我仍旧制作图表，标画日历，书写日记。我做了一个有共病诊断、携带不同障碍特征和倾向的人应该做的事情。没有效果。

他回到房间，拿着一个看起来像（就是）被当作礼物包装起来的拖把。我的胃没有沉下去。我的肩膀放松了。我笑了，真心实意地，在扯下包装后假装很惊讶。

"拖把。"我说。

他从口袋里掏出一个蒂芙尼盒子。慢性疼痛令他无法单膝跪地。他打开盒子向我展示戒指，让我嫁给他。

这是一种恶作剧型的求婚方式，是对虚伪的婚礼行业调皮地挤了挤眼，是对仪式商业化的荒诞局面的戏弄。回答我愿意的原因有很多：他的毅力和幽默，他的才华，他对米卡深厚的关爱之情，以及成为米卡继母的机会。

坚实的。脚踏实地的。不会破裂。我愿意。

转变发生时，我们正在塔吉特给公寓添置东西。或者也许它已经发生了，只是崩溃和破裂在那个时候达到了临界值。我们好像当时在买书架，也许是浴帘。不管是什么吧，我想要这个牌子

的，雷属意另一个。

我转身走开，走到他视线外的另一个过道，来回踱步。碎裂。碎裂。我的药物不起作用。不应该啊。

雷出现在过道尽头，寻找我的身影。我假装在比较毛巾牌子。想想雷工作完带回家的灰尘和污垢，手里这条米色毛巾大约可以维持四秒钟的本来面目吧。

回到车里，他问出什么事了。我难以对他启齿自己两个月以来都在想要留下和需要离开中纠结。两个月里，我一直顶着注意缺陷障碍/带部分抑郁焦虑倾向特征的强迫症的压力。我努力了两个月，带着全部的亲密、脆弱和袒露，试图成为这个家庭的一员，与此同时也努力去隐藏。所以我说："我不知道。"

之后的那个礼拜一，太阳在城市上空升起，遮盖住阴霾晨光中的建筑物，我登上了超级巴士。用整个周末搭建的碎片碎裂了。眼泪。呜咽。当众。无法停止。

雷也变了。我遇见他时，他似乎已经从2008年金融危机的破产中走出来了。失业了九个月后，他重新找到工作，新闻报道了越来越多的银行渡过了难关，高管们获得资金。这触动了他内心深处的某些记忆。他从小家境贫困，父亲因20世纪80年代和90年代的储蓄与贷款危机破产，当时贪婪的S&L*高管们欺骗了

---

* 指在该次金融危机中爆雷的美国储蓄贷款协会（Savings and loan association）。——译者注

美国纳税人[1]。金融危机是痛苦的,不过他已经爬出来了。

然后他又陷进去了。他开始听相关的有声读物。他的声音越来越苦涩,越来越有攻击性。他没完没了地谈论首席执行官和对冲基金经理收受贿赂的事情,伯纳德·麦道夫,雷曼兄弟,美国证券交易委员会,放任自由市场经济,美联储前主席艾伦·格林斯潘,还有杰米·戴蒙——他憎恨杰米·戴蒙。

他的画变得更阴沉了。厚厚的黑色和绿色颜料形成了一个个漩涡。十五英尺长的画布上人头堆积如山,每个头都代表一个破产的美国人。

一天晚上,他不睡觉,在工作室作画,喝酒,听另一本讲金融危机的有声读物。我给了他一个晚安吻。他没有反应,全神贯注地盯着眼前的黑暗画作。

他爬上床时,我已睡意蒙眬。他讲了什么谷歌地图的事,然后说:"我真想去那个混蛋家开枪打死他。"

我问他说的是谁。

他吐出一位从乱局中安全脱身的首席执行官的名字,价值数百万美元的黄金降落伞*让他平稳落地。雷找到了他在芝加哥郊区的住址。"我要杀了他。"他说。

我信。"雷,你这是让我做你的帮凶。难道要我不告诉——"

---

* 劳动合同中规定如员工被解雇可获得大笔补偿金的条款。——编者注

他的声音空洞:"要不是米卡,我就动手了。"

第二天,我收拾好自己的东西离开了。

——•·•——

几个月后,我坐在爱荷华城英语—哲学大楼的走廊里,等待着被叫进去做论文答辩。两名本科生经过,其中一人靴子的鞋跟踩在油毡地面上吱吱作响。我不紧张,但我应该紧张。

我和雷分得很干脆。搬离公寓的那天晚上,我以为自己会分崩离析。我马不停蹄地搬回爱荷华州,和五个几乎不认识的室友一起住进一栋房子。我的房间既便宜又舒服。我全身心地投入论文,三个月后就完工了。

我的论文导师从会议室出来,叫我进去。里面摆着一张长桌,我坐在一头。另一头是论文答辩委员会:五位男教授。我没有考虑过接下来的事态会如何发展。

他们质疑我,攻击我的论文:观点不鲜明,论述也不充分,或者甚至如一位藏在白胡子里的教授所说,找不到论点。

我控制不住颤抖,嘴巴也开始打结。论文答辩就是这样:答辩意味着需要去防御某样东西或者某个人。提问的关键是攻击论点中的漏洞,而我则需要防守,但我没有准备好。我没有请教其他学生他们的答辩是什么样的。我从没想过用谷歌搜索"博士论文答辩现场是什么样?"。我的艺术硕士论文"答辩"(尽管它根本不能叫一篇创造性论文)现场是一片你好我好大家好。

就在我以为自己可能会哭出来的时候,一位委员会成员表扬了我所做的原创研究,另一位称赞了文笔,他们一致认为,这是他们读过的写得最好的论文之一(里面一个逗号使用错误都找不到——我确定)。

然后,不知怎么的,他们的赞许又变为我论文缺陷的证据:语言太好说明我过于偏重形式,对论点的关注肯定就不充分。

答辩结束,我坐回走廊里的那张长凳上,等待他们的审议结果。我的手还在颤抖。我盯着大厅尽头的楼梯,想直接走,再也不回来。

导师叫我进他办公室。我隔着办公桌站在对面,等他发话。

"唔。"他吐出一口气坐下,"你通过了。"

我问答辩是不是都这样。

他摇了摇头。"他们特别刁难你。我也不知道为什么。"

我离开大楼,走进了秋天寂寒的空气中。我一边往学校的山上爬,一边打电话,告诉了拥有博士学位的母亲我通过的消息。她欣喜若狂。我描述答辩过程中他们有多刁难,她说:"没关系。这个头衔是属于你的,他们谁也无法剥夺。"

我们结束了通话。碎裂的感觉更加难耐。下课了,学生们从楼里鱼贯而出,游到人行道上。我匆匆忙忙跑上草地,仿佛只要撞到一个人都会禁不住碎掉。

----◆----

那个礼拜的文学阐释课上,我提了一个有关托妮·莫里森小说《宠儿》的问题,几个学生举手回答。课上分析文学作品时,我尽量不多加赞美,以免干扰学生自己的喜好,但莫里森的这本小说他们愿意听我再多讲一些。这是一部肝肠寸断,同时也是有史以来最精妙的小说之一:扣人心弦的情节,精心打磨的对话,丰满复杂的人物——听上去像是套话,但确是实情。故事围绕一个名叫塞丝的前奴隶展开,概述无法传达其曲折,她从种植园逃出去,却被"主人"发现(塞丝的原型是1856年逃离奴隶制度的玛格丽特·加纳)。为了不让自己的孩子再次被捉住,塞丝准备亲手杀死他们,杀死大女儿成功了,塞丝给她的墓碑上写着宠儿。

我问的问题和我们读的那一章里塞丝的独白有关。在此之前,我们先回顾了小说如实展现的非裔美国人英语口语语法和标点符号规则。一些学生认为这是"糟糕的英语"或者上不了台面的俚语,但我解释说它同样有一套独特的规则。一名学生提到塞丝谈起自己女儿时用的是"她我的女儿(She my daughter)""她我的(She mine)",而非"她是我的女儿(She's my daughter)""她是我的（She's mine）"。我说，由此看来，表示占有的撇号是不必要的。这名学生说，这样的表达"感觉她们之间有一种尤为强烈的羁绊"。

下课了，学生们开始收拾东西，我把白板记号笔放进自己包里。回到办公室时，碎裂已经达到了一个临界点。但是，讨论完莫里森小说的我不禁要问，我——这个有自由、有收入、享受了那么多特权的人，有什么资格难过。我什么事都没有。

我是小题大做。我是无病呻吟。

如果我没有在公共场合哭泣，没有挥舞四肢，我可能会相信。碎裂仍旧会不断加剧，直到我忍不住泪流满面。有时，我被一种高亢的能量占据，被 iPod 里的音乐深深地击中、感染，忍不住在大街上跳起舞来。"沉淀下来"后，羞耻将我填满。如果我的学生、同事看到了怎么办？我感到沉重而不安，却假装什么都没发生。

———◆———

我们喜欢浪漫化甚至美化《精神障碍诊断与统计手册》的诊断：双相障碍的艺术家，酗酒的作家，吸毒成瘾的电影明星，精神分裂症的天才。我们最喜欢错误地将诊断扣在那些病症名字出现之前便早已去世的艺术家和作家身上。自杀身亡的荷兰后印象派画家文森特·梵高被"追授"了《精神障碍诊断与统计手册》

里的不少成果：双相障碍、边缘型人格障碍、精神分裂症、分裂情感性障碍、焦虑障碍和非自杀性自伤障碍[2]。他是怎么能集如此多不同的诊断病症于一身，而且其中两种还是相互冲突的？（双相和精神分裂症是互斥的，除非后者是独立存在的分裂情感性障碍。）

他变成如今这种情况拜两个女人所赐：南希·安德烈森（Nancy Andreasen）和凯·雷德菲尔德·杰米森（Kay Redfield Jamison）。安德烈森发表了精神疾病属于大脑疾病的宣言，还将精神疾病作家这一刻板印象引入了科研文献。在成为精神科医生之前，她是研究文艺复兴时期文学的教授（和我学的是同一个博士研究课程，不过不是同时期），根据她的说法，她对研究在作家群体中精神疾病似乎更常见以及创造力是否由遗传所得感兴趣[3]。她1974年的研究试图证明以下观点：作家患精神疾病的概率更高（无论是否被诊断出来），精神疾病在家族中血脉相传，作家的家族成员也具有更强的创造力。在研究了十五位"成功的创作作家"（她没有说明究竟什么样的作家才算"成功的"）之后，安德烈森写道，"在天才（注意是她认为的）和精神疾病之间存在一种关联。"[4] 同样地，她在1987年得出结论称："精神疾病和创造力之间有着密切的关联。"[5]

心理医生和名人作家凯·雷德菲尔德·杰米森将安德烈森的理论变成主流（大众眼中订着精神科医生标签的杰米森实际上没有医学学位）。1987年，她调查了入选英国皇家学会的四十七位艺术家和作家，发现其中有38%的人因心境障碍而"接受过治疗"，她由此推断他们患有精神疾病[6]。通过随后接连出版的书和回忆录，她进一步巩固了公众对精神疾病的看法，使他们认为精神疾病是"艺术的"，甚至是性感的。她1993年出版的《触火：双相障碍与艺术气质》(*Touched with Fire: Manic-Depressive Illness and the Artistic Temperament*) 一书强化了"疯狂"是横溢的才华和艺术天才的代名词这一错误概念。杰米森的研究主要是基于传记信息和往来通信的猜测。她援引了拜伦、阿尔弗雷德·丁尼生、亨利·詹姆斯、赫尔曼·梅尔维尔、文森特·梵高的家谱（遗传学），认为他们患有躁狂抑郁症[7]（但很难想象亨利·詹姆斯会有躁狂）。在《躁郁之心：我与双相障碍共处的30年》(*An Unquiet Mind: A Memoir of Moods and Madness*) 中，杰米森展示了她与双相障碍的斗争，但她将双相的两种极端表现戏剧化，粉饰了她的这两个敌人，给它们套上一层干净体面的外衣。她的躁狂经历是"欣喜若狂的""美丽诱人的"[8]。

这一派观点有个看起来很有道理的理由：将精神疾病与创造力和天才联系起来可以减轻前者的耻辱感。科学记者克劳迪娅·卡尔布（Claudia Kalb）在《囤积者安迪·沃霍尔：历史上的伟大人物脑子里在想什么》(*Andy Warhol Was a Hoarder: Inside the Minds of History's Great Personalities*) 中提出了这一观点，同时老调重弹地诊断了一番——阿尔伯特·爱因斯坦患有自闭症，玛丽莲·梦露得了边缘型人格障碍。她写道:"我讲述这些故事,旨在强调我们所有人都面临着心理挑战——无论大小——如此,也许能进一步消除部分可能与心理问题伴生的文化耻感。"[9] 安德烈森和杰米森或许所见略同。但是,对精神疾病怀有一种更感性的观点可能会使部分人更愿意接受——甚至拥抱——《精神障碍诊断与统计手册》的确诊病症。即使我不认为自己有精神疾病,一个被校园心理学医生告知自己患有多动症、广泛性焦虑症、抑郁症或者双相障碍乃至这四项都得的青春期女孩也会这么认为。

在一个冷得过分的秋日清晨,我坐在步行街的长椅上,牙齿冻得打颤。往日挤满了学生和附近居民的户外长廊空无一人。我的泪水顺着脸颊流了下来。我徘徊在歇斯底里的边缘,然后一头栽了下去。

一开始,自杀意念偶尔冒出,慢慢地经常出现。一般是这样的:我受不了了,痛苦永远没有尽头,我想去死。发作最强烈的不是晚上,而是白天我在校园休闲娱乐中心的爬楼机或跑步机上挥汗一小时,试图把自杀念头从汗里逼出去的时候。

我的哭泣稍微控制住了一些,可以和心理咨询师安琪尔会面了。自从被 B 医生诊断出抑郁症以来,我便一直见她。人们说抑郁症患者需要咨询,所以我去见咨询师。我的哭泣,她亲眼所见;我自杀的念头,她一无所知。

她很年轻,一双笑眼和声音总让我联想到咕咕叫的鸽子。我坐在给客户的椅子上,她在对面的办公椅上。过了一段时间(心理咨询师喜欢让你哭),她说,如果做得到,你可以谈谈哪里觉得不对。

"哪里都没问题,"我说,"这就是我想不通的地方。"我通过了论文答辩。我不再为雷感到难过了。

她问还有什么可能导致我产生这种感觉。

又开始哭了。那个哭的人好像不是我自己。我似乎不再是我,而是旁观着椅子上的自己和对面的安琪尔。我说我不想再待在那里了。

安琪尔追问道:"在哪里?这里?诊室还是……"

我努力想回答,但怎么都答不上来。吃力。呜咽。荒谬。

"你以前有过这种想法吗?"她问。

我说有。

我们的会面结束了。她让我承诺到下次会面期间要每天打电话汇报。"我要对你负责。"

我去上课。我教书。我跑步。我写作。我走路。我吃饭。我打电话汇报。

下次会面时,安琪尔问我过得怎么样。

"更糟了。"我说。

她站起来,用温柔的声音说她马上回来。"你哪儿也别去。"

我又开始哭了。

安琪尔回来了。"我们很幸运,她有时间。"

"谁?"

安琪尔领着我穿过大厅,来到诊所的精神科医生办公室。那间办公室被粉刷成蓝绿色。里面的主人五十多岁,棕色长发,西装外套,短裙,高跟鞋。她做了自我介绍,不过我不记得她的名字了。

我坐在沙发上,安琪尔也待在办公室里。精神科医生的嘴巴一张一合向我提问,我努力去回答,斟酌着自己的用词,调整声音,好让我的话听上去不那么让人震惊。结果适得其反,我陷入了歇斯底里,表现得比放任哭泣更极端。

当我冷静下来抬起头,精神科医生的话使我惊讶:"你不是注意缺陷多动障碍。不是强迫症。不是焦虑症。不是抑郁症。你是双相障碍。"

感叹号表示呼喊,呼喊代表迫切地寻求关注。本质上感叹号是饱含情感的喊叫,是兴奋激动的标志。感叹号还营造出一种紧

迫感。它是叹词（等等！），宣布命令（停止！）。感叹号也可以表示危险[10]。

主流观点认为，感叹号源自15世纪的拉丁词语io，意思是喜悦感叹，类似"好极了"[11]。据说，一个罗马人（他的动机尚不清楚）在书写时将I（罗马人一律使用大写字母）盖在了O上；慢慢地O越变越小，最终呈现在我们面前的是一条线和一个点（!）。1970年以前，QWERTY键盘布局上没有独立表示感叹号的键，要想惊呼一声还不少费事呢。你得先输句点(.)，然后打退格，再摁撇号(')。

足足用了四十年，在文本和电子邮件中看到感叹号时人们才不再觉得刺眼。打招呼之后必须有一个：你好！简单的一句陈述可以跟三个甚至四个感叹号：我等不及开始下一次约会了!!!! 一般认为女性使用感叹号的频率比男性更高，很快感叹号就带上了性别色彩，成了娇滴滴的少女气质象征[12]。

但它仍带着惊吓、破坏和骇人的潜能；可以表示极度的痛苦和恐惧；具有警报作用[13]。

━━━◆━━━

精神科医生抚平自己两条宽松的裤管，站了起来。"我想你应该见见我的一个同事。"她朝桌子上的电话走去。

"谁?"我的声音里带着惊慌。

精神科医生没有回答。

我看着安琪尔,在那一双鸽子眼里只看到了同情。

精神科医生挂断电话,说:"我们可以过去了。"

"去哪里?"我问道。

她和安琪尔开车送我来到一家名叫慈悲的私人医院(这个名字的讽刺意味,当时的我已无暇注意)。我是被押送过去的——毋庸置疑。我回想起很久以前被母亲带上出租车去进食障碍科的情形。我很害怕。我想知道今天晚上我还能不能回家。我们走进医院上锁的精神病住院病区。精神科医生和安琪尔带我去见接诊员。

"我要住院吗?"

精神科医生说:"你待会先见一个人,到时决定。"

她和安琪尔同我道了别。她一副公事公办的样子。安琪尔看起来很担心,又有点松了一口气。

我和其他病人一起被带到日间休息室,里面完全没有电影和书籍中"精神病病房"的戏剧性。墙上的电视没有声音,四个人坐在一张桌子上打牌,他们甚至看起来并不怎么低沉。

边桌上放着咖啡和茶。我想,如果工作人员不担心被病人用滚烫的液体袭击或者病人互泼,那么说明医院肯定没出过什么乱子。房间太安静了,有一瞬间我想留下来。

我被分配到的房间里摆放着两张床。恐慌一下子要从我的身体里溢出来了。"有人和我住一间吗？"我问护士。但这里不是酒店，所以我没有告诉管理部门自己不满意这个房间。和某个人睡在一个房间里——在我的人格解体、周围世界解体如此严重的情况下——是不可能的。我会破碎到无以复加。

护士给了我一片苯二氮䓬类药物。

"安定？"我问道。

"阿普唑仑。"看我没有回应，她笑了，"佳乐定。"

"我不想吃。我可以见医生吗？"

她离开后，我坐在床上。和被锁在病房里相比，自杀的念头似乎都无关紧要了。他们有必要那么郑重其事吗？他们有必要。我是双相障碍。

❖

《精神障碍诊断与统计手册》的诊断缺乏有效性，而且用以对照检查的症状经常变来变去，这导致患病率高得荒唐。这些数据并不能真实反映美国患有精神障碍的人数。所有统计结果表明的只是——每年有 26% 或 21%（或任何一个你想相信的百分比）的美国成年人被贴上一个（甚至两个）无效的、很可能不可靠的、人为编造的《精神障碍诊断与统计手册》中的诊断标签。[14]

这些统计数据在媒体、心理健康组织以及社交媒体之间你抄我用，害处不仅仅是误导了大众。拿着数据说话的人不仅不顾手册中的病症没有得到证实，而且没有考虑病情程度的差异。《精神障碍诊断与统计手册》第五版没有建立起病症的等级系统[15]，抑郁症就只是抑郁症，九种症状中，有五项符合的人和九项全中的人得到的是同一个诊断，有点沮丧就等于抑郁到自杀。有人打了一个比方，说这样和用相同的治疗手段救治癌症 1 期患者与已经转移的 4 期患者有什么两样呢？《精神障碍诊断与统计手册》对于个体痛苦的程度和严重性不能说不敷衍。

美国国家心理健康研究所出具了一份更准确的报告，里面对精神疾病（AMI）和严重精神疾病（SMI）的发病率做了区分[16]。虽然有人将这些病症定义成严重的精神疾病（如双相障碍，精神分裂症和抵抗性抑郁症），但美国国家心理健康研究所给出的定义是"严重的功能障碍"。至少美国国家心理健康研究所对精神疾病发病率的统计更严格：尽管报告显示20%的美国成年人确诊，但严重患者的比率只有 5%[17]。

两个数字为什么差距这么大？确诊人数怎么会高那么多？因为《精神障碍诊断与统计手册》使确诊变得很容易。

医生——C 医生——走进来。他年轻，笃定。头皮上精心剃

出一层悦目的青苔。我记得他很英俊。看着他的脸,我觉得他不会隐瞒我的状况。这也许是因为他展现出来的自信,也许是因为我需要他坦诚,我知道自己处于危险之中,只有他才能拯救我或放我自由。

他坐在我对面的椅子上,问了些和之前那位精神科医生类似的问题。最后,他身体前倾,胳膊肘搁在膝盖上,"你有双相障碍。"

他的语气像是在说,我对自己应该有数,我应该能够辨别出情绪的高潮——跳舞,以及低谷——哭泣。他的语气并不严厉;事实上,这是在帮我。如果得不到恰当的治疗,过去十年、十五年我怎么撑下来的?我怎么能做到在正常人堆里把自己的病隐瞒那么久?如果没人帮我,我又怎么去控制双相障碍?

我的双相障碍。

双相,顾名思义,是两个极端。双相患者在两种状态之间来回切换:抑郁和躁狂。躁狂之下又有两种亚型,亢奋—浮夸或偏执—毁坏[18],而在抑郁之下,表现就只有消沉、抑郁。

双相障碍有各种名字、各种致病原因,但无一例外都相当严峻。希波克拉底和古希腊人认为它是黑色和黄色胆汁交替过量[19]。

1851年法国精神病学家让·皮埃尔·法雷特（Jean-Pierre Falret）称其为"精神错乱的循环"，算是为这一概念奠了基。克雷佩林1899年为其命名"躁狂抑郁精神错乱"，将所有情绪状态（抑郁，躁狂和两者的混合）划入一个谱系[20]。

有关该病的现代概念直到1966年才开始形成，当时瑞士精神病学家朱尔斯·昂斯特（Jules Angst）和瑞典精神病学家卡洛·佩里斯（Carlo Perris）将单相抑郁症（单纯的抑郁症）与双相抑郁症（躁狂抑郁症）进行了区分。但是，单相抑郁症和双相抑郁症之间的区别以及随后半个世纪发明的许多亚型和类别，并没有使双相障碍成为科学上一种可靠的诊断。有的双相抑郁症和单相抑郁症的表现很类似，尤其是精力充沛的人（例如我），很难判断患者是处于连续几天或几个礼拜缓和期的极端低落情绪（单相抑郁症），还是连续几天或几个礼拜躁狂高涨的低落情绪（双相障碍）。

《精神障碍诊断与统计手册》的五个版本对双相障碍的定义各有不同[21]。第一版把它叫作躁狂—抑郁反应，是一种由心理原因而非身体原因作祟产生的精神病状况，特征是严重的情绪波动，还可能包括妄想和幻觉。第二版重新起了个名字，叫躁狂—抑郁症，根据不受生活事件影响的情绪变化进行描述：躁狂、抑郁、"循环"。躁狂型表现为兴高采烈、易激惹、健谈，抑郁几乎不发作且活跃增强。抑郁型与我的情况相似：情绪极度低落、忧

165 虑重重、烦乱不安。"循环"就是混合躁狂和抑郁的症状。第三版又换了一个新名字双相障碍,并为构成躁狂、抑郁和混合发作创建了更严格的分类。第四版发明了一种未经证实的全新诊断名称:双相Ⅱ。到了第五版,双相障碍拥有了自己的类别,不再和其他情绪和情感障碍混淆在一起,形成了"双相障碍谱系"[22]。

我的抑郁症状多得数不过来:精力不足,烦乱不安,自我价值缺乏,丧失生活中的兴趣(除了教课外,没错),失眠,自杀倾向。我的发作来得很快且没有原因——这是双相障碍的标志。

但我有躁狂过吗?关于躁狂症的迹象,那个精神科医生和C医生不太能找得到:随境转移(又是这个词),过度活跃(只有一点吧——可能吗?),精力显著旺盛(也许吧),思维奔逸(是的),感觉不需要睡眠(我不睡觉,但需不需要是另一个课题)。

不重要了。精神科医生和C医生在我身上看到了双相障碍。我要么是双相病人,要么不是。

———— ◆ ————

我坐在C医生对面,听着外面的风声。树枝敲打着窗户。双相。我想出去。

"求你,"我说,"不要让我留在这里。"

他审视着我,然后问我是否会伤害自己。

我摇了摇头。"我没事。"

他靠在椅背上。"鉴于你一直存在那种念头……但我不能把你留在这里。"我没有自杀计划，也没有去想用什么方式去结束自己的生命。

"那些念头已经消失了。"

"暂时的。"他说。

"我不会有事的。"

他斜着眼看我。"你要做什么？"

"洗衣服。"我说。我从来没有这么想去洗衣服——一件有条不紊的、按部就班的、真实的事情。

"这是一个好兆头。"他说着笑了笑。

我走在布卢明顿街上，想不通精神科医生和C医生是如何从多动症、强迫症、抑郁症、焦虑症一下子跳到双相障碍的。如果两个精神科医生都这么说，那一定是真的。所以我的初级保健医生一直都搞错了。这么多年。这么多年。

回到家，一个德国室友正在厨房，她是个本科生，一头长发及腰。她微笑着高高举起一品脱的哈根达斯香草冰淇淋。问我想要一碗吗？

这是一个如此简单的问题，需要的也是再常见不过的动作：吃一碗冰淇淋。我刚还因为想过结束自己的生命而被关在一个上了锁的病房。又怎么能像个没事人一样看她把甜香草冰淇淋舀进碗里？我谢过她，摇摇头。

回到自己房间，我做了正常人都会做的事：上谷歌搜索。互联网上的信息确认了诊断。有两种选择：我可能是双相 I 型，或者双相 II 型。点来点去，我读到了不少资讯，60% 的双相障碍患者是被误诊的，其中一些甚至被误诊了十多年[23]（这听起来像在说我）。虽然双相障碍的初次发作年龄在女性群体通常集中在二三十岁，但四十多岁才被诊断出来也是相当普遍的（我当时的年龄也符合）。

我对照查看自身症状。躁狂症意味着活动增多（好像是），睡眠的需求变少（我是一名搞学术研究的学生——少睡是我的特殊技能），过度兴奋或者心境易激惹（当然，而且两者兼而有之），高风险或冲动的行为（我和几乎不认识的人发生过性关系），思维奔逸（次数多得数不清），语速飞快（算是吧）[24]。抑郁意味着悲伤，焦虑，内疚和自我价值丧失，对生活失去兴趣，睡眠困难，出现自杀意念（是的，是的，是的，是的，是的，还是是的）[25]。各种外部因素不是罪魁祸首。我没有使用药物，排除药物滥用障碍。

拒绝接受诊断的想法从未在我的脑海中出现。而且我也并没有认为那位精神科医生和 C 医生有搞错的可能。我只是把他们的话——我的双相情感障碍——搁置不理，绝口不提，即使之后和安琪尔面对面坐着、阳光从窗外倾泻而入的时候。

第十章
停用快乐药片时

我新换了一个心理咨询师,艾米,她的诊室在距离芝加哥艺术学院不远的一座办公大楼里,十七层。艾米的座椅与我的靠得很近——仅隔了几英尺——她脚上的一双木鞋搭在一只小凳上。她没有掩藏自己的白发,脸上亦未见半点妆容。她说英语"人类(human)"时 h 不发音("你是 yuman。"她如是说),这使我过分地分了神。我是在网上找到她的。

我们就人际关系谈论了很多。她最喜欢的隐喻是把它比作一个由许多部分组成的谜,每一部分都代表了我人生中遇到的一个人。"你需要决定让谁进入谜的中心,而谁只能待在外围的边缘。"

可只包含零星几部分的人际之谜又该当如何呢,我没有问她。在爱荷华州拿到博士学位后,我的痛哭已经逐渐平缓,自杀的念头也消退了。我搬回芝加哥,因为我需要身处某个坚实、熟悉的地方——家。我和母亲一起住——直到找到别的地方。我在两所大学教语法的修饰成分,教学构成了我主要的社交生活,但我独来独往惯了,并不以为意。我的谜不需要很多组成部分。

与面对安妮与安琪尔时一样,我也喜欢向艾米滔滔不绝地抱怨——毫无意义的、信马由缰的抱怨。艾米附和着我,让我既高兴又不高兴。最后的结果，常常是我们俩一起有失偏颇地评判我的家人与其他人。

母亲知晓了我有自杀意念以及去医院的事。我们之间的关系变了。我成了个脆弱不堪的家伙，我有过自杀倾向。

她和艾米都不知道我被诊断为双相。我无法装作持续数月的哭泣、自杀的念头以及去医院就诊没有发生过，但我还没做好坦白的准备。显然，我不仅仅是注意缺陷障碍/带部分抑郁焦虑成分的强迫症。另外，我的逻辑逐渐变成循环论证模式。如果我确实患有某种精神疾病，而且不是注意缺陷障碍/带部分抑郁焦虑倾向特征的强迫症，那么我得的必须是什么其他的病，因为我已经被确诊有病，也就是说我必须要有个什么病。

H医生是第一个我真正意义上的精神科医生。我坐在狭小的等候间，靠墙的桌上有个播放着古典乐的小型扬声器，以及一些《时代》杂志。他打开办公室的门，邀请我进去。我坐在一边一把硌人的扶手椅上，他则坐进摆放在另一头的高级伊姆斯休闲椅中。H医生头发带点红色，体型纤瘦。

他询问我之前的诊断和服用的药物。我交代了就诊过的医院、心理治疗师，以及C医生。我不得不老实交代，否则又出现自杀倾向该怎么办？

谈话已近尾声，他点点头，耸起鼻子，好像闻到什么东西坏了，然后说，我得的也许不是注意缺陷多动障碍，不是强迫症，不是抑郁，也不是焦虑。我也许患了双相障碍。

"我真没觉得自己是双相。"我说。

他说："你是，我认为你是Ⅱ型双相障碍。"

我穿过办公大楼的旋转门。诊断仍旧悬而未决：也许不是注意缺陷多动障碍，不是强迫症，不是抑郁症，也不是焦虑症。也许是/也许不是。May（也许）——这是一个表达可能性而非确定性的情态动词。

已近暮色，我穿过迪尔伯恩门口的街道。汽车在人行横道前停下来，示意行人先走。利他林没有效（还是有效？），五羟色胺再摄取抑制剂有效（还是没效？）。可是三个精神科医生不可能都错了。

网络上提供了很多有说服力的理由，力证那位心理医生、C医生和H医生是对的：我只出现过一段时期的严重抑郁（符合）以及一段时期的轻度躁狂。躁狂似乎离我很远，但轻躁狂也算躁狂症。而且，难道我没有时而自尊心膨胀（我曾认为自己的学位论文在审读委员会眼里无可挑剔），睡了大概三小时便感觉休息好了（符合），危险地冲动消费（我曾挥霍存款去修缮一个未被划作居住用的跃层），思维奔逸（绝对符合）吗？难道我没有比常人更健谈（语速快是我的个人特色）、随境转移（我得过注意缺陷多动障碍），且过于目标导向（总是如此）吗？

轻躁狂不仅仅是亢奋和膨胀，它还具备焦虑和易怒"持续加深"的特点。那些可怕的涌流不是焦虑的能量吗？每次我坠入黑暗不都持续好几天？不是抑郁症的黑暗，是封闭的、不要靠近我的黑暗，是一种力量场，把母亲远远地隔绝。有时，我在厨房准备第二天去学校上课吃的午餐，如果母亲也进来，我会浑身僵硬，散发出黑暗的激惹力量场，将周围的空间填满。我也不想那样。她出门后，我想打电话道歉，但仿佛被什么困住了一样就是没有打。

美国互联网医疗健康信息服务平台和健康在线（Healthline）上说，双相Ⅱ型是双相Ⅰ型的弱化版本[1]。我在健康心灵（Verywell Mind）网站了解到，不是所有的双相病人职业功能都被损害。大部分情况下我还是完成了工作，比如从没临时取消过一堂课，也没有错过哪一次截止日期[2]。

自杀意念——我最近频繁使用这个学到的词——出现在双相障碍患者身上的可能性比抑郁症患者更高[3]。如果它再次找上我怎么办？面对一项新的确诊病症，改变服用的药物，我能确保它不会来敲门吗？

我把自己是双相Ⅱ型的事告诉母亲，她满面担忧。过了会她说："事已至此，我们就去尽最大的努力。"

我被确诊双相的时候，正好社会上流行起了这个由《精神障

碍诊断与统计手册》驱动的病症：双相Ⅱ[4]。该病的流行，部分是因为《精神障碍诊断与统计手册》第四版将其定义症状偏移向轻躁狂而不是更严重的躁狂。在双相Ⅱ型中，轻躁狂被定义为连续四天明显且持续的心境高涨、膨胀或易激惹，其间存在至少以下3项症状（如果心境仅仅是易激惹，则为4项）：自尊心膨胀或夸大，睡眠的需求减少，健谈，思维奔逸，随境转移，目标导向的活动增多或精神运动性焦虑，过度地参与愉悦的高风险活动。研究人员后来发现，《精神障碍诊断与统计手册》对轻躁狂的定义从科学上看是无效的。[5] 任何人都可能有自尊心膨胀的时候。睡眠需求减少的最低限度是多少？健谈真的要算一种症状吗？老实说，谁这辈子没出现过思维奔逸和随境转移呢？难道那些以目标为导向的人，特别是那些强烈目标导向的人不是备受赞誉的对象吗？追逐风险和快乐并存的事物，不一直是媒体大力宣扬的吗？

艾伦·弗朗西斯为《精神障碍诊断与统计手册》第四版放宽标准进行辩护，表示这样做是为了避免患者被误诊为抑郁症，服用抗抑郁药然后躁狂发作[6]。有的人拿着艾伦和第四版手册当令箭，以期新增更多的亚型。精神病学家和研究员大卫·邓纳（David Dunner）支持双相障碍谱系，其中不仅包含双相Ⅱ型，甚至有双相Ⅲ型[7]。精神病学家哈戈普·阿基丝卡尔（Hagop Akiskal）居然声称存在双相Ⅳ型[8]。有人提出，谱系还应该包括

"零星的短暂轻躁狂",发作症状只需持续一天以上,频率每月不超过一次[9]。

他们的提议不是纸上空谈。《精神障碍诊断与统计手册》第四版给出的定义很大程度上模糊了轻躁狂高涨和单纯持续了四天好心境的差别。虽然该版确实指出轻躁狂"与日常非抑郁心境明显不同",但它的标准并没有具体说明发作和"日常的非抑郁心境"之间的区别[10]。毕竟,一个心情非常好的人——甚至只是心情不错——都有可能感到"睡眠需求减少",而且更多地参与"目标导向活动",并追求有风险的"快乐活动"。

在《精神障碍诊断与统计手册》第四版出版后的二十年里,出现了一些敦促克制并质疑双相障碍"临床确诊率高"的声音,但为时已晚[11]。制药公司早已抓住机会,向消费者传达了这样一个观念:任何心境的高涨或者混合了低落心境的易激惹,都代表他们——我们——患有双相障碍。结果就是过度诊断[12]。

艾伦·弗朗西斯后来为自己那些让确诊双相Ⅱ型变得易如反掌的话表示后悔,但他花了十五年的时间才说出来(太迟了)。十五年后,他姗姗来迟地写博客,发推文,公开发表文章,并且出版了一本书,既承认了行为有失,也给自己开脱[13]。

在《拯救正常人》(*Saving Normal*)一书中,弗朗西斯并没有明确承认"这是我的错",而是仍然推卸责任,将矛头指向制药公司(众所周知,后者在这个世界上存在的目的就是让大众花钱买他们制造的药吃,他们自己对此也不否认)。弗朗西斯承认在炮制这场虚假的双相Ⅱ型障碍、自闭症和注意缺陷多动障碍的流行病潮过程中《精神障碍诊断与统计手册》第四版的作用[14]。可是,原本第四版手册可以通过提高确诊门槛,比如延长发作持续时间、增加症状确诊数量、提升损害强度等来预防那些"流行病"的出现。

他的道歉只能说是承认可能错了。《精神障碍诊断与统计手册》第四版"可能"是过大于功[15],或许已经而且"可能"应该致力于降低确诊数量[16]。编写者们本应该警惕美国公众被过度诊断的风险[17],应该预想自己编写的手册在临床实践中怎样被医生和其他人使用,并且应该承认56%从事《精神障碍诊断与统计手册》第四版编写工作的"专家们"与制药公司有经济往来[18]。但是,弗朗西斯写道,努力是徒劳的,他们"可能无法遏止过度诊断的浪潮",这话未免太不负责任[19]。

他指责精神科医生真的把"精神病学圣经"——《精神障碍诊断与统计手册》当作《圣经》。他写道,《精神障碍诊断与统计手册》第四版不是一份"真正意义上的"疾病目录,只是"可以拿来使用的诊断架构"。手册的诸位作者们在前言里也是这么说的[20]。但弗朗西斯写道,他不确定"有人曾经读过"引言,而且"很少有人读过"(真正地读过)《精神障碍诊断与统计手册》[21]。

他把自己描绘成一个天真的人,似乎根本想不到《精神障碍诊断与统计手册》第四版中比如双相Ⅱ型这些病症的宽松诊断标准会被制药公司拿来敛财[22]。然而与此同时，他又承认自己见证了《精神障碍诊断与统计手册》第三版修订版是如何创造了百优解的辉煌："百优解和第三版修订版都于1987年推出。百优解的销量腾飞至少部分是因为《精神障碍诊断与统计手册》对重度抑郁障碍的定义过于宽松。来龙去脉很清晰——精神类药物提供了巨大的市场潜力，药物销售极大地受到了《精神障碍诊断与统计手册》诊断标准的影响。"[23]

弗朗西斯将《精神障碍诊断与统计手册》第四版造成的伤害归结为填补"一个重要的医疗领域市场空白"不可避免出现的"愚蠢的错误"[24]。这些错误没什么大不了的。他写道，"我们没有造成太大伤害，但我们也没有提供多大帮助。"

没有造成太大伤害。

治疗的第一步是更换服用的药物。H医生要我戒断利他林，他说，利他林是双相患者服用药物中最糟糕的选择。他还说，戒断完成后的第一礼拜，我要继续使用五羟色胺再摄取抑制剂类药物，并且添加心境稳定剂拉莫三嗪（一种用于治疗癫痫的抗惊厥药，也可用作心境稳定剂），其副作用包括史提芬强生症候群，

一种噬食皮肤并可能致死的红紫色皮疹。他向我保证发生副作用的概率极低。

我开始服用拉莫三嗪，同时继续教学和写作，六个月里没有出现那种啃皮食肉的皮疹。H医生问我感觉如何。

"还不错，"我说，"但没感觉有多不同。"

他眯眼，点头。"很好。这说明起作用。"

———◆———

并没有。经过几个月的分崩、破裂以及时而（尽管服用了心境稳定剂）不稳定的心境，我开始出现惊恐发作。惊恐发作是完全没有经历过的情形：沉重、窒息、眩晕。四种状况——分崩、破裂、心境摇摆、惊恐发作——交织在一起，很快就引发了逃离和自杀的念头。

H医生和我做过一项紧急预案。假如自杀意念重新出现，我就去西北大学的住院精神病区（那里不是以前我作为厌食症门诊病人去的饮食障碍科。西北大学的饮食障碍科早就关了，那座圆形建筑也拆除了。只有最严重的饮食障碍病人住院治疗）。我问到了那里会怎样。他说，入院流程与急诊室是分开的。我可以直接住院。

那天，我和母亲顶着热气转来转去，寻找一个不存在的精神病住院病房的单独入口。我给H医生打了好几通电话。他没有回。我们找得越久，母亲的忧虑越强烈。

终于我们进了急诊室，叫了号，护士给我量完血压、听诊心脏，然后告诉我们精神科是一个封闭的病区，而且我最终会进哪家医院现在也无法判断，H医生仍然没有回电。

我和妈妈回到家，她坐在沙发上，我在对面的椅子上。她问我H医生怎么会这么不靠谱。我说我不知道。

我的手机终于响了。我告诉H医生，当时没有单独的入院程序，精神病房很可能没有空缺床位。他大为疑惑，说以前不是这样的，我几乎可以想象他耸肩的样子。他说，哦，这样啊。他没有道歉，只说他已经很久没有"处理"过自杀病人了。

我的自杀算是比较特殊的。我不是因为生命走到尽头或者想要有尊严地离开人世，也不是为了声张宗教或政治声明。我的自杀大概可以被描述为"绝望"[25]自杀——"绝望之死"[26]意义上的。"绝望之死"是由普林斯顿大学安妮·凯斯（Anne Case）和安格斯·迪顿（Angus Deaton）创造的一个术语，用于描述与毒品、酒精、自杀相关的过早死亡[27]。这种绝望——自我放弃，无法看到未来的积极可能——或许是认知上的（比如悲观主义、

自我价值缺失、无助),情绪上的(冷漠、悲伤、易激惹),行为上的(自我毁灭行为、鲁莽、不作为)和生物学上的(与压力相关的各种疾病)。对我来说,这是太多天绝望无望的结果,它的穿透力如此之强,以至于我感觉自己被掏空了。

我不再相信H医生。与其说是因为他的应急计划不尽如人意,更多的是和他含含糊糊的治疗态度有关。如果我真的病得那么重,那么我需要正确的护理。

在谷歌上搜索了一段时间后,我找到了"一位双相障碍专家"。我简直不敢相信自己的好运气:一位适配我的特定疾病、我的诊断、我的双相障碍的专家。M医生就是我需要的全部:精神科医生和心理咨询师。

他的候诊室提供过滤水和小纸杯。他在电话里表示自己需要通过见面来确定我们是否"合适"。我已经说服了自己相信他,M医生—— 一位双相障碍专家——会帮助我理顺我的生活、我的想法、我的诊断、我的思想,一切的一切。

门开了。一个精神炯炯、面容严肃的金发男人探出头,喊我进去。他穿着一件看起来很舒服的开襟毛衣。金色的头发根根分明,一丝不乱。他很年轻,但散发出一种安静自信的气场。

我站起来，跟着他穿过一条走廊，两侧的办公室都关着门，门里面是其他精神科医生。

他的办公室很小，没有窗户。我坐在一张灰色沙发上——不是真皮的，身子深深地陷进去。他坐在不远处的办公椅上。

他身后的桌上有一罐葡萄柚口味的乐可伊饮料。上面写着精萃苏打水。精萃，听上去像是出自一个波光粼粼、完好无瑕的地方。

他用四十分钟询问了我的心理健康史，了解了一点我的生活。我和盘托出自己的其他诊断病症、爱荷华医院，以及我在芝加哥浴缸时想象的场景——一个字也没隐瞒。会面结束时我问他我是否是双相障碍。他是专家。他应该知道。

他转向办公桌，拿起乐可伊。他直接喝常温的饮料吗？他手握乐可伊，转身再次面向我。

是的，我是双相障碍——双相障碍 II 型。他的一根手指滑到拉环下面，打开罐子。鼻端传来葡萄柚的香味，使人放松。

那天晚上，我拿出 M 医生给我布置的"生活图表"。我坐在母亲书房的书桌前，在图表上涂色，先把年份涂上，再写下发生的对应事件，将可能被认作双相障碍发作的高涨和低落的事件画上阴影。表格看上去煞有介事，感觉很权威，有的条形矗立在零轴——"正常"轴——的上方，其他的落在零轴下方：有时黑色的阴影或者说湿透的坑横亘几个月，我的大脑也迟钝不堪；而当分崩和破裂出现时，那些天或者那几个礼拜我就迫切地想去跑步、走路，还有随着只有我能听到的音乐跳舞；心境高涨时，我立下雄心壮志，誓要三个月完成论文（我做到了），并且在大约相同的时间内完成一部小说（没做到）。我的生活不再以礼拜、月和年计数，而是被一段段躁狂和抑郁发作标记。

我靠在椅背上，低头盯着图表。持续二十年的轻躁狂高涨和抑郁低落，二十年没得到确诊的双相障碍。我放下笔。

———•—•———

我与 M 医生的会面围绕着我的病展开。在提问的过程中，他围绕我的双相障碍重新定义了我的生活事件和人际交往。我的过去被重新排序。回忆时而要加快，时而又得放慢。在双相的镜头下，行为背后的动机有了新阐释。

他是谢尔曼医生，我是"世界上最好的小女孩"丝卡。他的存在——仅仅是存在——便能保证我再也不会有自杀的念头。盼啊盼，却仿佛总也盼不来下一次的会面。预示着发病的不祥之兆阴魂不散——有的是抑郁，有的像躁狂——而且一次比一次恐怖。只有他才知道答案。

我和他一起管理着我作为一名双相障碍患者的新生活。管理这个词我听过很多次，也见过很多次。管理意味着处理。管理意味着应对。

176 我对双相障碍的了解比任何非专业人士都多。我订阅了面向双相障碍患者的杂志 BP Hope，里面"我的故事"这一专栏聚焦患者——有乡村音乐家、前模特、律师讲述自己与双相障碍的长期斗争。翻过一页又一页介绍罗舒达、阿立哌唑以及其他抗精神病药物的广告，我的视线停在"询医问药"栏，上面涵盖了必选的多种药物。

为了更好地帮我，母亲提出她也想看看杂志。我同意了。她看完把杂志还给我，愁云满面："你确定你要读这种东西吗？"

我说："当然。"还问了她为什么这么问。

"太……沉重了。"

关于起到补充作用的食物疗法，网上提供了——如此多相互矛盾的信息。叶酸和维生素 B12 对心理健全健康至关重要；不对，少不了的是镁[28]。高脂肪、低碳水的化合物饮食容易诱发抑郁症；错，低脂肪、高碳水的饮食才会发病。绿茶和红茶富含氨基酸中的 L-茶氨酸，可以缓解压力和焦虑，但咖啡因会引发躁狂发作。缓解抑郁症需要地中海饮食这员神将，尤其是对吸烟群体[29]。据哈佛健康网站上的博客所述，他们掌握了证明食物与心理健康之间相互关联的"压倒性证据"，然而有人坚持认为进一步研究仍然是必要的，是否存在"真正的因果关系"还得进一步阐明[30]。

我滑动鼠标，浏览"今日医学新闻"网，页面中间出现了卡比米嗪的广告，一种我没听说过的抗精神病药物。然后看到了一些我听说过的讯息，双相障碍可能是化学失衡引起的，鱼油和维生素C也许可以缓解，也许没用[31]。

一个网站，又一个网站，每一个都在重申我的预后肯定很严峻。因为被确诊，我的预期寿命将会缩短九到二十年[32]。随着时间的推移，疾病恶化，而每一次的躁狂和抑郁发作都可能会使恶化加剧[33]。每发作一次抑郁，未来痴呆的风险都会升高[34]。我很有可能永远无法拥有一段长期关系，也不会有固定工作。我会复发。我会结束自己的生命。

未来不可避免：早逝，更频繁的发作，复发，自杀。我不得不承认，事实上，我和母亲一起住——不是生活。我在工作的大学注册了"残疾"身份。我的饮食规矩得挑不出毛病，我的睡眠（不发病时）相当规律，我的日程安排就像上了弦的发条。除了教书、散步和跑步，我很少在晚上——或者白天出门。我写小说。我阅读。我看网飞。我备课。我上课。

已经记不清有多少次 M 医生告诉我，我病得很重。我们俩协作的前提是我的病情非常、非常重。他偶尔——出于以人为本的考虑——承认我只是患有一种精神疾病，而非一位"精神病患者"。恰如他们常说的，我"不仅仅是我的病"。

但这并不是意味着我有资格质疑给我的诊断。不承认我是双相障碍只能说明我"缺乏自知力"，也就是病觉缺失，否认事实，所以我的病情比自己认为的还要重。

———◆———

四个月后，M医生说是时候戒断五羟色胺再摄取抑制剂了。

"真的？"我谨慎地问道。

他说，抗抑郁药也许会诱发双相障碍患者的躁狂症，长期使用可能会刺激发作更频繁，还会导致快速循环，即抑郁和躁狂的发作转换得更快。

我想起五年前的一幕，当时我站在厨房的流理台前，手指拈着五羟色胺再摄取抑制剂——那颗橙色的长方形药片。我多么灵巧地吞下了它。没过几分钟（还是几秒钟？），我的思绪就静止了，进入了平静的海洋。它是无害的，轻轻滑下喉咙。一个简单的调整。

"它起了很大的作用。"我说。

他摇了摇头。"效果不会持续太久。"而文献——一个他经常用来指代科学研究的术语，证实了他是对的。

———◆———

后来我才知道，"文献"并不能完全支持他的说法[35]。直到

2002年以前，抗抑郁药都被当作双相障碍的首选治疗药物。一些更早的抗抑郁药好像会引发躁狂发作，但有关现代抗抑郁药——如五羟色胺再摄取抑制剂——的类似证据是缺乏的[36]。根据研究，我的病因为服用五羟色胺再摄取抑制剂而恶化的风险为12%，改善的可能性为41%[37]。

如果当时我知道成为双相障碍患者意味着要停服我的五羟色胺再摄取抑制剂，而与我的五羟色胺再摄取抑制剂断联会导致整整八个月的严重戒断症状，那么我绝不会让那个长方形的橙色药片滑进喉咙。B医生没有告诉我，如果五年后我打算停药，面对的不是一个简单的调整，和摘下一副眼镜有天壤之别。

从某些方面来说，这不是B医生的错——责任不在他。如果1996年的那个专题研讨会没有举办，我可能永远不会进入急诊室和部分住院程序。1996年，在亚利桑那州凤凰城，七位精神科医生——艾伦·沙茨伯格（Alan Schatzberg）、埃里克·卡普兰（Eric Kaplan）、彼得·哈达德（Peter Haddad）、米歇尔·勒儒尤（Michel Lejoyeux）、艾伦·杨（Allan Young）、杰罗尔德·罗森鲍姆（Jerrold Rosenbaum）、约翰·扎耶卡（John Zajecka）——在五羟色胺再摄取抑制剂百优解制造商礼来公司的邀约（和资助）下聚在一起，发布了一份报告，否认五羟色胺再摄取抑制剂会像某些麻醉品那样引起严重的戒断症状。制药公司明明清楚，有人像我一样饱受折磨——大脑过电、无意识肌肉抽搐、偏执、噩梦、止不住的哭泣——被折磨了近三十年，但他们仍然装聋作哑[38]。研讨会后，几个医生发表了一份报告、数篇社论和论文，将上述症状命名为五羟色胺再摄取抑制剂停药综合征，因为五羟色胺再摄取抑制剂不会产生依赖性，并且需要很长时间才能起作用。他们坚称五羟色胺再摄取抑制剂停药综合征（有人称之为 SRI 停药综合征——"血清素再摄取抑制剂"，删掉了代表选择性的第一个 S）"通常是温和且短暂的，并且……有自限性"，但这种说法缺少临床数据做支撑。这些症状只是"有些麻烦"，可能"在工作日耽误事"[39]。仅此而已。

如果没有礼来公司和那七位"关键意见领袖"，也就是制药公司口中接受他们研究资助的医生，B 医生可能会提前警告我，如果停用五羟色胺再摄取抑制剂——我所谓的"快乐药片"，虽然它从来没有给我笑容满面的快乐，但我奔逸的思维确实慢下来了——会导致长达八个月的焦虑和偏执，静坐不能和混乱，出汗和激动，失眠和噩梦，止不住的哭泣和幻视。

还有让我觉得后脑勺像被一排针滚过的脑震荡。

以及让我感觉像大脑打寒战的脑战栗。

以及让我感觉通了电流一般的脑过电。

开始戒断两个月后——逐渐减少药量，每少服一毫克的五羟

色胺再摄取抑制剂,我都要经受一次脑过电、脑震荡,或者头脑混乱一阵子——我和母亲坐在她家的蓝色沙发上。我盯着面前脚下的东方风格地毯,用视线描摹着上面的图案,这样便不会看到自己颤抖的双手了。身旁的母亲眉头又皱了起来。我试图对她解释戒断是怎么一回事。但是脑战栗、脑过电、幻视这些词会让她过于忧心。于是我告诉了她打战、出汗、哭泣和一波又一波的恐慌。

她建议我给 M 医生打个电话。给医生留言时,我自己都能听出声音里的恐慌。

等他回电的时候,妈妈按揉我的背,就像小时候那样。她的手指在我背上画着圆弧,我的目光描摹着蓝色地毯上的曲线。

十分钟后,M 医生回了。他一定是在前一位病人离开后立即听了我的留言。

"我的大脑感觉一片模糊。"我三言两语把当下的情况告诉了他,隐去了一些内容。他的声音关切、镇定。听着电话那头他的声音——安慰我,然后规划下一步该怎么做——我告诉自己会没事的。

一切都会好起来的。

信任(trust)与其说是一种情感,不如说是一笔交易。交易

两方是：委托人（the trustor）和受托人（the trustee）。交易在未来达成。委托人将自己交付到受托人的手中，任其施为，委托人手中没有权力。

当交易（transaction）这个词在中世纪进入英语时，它更多地表达宗教信仰相关而不是指依靠有权势的个人，信任是带着荣光的。但没过多久，这个词就和受托人的诚信绑定了。

心理医生爱利克·埃里克森（Erik Erikson）说，信任是人心理社会化发展的第一阶段，从婴儿出生一直持续到十八个月左右。在这期间，如果孩子能够信任照顾他们的人，那么未来便能够终生建立信任关系并且信赖他人。否则，他们带着焦虑的信赖、不安全感和恐惧度过一生的可能性便更大。

作为成年人，信任可以防止我们卡在"分析瘫痪症"中不可自拔。它使我们能够前行，超越理性思维设下的禁锢。有人觉得信任是一种错觉，将错觉（受托人可能存在也可能不存在的可靠和诚实）置于现实（难以确保存在与否）之上。

◆━━━◆

戒断进行了四个月了，一天，我坐在没有窗子的教师办公室里，集中精神备课。那天是星期二。四月。桌上的纸张似乎离我很远，可实际它们就在眼前。手里的笔尖顿在纸上，我忘了要写什么，忘了我们正在读的文本，忘了——

一阵电击袭过大脑。我闭上眼睛，弓着背，手心捂住头。击打的力度和震颤的烈度使我惊骇。

面对过电、战栗和打战，我本能地选择撑住。伸出手，颤抖地去抓讲课笔记。站起身，摇摇晃晃。不仅仅是站不稳，我的腿仿佛离开了我。它们断开了同我的连接，不属于我的身体，也不属于我。

我不得不又返回办公室两次，一次是想起了没带水瓶，还有一次忘记拿复印的资料。我单肩挎着包，穿过走廊里的学生海洋。我的身体宛如汪洋大海中起伏跌宕的一枚浮标。

走到半路，我找到了一点力气。活动起来是有帮助的。两条腿也恢复正常了，只是仍然无法相信自己是真实存在的。肩上的包好像是背在别人身上，是我，但又不是我，是我的肩膀，却又不是我的肩膀。

提前到的学生们已经熟门熟路地就座了，大部分低头盯着手机，有几个在敲字，其他人在刷手机。

我走到教室前方的讲台，登录上电脑。屏幕上的课程网站主页颤抖着，好像下一秒就要断电。我移开了视线。

两个学生带着风从教室门走进来，眉飞色舞地聊着，嗓音响亮尖细。他们选了后排的位置坐下，嘴里依然没停。一个人讲了违章停车，还是意外事故？声音时隐时现。

我在白板上写下日期。荧光灯刺得睁不开眼。我停下书写的动作，低头，看到了斑斑点点的棕色地毯。

我没想过把课临时取消。我不做这样的事。这是我的专业准则。

我坚持住，站在教室前面，但没有写完板书。黑色马克笔只写了一半的日期，后面空空荡荡，好像这堂永远不会结束的课，存在于虚空中。

腿又开始打战。我靠在讲台上稳住身体。

我们（讽刺地）深入讨论了一篇关于美国心理健康系统失败之处的长篇新闻报道，作者是加布里埃尔·麦克（原名麦克莱兰）。我的学生们喜欢谈论心理健康，他们称之为"精神疾病"。想想来到我办公室自述患有多动症、焦虑症、抑郁症、双相障碍的学生数量也不足为奇。他们是精神病态的一代，他们接受的观念，是随境转移等同于注意缺陷多动障碍，悲伤意味着抑郁症，担忧就是焦虑症。然而去残疾学生中心注册的人数寥寥。这背后可能有数不清的原因——耻感想必是不可小觑的阻力——但有时我也不禁疑惑：在青少年小说、电视节目和电影中看到对精神疾病戏剧性、夸张的演绎，对学生们来说是司空见惯的事，为什么他们居然不觉得人人都有精神疾病呢？为什么青少年的大脑依然没把精神疾病当作一种自我和解的理由？可是我仍然忍不住要说，你肯定会有焦虑。你在上大学。你要做测验，被逼着参加考试，考完还要出成绩。这些都会诱发焦虑。有时候，我又觉得每个来找我的学生确实都被诊断出了精神疾病。他们是否已经自称"多动症大脑"？他们有没有服用五羟色胺再摄取抑制剂来管理焦虑或者抑郁？他们中又有多少人被告知服药只是简单的调整，就像戴眼镜一样？

就这篇文章，我提出了几个问题，作者怎样运用形式，如何在个人经验的描述和心理健康系统的事实陈述之间不断地来回切换。一个学生——后排那群喧闹中的一个——向我们广而告之那部分写得挺"无聊"。

我提出几个问题。部分学生开始讨论，思路渐渐明晰。

等他们你一言我一语地讨论结束，我又问了一个问题。其中一个学生——她上课总是专心致志——进行回答。我眼前的她开始模糊，或者更确切地说，蒙上了一层雾。教室渐行渐远，感觉像是起猛了，可实际上我的身体仍然靠在桌子上。

浑浑噩噩地上完了九十分钟的课。我没有回办公室，直接走出教学楼。早春，明媚的午后，不合时节的温暖脱下了行人的外套。我却浑身发抖。

我打电话给 M 医生。他没有接。我语音留了言，踱步等待。

他回电时我已经决定去急诊室。我和他说，我出了大问题。他提醒我五羟色胺再摄取抑制剂马上就戒断成功了。我说我的大脑过电越来越严重了，听不清学生说什么，眼前好像蒙着一层雾。他表示，戒断五羟色胺再摄取抑制剂过程中确实"可能"会发生这种情况。

电话挂断了。我踉跄着撑在一棵小树上，好容易才站稳。我用手指努力扒住粗糙树皮，告诉自己，五羟色胺再摄取抑制剂戒断很快就要成功了。然后我想起 M 医生的话，他说最后几毫克是最难熬的。

我开始服用五羟色胺再摄取抑制剂时，精神疾病学的化学失衡理论已经受到了批驳，但是——由于精神病学的失败未被公开，大型制药公司仍然从中分一杯羹，以及媒体面对不断出现的虚假声明的不作为——该理论仍然是一个备受公众认可的文化迷思[40]。

化学失衡理论认为，抑郁症等精神疾病是由去甲肾上腺素、多巴胺和血清素等神经递质的缺乏引起的。许多生物精神病学家打包票说，终有一天（也不知道哪一天，反正他们已经研究了三十年）这个理论的真实性会得到证明。可是我吞下第一片橙色长方形药片时，证明不出来，直到今天也依然是同样的结果。我们大脑中的神经递质数量未知，而且研究人员也不清楚它们是如何工作的。

1965 年，化学失衡理论由精神病学家约瑟夫·希尔德克劳特（Joseph Schildkraut）首次提出，那时它只不过是一个猜想[41]。

虽然希尔德克劳特认为抑郁症的诱因是去甲肾上腺素（而非我们现在所说的血清素），然而他本人对此也有疑虑，表示也许可能是这样的。他的猜想确实是错的。

然而，化学失衡理论总是阴魂不散，也许是因为制药公司和生物精神病学家觉得它实在好用，他们希望我们认为《精神障碍诊断与统计手册》的诊断病症以生物学为基础。他们应该是这样想的：虽然还不能证明精神疾病由大脑中的化学失衡引起，但药物一是可以作用于神经递质，二是能够开进处方，治疗《精神障碍诊断与统计手册》的病症，因此《精神障碍诊断与统计手册》的病必须是化学失衡引起的。就像 B 医生和他相信我患有注意缺陷多动障碍是因为利他林"好像有效"，这些药物不仅被用来证明未经证实的病症，还进一步证明了未经证实的病因。

这也是错的。1998 年，心理治疗师、研究员欧文·基尔希（Irving Kirsch）发表了一篇题为《名叫百忧解，其实安慰剂》（*Listening to Prozac but Hearing Placebo*）的 meta 分析文章，里面提到一项研究，发现抗抑郁药发挥药效的情况只占 25%[42]。另外 25% 的时间是"非特异性因素"帮了忙，剩下 50% 纯粹是安慰剂效应。（基尔希实际上对抗抑郁药并不感兴趣，他的研究方向是安慰剂效应：一颗非活性药片所带来的希望和信念是如何产生与活性药片相同的治疗效果。）基尔希的研究被质疑定向筛选了有利自身观点的数据，于是他做了二次分析，得到了相同的证明结论[43]。无独有偶，另有其他几名研究人员展开了抗抑郁药和安慰剂效应研究，结果与基尔希的发现相符[44]。

后续出版的《皇帝的新药：粉碎抗抑郁药的神话》(The Emperor's New Drugs: Exploding the Antidepressant Myth) 让他一时名声大噪。2011年，《新闻周刊》刊登了一篇长达五页的报道介绍基尔希，《60分钟》上播出了他的介绍片段。颇有影响力的《新英格兰医学杂志》前编辑玛西娅·安吉尔 (Marcia Angell) 在《纽约书评》上发表了一篇评论，对基尔希的这本书赞不绝口[45]。

但否定化学失衡的迷思并没有成为主流。为什么会这样呢？在面向消费者的广告中，礼来和辉瑞等制药公司宣传说，百优解和我服用的左洛复等五羟色胺再摄取抑制剂药物保证能够提高血清素水平并缓解抑郁症。结果是礼来、辉瑞等等公司取得了数十亿美元的收入，公众认为，如果他们拿到了《精神障碍诊断与统计手册》的诊断和医生的处方，那么自己肯定出现了化学失衡。媒体同样也添柴加火[46]。早在20世纪70年代，《纽约时报》和《时尚》上就出现了相关文章[47]。即使在今天，像健康在线这样的网站仍然在混淆是非，一边告诉人们化学失衡理论是错误的，但紧接着就用醒目的标题向病人们宣称，他们之所以要接受治疗，是因为化学失衡[48]。

精神病学临床教授罗纳德·派斯 (Ronald Pies) 为精神病学宣扬化学失衡理论进行了辩护。他说，化学失衡是"文化迷思"，是重复了一千次的谎言,产生的影响并不比精神病学对血清素"情窦初开"的研究影响大[49]。可是,谎言重复一千次仍然是谎言,但他们却引导我们去相信谎言是事实。派斯承认,许多精神科医生在向患者提供《精神障碍诊断与统计手册》中的诊断时都使用化学失衡一词。然后他又横跳回去,认为精神病学不应该受到指责,毕竟有些精神科医生不谈论化学失衡理论[50]。

这正是问题所在。大多数医生不会对他们的病人说,哦,顺便说一句,我们多年来一直强调化学失衡理论,甚至为了让你们相信押上我们的声誉,但其实根本没有这么回事。如果医生说,好吧,你可能患有临床抑郁症,但我们不知道是什么原因造成的,肯定不是因为大脑中的化学失衡,事实上,我们无法从科学的角度确认抑郁症到底是什么,不过这处方你拿着,服下可能有效——尽管我们确实也不知道是怎么起效的——并且也许会产生可怕的副作用的药,另外你可能不得不一直服用,因为戒断应该会生不如死,那病人还怎么接受自己的诊断?

有些人认为,宣传化学失衡理论是正确的也不是不行,因为它为我们痛苦的原因提供了答案,使我们更容易接受《精神障碍诊断与统计手册》的诊断,而不是认为自己有缺陷。这样难道不会减少耻辱吗?不,实际上,耻辱没有减少。一项研究表明,将假定的生物学原因与诊断联系起来会产生羞耻、悲观、消极和对未来的绝望[51]。

当然，《精神障碍诊断与统计手册》从未——白纸黑字地——说我和其他任何人曾经或者当下存在化学失衡，但《精神障碍诊断与统计手册》说我的诊断可能是生物学层面的，所以我该怎么想呢？难道南希·安德烈森没有宣称"这些疾病（《精神障碍诊断与统计手册》的病症诊断）主要是由生物因素引起的吗"[52]？医学教科书和其他相关书籍里不是也众口一词吗？[53]手册第三版、第三版修订版、第四版、第四版修订版，还有第五版不是——以书面形式——声明里面的病症可能包含生物学因素吗？化学失衡不是指大脑生物学上的化学失衡吗？

是，《精神障碍诊断与统计手册》是没要求我去吞那枚橙色的长方形药片。这部精神病学的圣经实际上根本没有提供任何治疗建议。它只是将症状聚集在一起，并将精神疾病理论化，给我们贴上标签，把我们送上一条自求多福的路。

——◆——

出现了一个非常非常不妙的迹象，我的床头柜上没有书了。我几乎无法阅读，必须批改论文或给学生写作业评语时，不得不强迫自己去做。我的两只眼盯着页面上的文字，却无法聚焦：蓄意破坏，我的，是，小时。标点符号好像也失去了秩序：散落的逗号，悬空的撇号，横冲直撞的破折号。花了一个月，我终于摸索出一边听有声音频一边跟读的看书方法,只有这样我才能明白眼前的文字。用视线跟随声音可以帮我把纸上的字固定住,安顿好顺序,然后在正确的位置放置正确的标点符号,从而明白句子在说什么。

英文句点是最容易确定的。它们是句子末尾底部显眼的点,表示前面陈述了一个看法:停用药物会要了我的命。或者是一个念头:我要坚持,戒断成功后是一片新天地。或者一个声明:这是他们的错。是他的错。是我的错。句号理清顺序,帮助理解。

拜占庭的阿里斯托芬发明了句号,其后古罗马人并未沿用,到了 7 世纪,学者塞维利亚大主教伊西多(Archbishop Isidore of Seville)复活了它,并延续了之前的形态(.)和在一行中顶部的书写位置。据 J. H. 肖维耶(J. H. Chauvier)的《标点符号论》(*Treatise on Punctuation*)所说,推动句号下一次演变的是僧侣。僧侣是基督教会的抄写员,必须快速写作。他们发现,罗马人没有空格、标点但全是大写字母的书写方式有失效率,于是先是采用连笔写法(拉丁语词根叫跑步),字母和字母连着,不必时时把笔尖从纸上拿起来。他们在每个单词之间用一个点隔开,三个点表示断句,以示一个意思的结束和另一个意思的开始。后来更简单的空格取代了单词之间的点,而一句话末尾单词后面的断句符号,最终落在这一行的底部,彻底结束句子[54]。

伊西多大主教和那些修道士帮我们找回语言的清晰,真是善解人意。他们给了我们一种界限和限制,一个可以说结束了的地方。

◆━━◆━━◆

但还没有结束,比如那天晚上泡澡——皮肤被水烫得通红——试图把我的戒断症状用汗蒸走,流进清澈的洗澡水中,目送它们从下水口排出。

然而事与愿违,戒断症状没有离开,泡澡时没有;换上睡衣刷牙,打肥皂搓脸,然后忘记冲掉时没有;躺在床上,听着倾盆大雨,渴望入睡的时候没有;大脑过电的时候没有;大脑中响起一声雷击,震颤着喊醒休眠的戒断症状时没有;大脑感觉在自行解体、分崩离析的时候没有。

第十一章
关于自杀意念

之后的那次会面，M医生歪头看着我。他身后的桌上，一如往常放着乐可伊精萃苏打水易拉罐。他问我最近怎么样。

他的声音仿佛很渺远，那张灰色大沙发好像在将我吞噬。"我坚持不住了。"

他转身去拿乐可伊，手指伸进易拉罐的拉环里。

我恳求他让我重新服用五羟色胺再摄取抑制剂。

他提醒我，长期服用下去会造成伤害：也许引发躁狂发作，频繁快速发作。

似乎有些不对劲，不是他的话，而是角落里那只黑色文件柜。两个抽屉都半开着。文件从文件夹里支棱出来，似乎想逃跑。"打颤，哆嗦，止不住的念头，噩梦——我受不了了。"

"那是你的身体和心灵在做出反应，它们没有受到损害。"他说。

第一次服用五羟色胺再摄取抑制剂的那天早上，我站在厨房流理台前，药瓶是打开的。一束阳光透过窗户射进来。五羟色胺再摄取抑制剂等于我的状况好转。现在，等式一侧的好转被拿掉了；我需要五羟色胺再摄取抑制剂。"求你，让我继续服药吧。"

他拉开了乐可伊易拉罐的拉环。碳酸释放出嘶嘶声。"再给它点时间。"

葡萄柚的"香精"气味来到我面前——浓郁,是酸的。

------◆------

190　　有人曾告诉我,希望是一种致命的东西。它是期望(某事会发生的确定性)与欲望(想要某物)的混合。但生活中没有什么是确定的,我们的期望很少得到实现,这意味着希望实际上是一种折磨人的欲望,比如希腊神话中的坦塔罗斯,他被判在阴间服刑,忍受饥渴的折磨,却总是无法摘到身边树枝上的果实。

尽管如此,我们还是将希望等同于力量。它幻化成一个锚。有时,它是一只蝴蝶。偶尔是一只鸽子。

积极心理学认为希望存在于一个光谱上。真正的希望将乐观融入现实。虚假的希望是不可实现的欺骗性信念。

我有希望。不是坚定的希望。不是翻飞的蝴蝶似的希望。不是像鸽子一样自由自在的希望。是虚假的希望,希望有一种药物或某种疗法将是我双相障碍的答案。

------◆------

一个月后,我坐在 M 医生办公室深陷的灰色沙发上。他有点

激动地拍了拍手。滴水穿石，五羟色胺再摄取抑制剂戒断过程终于接近尾声。很快，我就彻底戒断了。

戒断症状经历了发展、高潮，现在逐渐落入消弭。幻觉、偏执、出汗、焦虑、噩梦，以及大脑打颤、颤栗和过电已经都过去了，还剩焦虑、混乱、易激惹、失眠、止不住的哭泣，相比之下只算余波罢了。

他强烈建议我启动锂疗法。"双相障碍的黄金标准药。"

我对锂一无所知，除了涅槃乐队的同名歌曲（科特·柯本表示这首歌讲的是拯救一个有自杀倾向的人的宗教力量，不是药物[1]），还有凯·雷德菲尔德·杰米森把锂当作福音肆无忌惮的赞美。

我说我想先尝试其他更天然的疗法。

他扬起眉毛。"锂就是天然的。"

这话不假。元素周期表中锂上面是氢下面是钠。"我只是想先试试别的。"

——·—·——

然而没有太多可供我尝试的。之前听说过认知行为疗法，有人说它在治疗许多《精神障碍诊断与统计手册》病症（包括双相障碍）方面有奇效[2]。这种疗法主要是填写进度表。通过填表，患者能够管理她的想法，搭建更健康的行为。

认知行为疗法也不是在天然治疗的过程中出现的。当时的我认为，针对我的诊断病症，精神类药物是最好且最必要的治疗方法。那时我已经服用了三种药物：五羟色胺再摄取抑制剂（我还没有戒断完）、苯二氮䓬类药物（用于戒断引起的大脑过电和惊恐发作）、抗惊厥药/心境稳定剂拉莫三嗪。锂，神奇的心境稳定剂，将成为第四种。

我读了关于认知行为疗法的书，填了进度表——很多很多的进度表。收到了点效果。最令人信服的认知行为疗法疗效介绍，当属大卫·伯恩斯（David Burns）——斯坦福大学精神病学家、认知行为疗法之父亚伦·贝克（Aaron Beck）的学生——的著作图书《感觉良好》（*Feeling Good*）。伯恩斯的这本书在20世纪80年代普及了认知行为疗法。认知行为疗法练习册让我意识到了自己非黑即白的思维观念，我过度概括和灾难性的问题处理方式，以及我如何妄下结论、总是过滤掉负面因素、还自认知道其他人的想法。但意识到这一切并没有减轻我的症状或者让我改变处理方式。

我确实考虑过服用锂。我以为伯恩斯在书里会推荐用认知行为疗法替代药物。但他写道，双相障碍（我的诊断病症）可能需要稳定情绪的药物，比如锂[3]。

认知行为疗法也让我更加坚信我的双相诊断。部分是因为认知行为疗法也采用了相同的标签——重度抑郁、焦虑障碍、创伤后应激障碍——增加了这些病症的可信性。似乎每个人都认同它们确有其事。

但我仍然对锂保持警惕。相反,我告诉 M 医生我想试试得理多,另一种用作心境稳定剂的抗惊厥药。起初似乎还不错。我们从小剂量开始。三天后,他大幅提高了药量。我有些踟蹰,但他是专业医生。于是我连续三天早晚各一次站在流理台前,吞下大得惊人的米色药片。

我简直难受得动弹不得。我给 M 医生发了一封邮件。过了会他打来电话,声音紧绷而愤怒。他说我们在下次会面时再讨论这个问题。

他站在办公室门口迎接我,看起来很恼火。我好像做错了什么似的进去。他在办公桌后面坐下。乐可伊饮料立在电话旁。我仍然很虚弱,委顿在灰色的沙发里。

他说药片不会让我难受。况且即便难受,我也不应该在电子邮件里写得像是出现了紧急情况。我应该给药物一个机会。

"什么机会?"我问。

他侧身打开乐可伊,"起效的机会。"

我们探讨我应该新加哪一种药物,好像迫在眉睫似的。当然,下一次发作已山雨欲来。会是抑郁还是躁狂(谁说得准呢?),可能持续几个礼拜,也许几天。如果我想阻止发作,应该听他的,服用锂。

我又问了一遍有什么副作用。他说我的甲状腺可能会停止工作，不过反正我也不需要它。体重会增加。也许长痤疮。毒性会是个问题[4]，但"不是大问题"。

"到时会检测你的锂水平。"M医生说。我肯定是满脸担忧，因为他不耐烦地接着说"都是小事"，好像在说，别再小题大做了。

一切仿佛顺理成章。重病下猛药。我病得很重。我必须治疗自己的双相障碍。"好，我吃药。"

他扬起眉毛，嘴角抽搐了一下，然后勾起了笑容。他说，这将是我康复过程的一个突破。

锂的药用历史[5]众所周知[6]。19世纪初，人们把它当作治疗痛风和风湿病的补药，到19世纪末，液态锂的使用媲美源源不断的流水：制药公司大肆宣扬"氧化锂水"，称其包治百病，锂的含量变成广告噱头。它是七喜（是的，那款软饮料）的关键成分，厂家说锂让你活力满满、激情四射，还能对抗宿醉。后来，锂作为食盐替代品进入市场销售，据说导致了多人死亡，美国食品药品监督管理局发出了相关示警[7]。正是考虑到其毒性的危害，美国食品药品监督管理局直到1974年才批准将锂作为治疗双相障碍的药物。世界卫生组织将锂列入基础药物清单。在学术期刊

上，它有特效药、安慰剂、毒药三种不同的身份。

———◆———

病症化验室与 M 医生的办公室一街之隔，我要去那里抽血，监测各项水平。几个月来，这些都成了家常便饭，我先在接诊台找百无聊赖的接诊员报到，然后坐在等候区看挂在墙上的电视播放《艾伦秀》之类的日间脱口秀节目。

毒性的危害不是危言耸听。我很可能因为脑损伤陷入昏迷或者直接死亡。可能出现的副作用包括身体打战、排尿增多、口渴、腹泻、呕吐、虚弱、视力模糊、耳鸣、甲状腺功能障碍、肾衰竭。

记得有一次，我听到叫了我的名字，跟着化验室技术人员去了里面的房间，坐上了椅子。她将止血带扎在我的二头肌上。针刺破皮肤，我移开了视线，心中读秒，护士把纱布按在皮肤上，让我摁好，我停止了读秒。

出来大门，我行走在瓦巴什的街道上，头顶是高架地铁。突然一阵天旋地转，紧接着涌上来恶心和压不住的呕吐。我走到路边，手撑在汽车引擎盖上，俯身，吐不出。又是一阵干呕。

恶心和干呕一直纠缠，都两个月了，仍然不放过我。两个月，每时每刻，几乎没有一丝喘息的空隙，两个月，我恶心，干呕，有时连路都走不了。两个月基本只吃盐、酸奶和姜。连教学也变得勉强。

怀孕的女人听到这话会投来不屑的目光:哈,我告诉你什么叫恶心吧。但怀孕的恶心至少算是妊娠过程发展的一项仪式,可以带来新的生命——这是她们孕育后代的奇迹。我的恶心没有结果。

我问 M 医生,是否可能是锂造成了这种情况。

他断然否定,表示我的恶心会停的。

它没有。我预约了一位胃肠专家。在检查室等候的时候,我填了一份简单的表格。最下面是一堆方格,用于确认是否存在以下各种症状:循环、肌肉、过敏、消化,以及……精神。

当,只听一声笃定的敲门声,医生走了进来。她很年轻,三十四五岁的样子,满头金发扎成马尾,翘起的鼻头显得有些不好接近,但通过她微笑时眼周的皱纹,我真实地感受到了她的温暖。

我们顺了一遍我的症状。她倾听我的讲述,提出问题,低头做笔记。检查完后,她为我的痛苦提出了三个可能的原因:焦虑,周期性呕吐,或者是精神药物的交互作用。

我问是否可能是锂引起的。

"不会,"她说,"不过有可能是因为抗惊厥药。"

"拉莫三嗪?我已经服了很多年了。"

"新药可能会引发旧药原本没有的副作用。"

"所以就是因为锂。"

"也可以这么说，但我们无法确定具体原因。"

可是，当我告诉 M 医生可能是锂时，他——信誓旦旦地——说不会。我问有没有这个可能。他坚持否认。

"她说可能是。"

"会过去的。"

当然，我也考虑过瞒着 M 医生停用锂。如果这样做的话，我会被视作不合规行为（NCB）分子，划成不按处方服用药物的精神疾病重症患者。（一些研究人员更喜欢用不遵从一词，因为这样显得患者没有主观能动性[8]。）这种现象很常见。一项审查发现，在接受慢性病治疗的患者中，出现不合规行为的比率可能高达 77%。病人的不合规行为导致了更高的复发率、住院率、急诊室就诊率、药物滥用率、工作缺勤率和自杀行为率。医疗保健成本也因此增加[9]。

不合规行为是一种被动的抵抗行为，但并不是说它没有破坏性。这是对医患关系的背叛，而且风险很高。有时，不合规行为会表现为粗心大意的形式，还有的是缺少责任感，或者任性，甚至绝望。

但我继续服用锂——吞下那白色的药片——部分由于我是一个遵守规则的人（本书的读者可能已经诊断出我患有完美主义情结），部分原因是在好不容易戒断了五羟色胺再摄取抑制剂之后，我真心地希望（没错是希望）不用再折腾了。所以我接受了锂疗法。即使它让我恶心难受，我还是接受了它。

那年夏天，有次母亲不在城里，我照例沿着海边散步。感觉宛若梦游。周围的世界似乎蒙着一层纱，我不禁想起高中时的那些书。只不过现在更朦胧：海滩游客的说话声闷闷的，炉火噼啪般的笑声，海浪在扬到顶峰时，似乎泛起了泡沫。

一个念头萌生了：我可以把它结束。然后：药片，水。再之后是我在水中的场景，接着一切都消失了。也不知在那儿站了多久，我才想起母亲。我不能那样对她。她会自责的。

我告诉了 M 医生。应该告诉他才对。他是我的精神科医生，是让我不崩溃的人。我不能对他有任何隐瞒。

他将我的诊断升级为双相障碍，并且说因为我有自杀倾向而且还萌生了计划，所以有必要对我采取部分住院措施（PHP）。

"那是什么？"我问道。

精神病人的管护分为四个级别——封闭式病房（住院）、开放式病房、部分住院和重症门诊（IOP），部分住院就是白天去医院接受治疗，但晚上可以回家。

我不能再看 M 医生——医疗方案是这么规定的——而是全听部分住院项目的治疗医师和精神科医生安排。他问我是不是觉得自己被抛弃了。我回答是的。他说这不是抛弃：我生病了，需要帮助。

按说作为一名临床医生，M 医生不能判定我企图结束自己的生命，他只能给出我的自杀风险有没有增加的结论。医生的判断往往和患者是否有成形的计划有关。但研究人员发现，在某些情况下，被动自杀意念（没有计划）也可以作为判断患者是否具有主动自杀意念的明确自杀风险指标。"观念状态"（被动或是主动）可以在抑郁发作期间出现改变[10]。就自杀概率来看，"死亡欲望"与具有终止生命计划概率相当——当然，两种都有是最危险的[11]。

关于我自杀风险的结论，M 医生很可能受到了亚伦·贝克和玛丽亚·科瓦奇（Maria Kovacs）开发的 1979 年自杀观念量表的影响。如果他用自杀量表给我打分，意愿程度、严肃程度、欺骗性和选择方法的可实施性上应该是零到二之间[12]。我的"自杀倾向"将被考虑在内。

我的最终得分应该是两分：未婚女性比已婚女性的风险更高（两分），存在触发事件（两分——过往两性关系不稳定，是慢性忧虑者、完美主义者），存在症状表现（两分——我是双相障碍患者，明显易激惹），感到绝望（两分），自杀意念的频率（两分——经常出现，强烈，持续时间长），以前出现过自杀行为（一分——没真正尝试过），冲动（一分），可能阻止我的保护因素（零——我活着的理由很少，除了写作，以及为我的学生和下一堂课站在教室里的使命感）。

但他从未透露过他是如何评估的我的病情。而我也（愚蠢地）从来没问过。

——◆——

接受部分住院措施的第一天，我提前五分钟到了。接待区的空调开得很足。那年夏天我没有上课，既有时间也有保险去支付不论持续多久但每天近一千美元的费用。我一进去，就想赶紧离开。

负责人上前迎接我。她年轻漂亮，但并不造作。一进她的办公室，我的鸡皮疙瘩瞬间起来，后悔没带一件毛衣。我的脑子里七嘴八舌地全是自己病情有多严重的念头。我也不想的。可我已经站在那里了。

办完入院，负责人带我去认厨房和病人使用的冰箱。我是一个病人。她把我送到指定的集体病房，问我有没有什么需要。有的，我想离开，可我咽下去了。

相反，我在围成一圈的椅子中选了一把坐下。其他病人陆续过来，我一直盯着那扇门。人越多，越容易溜出去。一个和我差不多年纪的黑色卷发女人进来了。然后是一个年轻人，他很像我的学生们。又来了一个二十多岁的女人，留着精灵短发。没人说话。大多数人坐下后直接掏出自己的活页夹。

两边的墙上各挂了一张白板。像一间教室。我可以做一名学生。没问题。

两位引导师到了——一个年轻男人和一个年轻女人，他们昂首阔步，带着一种气定神闲的自信。那位女引导师递给我一个活页夹，里面塞满了一张又一张的认知行为疗法记录表，往后翻，还有一些讲辩证行为疗法（DBT）的资料。辩证行为疗法最初是为边缘型人格障碍患者设计的，目的是引导患者"活在当下"并调节自身情绪。

两位引导师轮流给我们讲了假如出现未必是"真实的"念头应该如何应对。我做不到，我不够好，这是他们的错，都是大脑提出的主张。我做了详尽的笔记，午餐时整理好活页夹的资料，以便参考。那天结束时，引导师给我们布置了家庭作业。晚上回到家，我和妈妈分享了学到的东西。她看起来和我一样，充满希望。

第二天，我在医院见到了精神科 V 医生。他对病人不仅仅是关照。从那双漆黑而热情的眼睛中，我可以看出他想竭尽所能帮助每一位部分住院的患者。

最后一次与 M 医生会面时，他说已经和 V 医生谈过了。

"然后呢？"我问道，"他说了什么？"

M 医生笑了。"他说，'哇，她是货真价实的双相。'"

部分住院无趣得令人发指。每天早上，二十多名患者挤在一间屋里。到了下午，我们分成四五个小组。大多数患者是白人，女性多于男性。他们能去那里，要么是有医疗保险，要么是有其他的资金支持。和我聊过的都是带薪休假来的。

两名患者告诉我，他们"是"双相 I 型。（他们不是说自己有这个病，而是说自己就是。）这两个人没有一个和我症状类似。没有人服用的药物是相同的。可按说我们得的是同一种病啊。

我最不喜欢的环节就是艺术治疗。对于一个既不喜欢像六岁孩子那样去画画，更不愿意被人当作六岁小孩对话的人来说，每天不得不坐在桌子边画出一种情绪或者用裁剪下的杂志图片拼出想象中完美的家，真有点煎熬。

实际上，有些人选择来这里，只是为了"给自己找点事做"。并不是我对他们没有同情心。他们也许也经受着痛苦。但是我每天早上赶来参加项目，晚上结束了再回家，经过住在这条街上的人，估计其中 25% 大概率都在与严重的精神疾病作斗争，高达 45% 的人患有心理健康问题[13]。部分住院是去机构化导致的另一个结果。对于那些有保险有办法的人来说，部分住院相当于社区中心，但是这个项目根本不是旨在庇护那些精神科医生和治疗师已经不能满足需求的人，也根本不是要给那些封闭式或者开放式住院患者提供过渡。所有这些都不禁让我质疑，究竟哪些人得到了帮助，哪些人又没得到帮助。

V 医生给我推荐了除锂疗法之外的一种抗精神病药。戒断五羟色胺再摄取抑制剂产生的焦虑或许可以由这种抗精神病药物帮助缓解。它经常被用作我服用的心境稳定剂"补充剂"。这样一来，我需要服用的药物将再次变成四种。

他说他咨询过 M 医生，M 医生同意了。这种药的副作用很成问题：激动，焦虑，便秘，口干，失眠，体重大幅增加（涨幅三十到一百磅），可能出现糖尿病、胆固醇过高，而它们又可能引发其他重大健康问题，甚至进而导致死亡。还有已经折磨着我的恶心。更不用提迟发性运动障碍——动作打战、不自主，比如不受控制地挥舞手臂或者反复吐舌头——这种副作用即使停了药也不一定会消失。

"还有静坐不能。"V医生说。

"那是什么意思?"

"非常罕见。"他微微伸出下巴,好像在强调。

我问这到底是什么。

"可以理解为躁动不安。"

躁动好像也不太糟糕。

于是我开了处方,回到母亲的公寓。我站在厨房的流理台前,吞下了药片——一座希望的灯塔。

我没有问为什么要给我一个不算精神病患者的人开抗精神病的药。我经受的现实解体和人格解体是分离性的,不是精神病性的。但V医生把药当作一种专业标准的治疗方法开给我[14],所以我也没多嘴。没什么可担心的。美国食品药品监督管理局已经批准了一些治疗双相障碍的精神类药物,不过我处方里的锐思定不仅不包括在其中,也没有被批准用于治疗焦虑和失眠,然而精神科医生还是把它写进来了[15]。

美国食品药品监督管理局批准的是部分地使用药物,但同时又允许医生将药物用于任何病症的处方。令人费解,其逻辑媲美爱丽丝梦游仙境。美国食品药品监督管理局网站告诉患者，处方怎么开取决于医生的自由裁量权："从美国食品药品监督管理局的角度来看，一旦某种药物得到了批准，通常只要医疗保健医生判断在医学上合适，便有很大可能根据这个药未经批准的用途开给患者。"[16] 既然如此，那么限定某种药物的特定用途又有什么意义呢？

如果不能在食药监局批准之外的范围使用，抗精神病药物将仅限于少数确实遭受精神病折磨的人。《精神障碍诊断与统计手册》拓宽了"双相障碍的谱系"，使其成为一个价值 110 亿美元的产业[17]。

在这个"灰色市场"上，辉瑞等制药公司利用食药监局批准范围外药品使用一项，便攫取了数十亿美元[18]。尽管美国食品药品监督管理局明令禁止这样做，但在直接向消费者灌输的询医问药运动声明里，有些制药公司却没有告知消费者他们服用的药物可能被用以未经批准使用的症状、未经批准的年龄组、未经批准的剂量和未经批准的施用形式。《梅奥临床公报》杂志鼓励药物的使用者在批准范围外使用药物[19]。患者权益团体，如美国国家精神疾病联盟（National Alliance on Mental Illness, NAMI），在 2006 年至 2008 年期间从制药公司拿到了 2300 万美元[20]；而据《洛杉矶时报》报道，抑郁症和双相障碍支持联盟（Depression and Bipolar Support Alliance, DBSA）一半的资金来自制药公司[21]；

另有报道称，注意缺陷/多动障碍儿童与成人这一组织，有近1/4的资金出自制药公司，而该组织却告诉公众，在批准范围外使用药物是安全且"有益的"[22]。

有益的意思是"有帮助；有好处"。但是既然找不到数据、研究或者任何支撑此声明的依据，在批准范围外使用药物究竟有哪些帮助和好处？

— ◆ —

三天后，我坐在自己房间自己床上来回摇晃身子。我的动作已经持续了一个多小时。虽然坐着，我却没有任何休憩的感觉；我想逃离自己的身体。偶尔我也会站起来踱步。可一旦停下脚步身体就又继续晃荡，倒腾着两条腿的重心，或者原地不停抬腿踏步。刚找个地方坐下，两条腿就止不住地交叠、松开、松开、交叠。

我的身体里好像有另一个人在指挥它动来动去。我摇摆。我站起来。我来回踱步。我踏步走。我左摇右摆。

一股猛烈的焦虑控制了我，黑暗，咄咄逼人。

我打电话给M医生，几乎听不明白语音提示让我按哪个号码留言。我的手，颤抖。我语速很快。不知道的人听了可能还以为我有狂躁症。留完言，我突然想腹泻，跑到洗手间。我回到自己房间，原地踏步。

M医生回电话了，我又语速飞快地解释了一遍。我坐在床沿上，一条腿跷上去，放下来。

"你可能出现了药物反应。"他听上去很担心，"静坐不能。"

事实证明，静坐不能并不"非常罕见"，是抗精神病药物的常见副作用[23]。据估计，服用此类药物的人受静坐不能困扰的占比达到了10%至45%[24]，静坐不能是危害最大的副作用之一，有的人甚至不堪忍受选择了自杀，为了预防自杀我还得再加药。

M医生和V医生给我减了剂量，并且开了有助健康的苯海拉明。反正搞到最后，静坐不能有所好转。他们建议我尝试另一种抗精神病药卡比米嗪。我答应了，希望它能"起作用"——尽管我已经不明白什么才叫起作用。静坐不能复发了，残酷程度丝毫未减。他们说只能减少剂量，然后又一次重复了我病得有多严重，需要继续服用抗精神病药。我不可能继续服药了，服药也毫无意义。我不同意服药，但没有和他们争论。

━━━◆━━━

无望的定义是"没有或感觉不到希望"，好像没有希望是一种情绪。无望就是绝望。这是一种比想要和需要更深层的绝望状态，类似找不到出路的空芒。在积极心理学中，没有希望意味着无助；失去希望代表着无可奈何。

自杀可以看作一种绝望的行为，但它同时也标志着希望的丧失。一个有自杀倾向的人没有对未来的期望，没有欲望，没有期望和欲望的交织。在一个怀揣自杀意念的人看来，约翰·洛克笔下的希望像是用外语写的："希望是大脑产生的快乐，想到未来可能出现某个令他快活的事物的幸福，每个人都能从自身发现希望的快乐。"每个人？未来的可能？快活？亚历山大·蒲柏的名言更令人不能理解："人类胸膛中的希望之泉永不枯竭。"永不？

我的自杀倾向——主动自杀意念——充满了对活下去的渴望。因为如果我想死，我就不会还存在自杀意念；我应该早已经死了。

———❦———

我不再住院了，因为我得去学校上课，医院的负责人不想让我出院。我问她是不是每个住院的都是不用赚钱养活自己的富人。她问我能不能申请短期伤残假。不行，我没听说自己任教的两所大学有哪个会为兼职老师提供伤残假，仿佛只有全职员工才会生病似的。

第一次接受部分住院治疗后的那个晚上，我去学校上课，学生们坐在摆成长方形的桌子前，像在开研讨会。我站在白板前，背对着他们。手里的马克笔感觉很奇怪。我的腿，颤抖。这就像你觉得自己的流感——一次漫长的流感——康复了，然后去上班，结果发现还病着，无法应付日常生活的诸多要求。

我将课程名写在白板上：ENG 208*：写作与阅读创意非小说作品。字母的顺序是正确的，传递出人人都能理解的含义。

我没有想过要取消课程，把自己得病的事广而告之。我当然可以这样做，但打战和怪异的感觉令我需要与学生相处，需要变得有用，需要去给他们信息和信心。

我转身面对学生们。和我上过的许多创意写作课一样，教室里主要坐的是女生。我微笑了下，随着笑的动作，笑容变得真诚了。

一个叫凯蒂的学生准备得无比充分，我觉得是我在向她学习。一个班里总是有至少一个这样的学生，不仅渴望信息和知识，而且渴望去理解，把自身融入课堂。她的努力积极不是为了成绩，不是为了混个文凭。她的饥饿来自某个很深的地方，一个很少有学生找到的地方，这个地方很少有大学老师找得到，所以必须由学生自己去发现。

很快，凯蒂和其他学生就帮我达到了想要的状态。我屁股下面的椅子感觉很真实，手中的笔也很真实。我看得懂分发的讲义上的句子。三个小时转瞬即逝。

---

* 课程代号，ENG 指英语文学课程。——译者注

可当他们收拾东西准备离开时，恐惧没入了我的身体。课后凯蒂留下来讨论课上读过的那篇作文——克劳迪娅·兰金《公民》的节选。等讨论到作者进行了种族侧写的"站住让我搜身"那部分时，我们的时间已经不多了。凯蒂讲了她认为不同角色是如何被迫归于了沉默。我想去听她的声音，但她的声音离我很远。

——◆——

每每读到精神疾病回忆录作家和博主说他们对自杀有一种"爱恋"，我始终不能理解。自杀是一个漩涡。它震耳欲聋，又寂静无声。它空空荡荡，又充斥恐怖。它是我碰到过的最黑暗的地方。

那年秋风乍起的第一天，清晨，手机上的天气应用显示气温为五十八华氏度*。窗外起风了——不，应该说风撕扯着树林。一辆摩托车从窗前呼啸而过。我想象骑车的人穿着黄色皮衣。我的健身包——里面装着药——放在我的床上。

人们认为自杀倾向描述是线性的，遵循个道理，遵守个计划。但自杀没有什么先后步骤。虽然静坐不能消失了，但我的思绪鬼打墙了足足三天。它们有时大喊大叫，有时也会残忍地"帮助"我，提供新的自杀念头——以其他方式，选择不同的时机，在新

---

* 约等于十四摄氏度。——译者注

的地点。

我离开家，推开公寓的大门，来到街上。蓝天，太阳，行人。远远地走来那只我不喜欢的小白狗以及没和我说过话的狗主人。街对面的公寓楼上有片阳台焊了铁栅栏，吱吱啦啦地作响，我弯下了腰。

那天下午我见到了 M 医生。我瘫倒在那个灰色沙发上哭起来，背包里还装着药片。我真的很不想死啊。我提到了药片。一旦掏出去，我就再也拿不回了。

第二次出现了，还有清晰的计划。他问需不需要他帮我叫救护车，或者我是否可以自己去医院。

❖

急诊室的一个安保人员拿走了我的东西，分了下类然后把它们锁起来——药片也在里面。她示意我和其他"SI"——有自杀意念的人一起坐着时，态度很真挚，几乎带着歉意。"保姆们"——安保人员负责看管，不让我们有伤害自己或者离开的机会。

我旁边一个"SI"揉了揉下巴上的胡茬。他的眼睛里写着了然，感觉不是第一次来这儿了。他的法兰绒衬衫是干净的，卡其色裤上有污渍，脚上的添柏岚牌鞋子鞋带开了。一个身着深蓝色手术衣的护士走过来对他提问：你是否有自杀倾向？有没有服药？有没有割伤自己？你现在是否听到了那些声音？你现在是否看见了不存在的东西？他答道：是，有，没有，犹豫的是，否。

那名护士问，你是无家可归吗？"是的。"他回答。

她问，你有过敏源吗？"有，"他笃定地说，"氟哌啶醇。"

氟哌啶醇是一种诱发噩梦的抗精神病药，服用者几乎不会出现过敏[25]。它的效力强劲，可以使人产生"类似僵尸"的反应，变得木讷[26]。那位"SI"知道出现这种情况时正确应对的步骤以及如何处理。

护士叫我去卫生间换长袍。换完后她把我带到一个分诊区，那里有一片拉不动的窗帘，这样"保姆"仍然可以看着我。

又有两个男性"SI"来了，一个被绑着，是警察押送来的，另一个昏迷在轮床上。

过了一个小时十五分钟（我盯着时钟），一名护士进来了。她满脸稚气，说十三岁我都信。她收走了我的小瓶，然后费了一番力气弄好了剩下两个"自念"的采血瓶。她说医生很快就会完成我的医学检查。再然后，才会有一位精神科医生接诊。

楼下的大厅传来一个女人的尖叫，听不清她在叫嚷什么，只听到粗重的喘息和诅咒，以及"把你的手从我身上拿开""快来人啊，救命"。对面工作站的医生们大声讨论她，就治疗方案展开辩论。女人的尖叫变成了嚎叫。一位医生说需要注射，另一位点头认可：氟哌啶醇加阿蒂凡。女人嘶声尖叫。医生们离开了我的视线。没过十分钟，一切又恢复了平静。

四个小时过去了，我还在等待精神科医生的召见。那两个男人和打了镇静剂的女人排在我前面。后来，我才知道当天我的医生一共接诊了十四个人。

又捱了一个小时，精神科医生仍然没有出现。我实在忍不住去询问情况，结果发现那家医院没有床位，而且离芝加哥最近的四家有精神科病房的医院床位都满了。我请求出院，请求他们破一次例，于是——在M医生和我母亲承诺承担后果的情况下——我被"释放"了，条件是再继续接受一个礼拜部分住院措施，因为医院对我负有责任。

受益于制度的宽松，我可以不必非得住院，只需按时接受社区的健康服务即可。如果那两个看上去相对情况好些的SI男子也被如此对待，那么他们可能会被转到州立医院。那个女人？谁知道呢。或许被五花大绑的那名男子会被改道送进库克县监狱。

那天晚上，我坐在书桌前。我被释放了，回到温暖的公寓和慈爱的母亲身边，我得到了照顾。急诊室里的男人和女人呢？他们怎么样了？

———— ◆ ————

鲜少有人了解分号的力量。它是最令人生畏的标点，不管有没有掌握正确用法,人们对分号,都是要么不用,要么用个没完。分号通常不是必要的标点符号,除非有一串逗号需要它分开层次。在我看来,分号兼具终结(句号)和连接(逗号)两种性质。

不过最初它可不是这样用的。据说分号首次现身于1494年的威尼斯,是逗号和冒号的融合[27]。印刷商、出版商阿尔都斯·马努求斯——逗号也是他发明的——创造了分号,并且使之为读者和作者提供一种比逗号的停顿更长但不表示句子结束的功能。可以说,是这个意大利文人对试验和发明的热忱造就了分号。

分号的使用规则并不统一。就像欧洲印刷商在15、16和17世纪使用的许多标点符号一样,分号到底怎么用,很大程度上取决于个人。

到了19世纪,它不再是一个表示停顿或者为了视觉效果放在句子中间的标记。分号的规则严谨了起来:它要连接相关联的分句。历史学家、哲学家塞西莉亚·沃森(Cecelia Watson)认为,这源于当时人们对语法观念的转变。语法和标点符号的使用规范不再由个人决定;它们有"普遍的规则"[28]。它们会被分类使用(讽刺的是,当时精神疾病诊断处于克雷佩林时代,标志是对精神障碍进行排序和分类)。

那天我从医院逃回自己的房间,当时的我没听说过分号计划,这是一项反自杀运动,出现于2013年,将分号从一个使用起来具有挑战性的标点符号变成了一种力量的象征[29]。领导该活动的组织追溯了分号的原始功能：一种表达暂停的方式。分号可以为那些深陷绝望、准备结束生命的人按下暂停键。该组织的口号是，你的故事还没有终结。这一组织拥有大批追随者，成员在手腕、背部或胸部纹上分号，以示同心同德，并将自己的文身照片发布在社交媒体上。我从该组织的网络主页看到这样一句话："[一个]分号代表一个作者原本要结束但却选择不结束的句子。这个句子就是你的生命，那个作者就是你。"

第三部分

第十二章
"病"

我震惊地发现:《精神障碍诊断与统计手册》的诊断居然没有依据?居然不可靠?居然是编造的?不是以科学为基础?在医学上不合理?我被诊断的六种病症——以及所有《精神障碍诊断与统计手册》的诊断病症——居然只是组合在一本册子里的字?

既然如此,我应该把它们放在引号里——着重引号(scare quote)。着重引号表示怀疑:"厌食症""强迫症""注意缺陷多动障碍""焦虑症""重度抑郁症""双相障碍"。着重引号(英语中也叫冷笑引号或者颤抖引号)告诉读者,应该用适度怀疑的态度去看待引号里的内容。

首次通过加引号来提醒读者不要看单词的表面含义,到底发生在何时何地已无法得知。《牛津英语词典》告诉我们,印刷品中第一次出现着重引号这个称呼是1956年。《牛津英语词典》给出的解释是"解除字面含义与表达含义的关联"。语言学家戴维·克里斯特尔(David Crystal)写道,着重引号"告诉读者,他们不能只看(引号内单词的)字面含义,而必须揣摩作者是否表达了特殊含义"。[1] 如果他们当时用了着重引号,我本可以不去相信"精神病学圣经"中那六种俨然福音真理一样的诊断。

退一万步讲，这些诊断病症也至少应该用常规引号引起来；它们是《精神障碍诊断与统计手册》的作者们探讨的书面记录。引号表示有人在说话。大多数语法学家认为引号最开始是从 diple[*]——一种看起来像箭头的印刷标记（>）——演变而来的[2]。它最先演变为写在底部的双逗号（,,）。到了 19 世纪，它被放到顶部，前面的引号位置翻转，变成了我们今天熟悉的形式（"），用于分开一个人（通常是小说中的人物）所说的话和另一个人的话。

有了它们，事情可能会有所不同。

上一次自杀意念出现后，我去做部分住院治疗，治疗最后一天，我沿着走廊，一路经过许多心理咨询师的诊疗室。这次的住院治疗有所不同——更加传统，有很多很多的咨询手段。走廊每个诊室外面的地上都摆着白噪声机，发出熟悉的嗡嗡声，以免经过的人听到里面的对话。

那天上午的第一个活动是"技能"。实副其名。一位治疗师传授给我们一项表面上帮助我们更好地运转的技能。他们的许多

---

* 古希腊语：διπλῆ，意思是双倍。——译者注

技能出自接纳承诺疗法（ACT），这是另一种从认知行为疗法发展出的治疗法，通过让我接受自己的情绪，客观地观察自身经历，接受现实，厘清我的价值观，设定目标。

学习技能疗法的房间里有一圈软沙发，我和其他人坐在沙发上。没有人说话。透过窗户，对面大楼里的办公室场景向我们展示了部分住院治疗之外的一隅世界，一个人们打字、开会、共同开怀大笑的世界。

负责那天上午上课的两位心理咨询师进来了。两个都是好人，但我在那里的几个月，他们和所有心理咨询师一样，始终保持冷漠，甚至不记得我们的名字。他们给每人发了一份记录表，上面有一个圆圈靶心。我内心的那个优等生苏醒了。按照指示，我填写了每个题靶，上面的结果决定了我生命中哪个位置正中了靶心，而哪个又脱了靶。

技能课后，我与我的心理咨询师会面，进行结业谈话。她的办公室很小，光线柔和。只有一扇窗，窗外是一堵砖墙。她微笑着目视我进来。我坐在她办公桌对面的人造毛皮椅子上。她长着靓丽的金发，明媚，爱笑。

她不仅仅听我抱怨人生之苦，同时还是第一个真正帮助了我的心理咨询师。她见过我的母亲、我的姐姐和我，并且帮助我们制定了一个当（当，而不是假如）我病情危急时可以采取的应急计划。那个部分住院治疗现场没有精神科医生，为了拿药我去看了 M 医生,但那四个月里只去了几次。她问我和他关系怎么样,以及我是否得到了需要的治疗。我说:"是。"她侧头看向我,显然听出了我声音中的犹豫。

我们谈到了我在部分住院项目中花费的大把时间,想想真是奢侈。虽然我依然在上课,但主要重心全放在了治疗项目上。我学习这些技能,应用这些技能。在小组治疗课上,我生涩地处理着自己那些被我视为问题的想法和情绪。

我吃药(meds)。不是一种药,好几种药——复数,从来不是单数。宛如药品鸡尾酒(官方术语是多重用药)。药是部分住院治疗中的通用语言,对应的服药对象是那些被牢牢困在精神卫生产业群中的人,那些服用心境稳定剂和抗精神病药的人,那些在住院、开放式病房、部分住院和重症门诊中来来回回打转的人。药意味着患有慢性疾病。药意味着严重的副作用:肥胖,肾衰竭,震颤,迟发性运动障碍,糖尿病。药意味着药物对身体造成损害与大脑被治愈的概率一样高。

部分住院治疗的最后一天,我就自己的诊断病症向心理咨询师进行讨教。我们的一切努力都是在假设我确实如图表所说患有双相障碍的前提之下。我不知道自己那天是出于什么原因提出了疑问(我真的不知道),但我想听听她的意见。"你觉得我是双相吗?"

有好一会儿,她没有回应,而是看着天花板,若有所思:"其实,我没有资格给你下诊断,不过你从没有表现出典型的双相症状,但这只是我觉得啊。"

我没有追问这句话的意思;相反,我告诉了她戒断五羟色胺再摄取抑制剂无法摆脱的后遗症。它们还没消失。焦虑、困惑、激惹、失眠、哭泣,依然阴魂不散。"我不知道怎么才能怎么让它们停止。"

"你想怎么办?"她问。

"重新服用左洛复。"

她点点头。"你觉得自己能够和 M 医生谈吗?"

"没问题,"我说,"当然可以。"

我来到小组治疗室,里面还有另外两名患者。他们低头盯着手机。我像往常一样坐在角落的沙发里。谁也没说话。

我摸了摸口袋里发的"情绪转盘"讲义。讲义对折了,布满褶痕,边缘磨损,上面画着一个圆盘,被切割成好多个狭窄的扇形,每个扇形代表不同的情绪:无聊、恶心、担忧、无助、犹豫、对他人心怀关爱、感受到和他人的联结、好奇、体贴他人。每次小组会议开始时,我们必须四处走动,报出自己的名字和感受。我要么还行或者不太行,要么还好或者不太好,要么好或者不好。但是还行、不太好在引导者看来不够具体。所以我研究了那个盘子和上面的情绪——困惑、恐惧、安全、满足——仔细品读内心的冲动:愤怒、沮丧。

其他人都到了，治疗师拿着写字夹板进来了。老样子：自我介绍，说出自己的诊断，表达自己的感受。

"约翰。分裂情感性障碍。有点困惑。"

"艾玛。贪食，焦虑，双相Ⅱ型，创伤后应激障碍。难过。"

我猛然间第一次意识到这样一个事实：我们通过诊断来确认自己的身份。我们声高嗓亮，仿佛宣誓效忠。"萨拉，"我张口道，"沮丧。"

如果我知道《精神障碍诊断与统计手册》的诊断有多么缺乏证实，也许我根本不会出现在那个房间里。我根本不会来这里，假如我知道一点《精神障碍诊断与统计手册》第三版是怎么被当作科学证明过的东西出售给公众背后的真相；假如我知道《精神障碍诊断与统计手册》第三版的推销对象不仅包括精神科医生和研究人员，还有心理医生、社会工作者、保险公司、政府机构、制药公司、管护机构、医学生、教育系统、残疾人机构、法院和公众，要知道后面罗列的这些（大部分）没有接受过医疗培训[3]；假如我知道这个谎言对财务窘迫的美国精神医学学会是一剂从天而降的良药（《精神障碍诊断与统计手册》第二版盈利127万美元，第三版933万美元，第三版修订版1665万美元，第四版2000万

美元[4]。第五版在问世第一年就让美国精神医学学会赚了2000万美元)。

我完全不知道手册后来的版本是由精神科医生、心理医生和其他医疗保健专业人员组成的编写委员会发明的,表面上他们能够输出很多学术性的意见和专业知识,但事实并非如此。《精神障碍诊断与统计手册》第五版的编写委员会只有28人。(不过根据美国精神医学学会的说法,每个成员都领导了一个八到十五人的、"专业人士多元群体"的工作小组,并咨询了"外部顾问"。[5])我也完全不了解,大部分时候编写委员会和工作组关于每种诊断的争论,实际上并没有数据支撑[6]。我同样完全没想到《精神障碍诊断与统计手册》会带来怎样的伤害,比如社交焦虑症使害羞的人病态化,而对立违抗障碍给达内尔这样的有色人种儿童涂抹了污名。我更不了解的是,《精神障碍诊断与统计手册》的编写者们似乎一心想通过给正常活动贴标签将正常人类活动病态化,例如网络成瘾障碍[7]。

如果我当时知道"费纳标准"及其在《精神障碍诊断与统计手册》第三版编写中的作用就好了。费纳标准出自华盛顿大学一组以研究为导向的精神科医生于1972年发表的一篇论文[8],论文根据症状清单重新设想出十六项精神病症(这些通常被称为"标准集",对照它们按图索骥叫"描述性诊断")。从本质上讲,这篇论文是在试图创建一个精神疾病的医学模型[9]。

斯皮策在费纳标准的基础上打造了《精神障碍诊断与统计手册》第三版,除了三个解释不了的重要问题,一切看上去都很好。首先,费纳标准只定义了16个诊断,而《精神障碍诊断与统计手册》第三版膨胀到了两百多个[10]。其次,费纳标准仅仅建立在很少的经验数据上,这让它的所有诊断都不具备有效性[11]。第三,费纳标准只用于研究目的,而不是帮助精神科医生在诊室诊断病人[12]。

尽管问题重重,斯皮策依然打定了主意。他认为,一个受费纳标准启发的《精神障碍诊断与统计手册》第三版,会表明根据症状列表按图索骥做出诊断在医学上是合理的、科学上是有效的。事实并非如此。第三版手册的本质是将各种症状重新进行排列和分类,降低确诊阈值,提出经过划分的、被发明的诊断病症,好像这样一通操作下来,手册就变成科学的了。

(面对反对证据,斯皮策坚持认为第三版的诊断是正确的。他的一个论点是,相比第二版,第三版的诊断更为可靠,但鉴于第二版"差得令人震惊"[13],以此证明第三版似乎也缺乏说服力,为此他还援引了实际在第三版起草过程中并没有用到的现场试验。[14])

《精神障碍诊断与统计手册》第三版为之后的各个版本浇铸了赖以遵循的基础。第三版修订版与第四版维持住了手册是科学著作的假象[15]。他们成立了几个工作组,总结了一些文献综述,分析了数据组,进行了实地试验,以及,增加了155项新的诊断病症。

《精神障碍诊断与统计手册》第五版声称比之前的版本更加"科学"。英文原版的标题"五"改成阿拉伯数字5，没有沿用罗马数字Ⅴ，以示其"新"，与以前版本的不同，以此向公众表达，是的，这回拿出的诊断病症（确实）是科学的，然而它们缺少科学支撑[16]。他们成立了工作组，耗资开展实地试验，为的是给第五版计划引入的新障碍打造有效性和可靠性。艾伦·弗朗西斯愤然抨击这些新障碍，认为它们"以错误的方式，错误的症状集合，以及不切实际的时间线"，提出了"错误的问题"，弗朗西斯还表示，错误的结果无法进行阐释[17]。这似乎无关紧要。诊断病症有改动，新增了158项。日常常见的行为，比如儿童时期发脾气（破坏性心境失调障碍）、月经前的心境变化（经前期烦躁障碍）、暴饮暴食（暴食障碍，任何连续三个月每个礼拜出现一次"暴饮暴食"并因此感到难过的人都有精神疾病），通通变成了精神疾病。

正如心理医生、《精神障碍诊断与统计手册》第四版两个工作组的成员宝拉·卡普兰（Paula Caplan）所说，《精神障碍诊断与统计手册》只徒有一层科学的"外衣"[18]。她这样写道："《精神障碍诊断与统计手册》的编写者们偏离了负责任的科学实践。通过草率的设计和研究，通过扭曲研究结果，通过对一些发现闭口不谈或延后提及，让内容变得光鲜可信……"[19]。

也许，如果当我就心理健康、精神疾病问题阅览网站以及向他人请教时，他们向我提起《精神障碍诊断与统计手册》的编写者和支持者如何努力证明《精神障碍诊断与统计手册》的合理性却以失败告终就好了。编写者和支持者们的话术是，《精神障碍诊断与统计手册》的诊断虽然无效，但是可靠，可靠才是最重要的，然而众口一词并不能弄假成真。卡普兰打了个比方：诚然，站在田野里的我们可以众口一词地说马是独角兽，但这并不意味着我们见过独角兽。（同样地：仅仅因为中世纪的大夫一致同意谁是女巫，并不能让那些女人变成女巫。）精神病学教授、《英国精神病学杂志》编辑彼得·特里尔（Peter Tryer）举了一个注意缺陷多动障碍的例子。研究发现，鉴于《精神障碍诊断与统计手册》第五版中列举的注意缺陷多动障碍症状模糊又宽泛，通过训练进行研究的人（又叫评分员），使他们认为《精神障碍诊断与统计手册》具有高度可靠性是很容易的。特里尔写道："意识到可靠性本身并不意味着一种障碍得到了更好的描述或在判定它声称要判定的障碍时更有效力，这一点很重要。[20]"要是有人告诉我不同障碍的症状重叠比有多么高就好了。抑郁症患者可能会感到焦虑，焦虑症患者可能会经受严重的抑郁症，如果具有相同症状的人被诊断出患有相同的疾病，同时得到相同诊断的人呈现出相同的症状，那也无可厚非（毕竟流感和脑膜炎都有发热症状），但事实并非如此。"稀有地带"——正常和异常之间的明确界限——不存在。

如果当时的我对同性恋争议有所耳闻，那我可能不会出现在那个房间里。在 1980 年第三版手册面世之前,同性恋一直被纳入《精神障碍诊断与统计手册》中。对于抗争同性恋权利的人来说,通过向美国精神医学学会施加政治和社会压力将同性恋移出手册,是一项当之无愧的胜利。他们的成功也给了《精神障碍诊断与统计手册》的诊断病症质疑的声音:如果美国精神医学学会能够(主要)出于科学发现以外的任何原因删除手册中的诊断,那么又有多少诊断同样缺少根据?如果我听信了《精神障碍诊断与统计手册》及其在我们思考、谈论精神疾病中的作用——降低确诊门槛,添加诊断,操控标点符号和文字,使得被确诊的可能人数最大化,而不顾他们是否真的患有这种疾病,如果我能知道《精神障碍诊断与统计手册》的诊断病症不像精神科医生希望我们认为的那样可靠[21],跟科学合理丝毫沾不上边[22],那么我的生活可能会有所不同。

M 医生新诊室的主色调仍然是灰色。诊室有几扇窗户——大窗户。窗外是特朗普大厦。那张老旧的、绵软的沙发不见了,取而代之的是一个邦邦硬的灰色沙发。他将自己座椅和病人沙发之间的距离又拉远了大概十英尺。

他想和我聊聊部分住院的感受,我们谈了一下。很快,我们又说起了我的未来和身患障碍要面对的现实。鉴于预后很糟糕,也许我会陷入不能教书甚至不能写作的境地。

光线从特朗普大厦的玻璃外层反射过来,在我的一只眼眸中闪出刺眼的阳光。"我不想再谈这个了。"

他的脸抽搐了一下。"行吧,那你想谈什么?"

我想谈谈即将搬去的新家。我在一栋大楼里面找到一所公寓,远离街道。不顾空间的逼仄,无所谓视野,我签下了租约,请了搬家公司。

M医生很惊讶。"也太快了。"

"没别的办法。"这是实话。照顾我逐渐变成了母亲的负担,她虽没有这样说,但有些事无需开口,她那张憔悴疲倦的脸庞不言自明。另外我也感觉到了自己独居的必要。

他摸了摸打理得整整齐齐的头发,明知故问地扬起眉毛。

等到会面接近尾声时我才提起想重新服用左洛复。

他表示并不认为这是最优解。"如果我真的想",也可以这样做,但我至少应该给其他药"一个机会"。

讨论到此结束。我从他的诊室走出,踩着大厅的地毯,胸口发紧,嘴里喃喃道:"他只是喜欢听他自己的声音。"

我们的会面变成了一场场被动攻击的战斗。大多数时间都花

在了隔靴搔痒地讨论我们俩"关系"的不断变化上。我说我需要的是一名医生，而不是一段关系。他摸了摸凝着发胶的头发，挑起眉毛。

M医生是弗洛伊德主义者。弗洛伊德本人把问题过多地归咎于性，于他而言，精神分析不是治愈或提供帮助的手段，而是一种深入内部（双关）的方式（弗洛伊德甚至认为分析也是一种性欲关系。弗洛伊德坚信女性痛经由手淫引起，性器官与鼻子是联通的）。为缓解痛经，他批准自己的病人艾玛·埃克斯坦进行鼻腔手术，结果年仅三十的埃克斯坦差点因为出血送了性命。弗洛伊德声称女性的性生活是一片"阴暗的大陆"，只有男人具备道德，因为他们没有"被阉割"。弗洛伊德的种种看法像是来自外太空。正如托德·杜弗雷斯内（Todd Dufresne）所写，"可以说，历史上再找不到另一个著名人物像他一样，几乎对所有重要事情的表达都错得如此匪夷所思。[23]"弗洛伊德不能容忍不接受自己理论的人的异议，比如卡尔·荣格和阿尔弗雷德·阿德勒[24]。弗洛伊德自认是一名科学家，可他的推断数据却是数量非常小的患者样本或者单个病例（他自己）随机对照。弗洛伊德对自己谈话疗法病例的有效性撒了谎，他本人的抑郁症治疗也采用可卡因而非谈话疗法。

M医生并不是弗洛伊德全部论点的拥趸。新弗洛伊德主义者——包括弗洛伊德的女儿安娜——试图通过承认弗洛伊德的缺点补救那些他还不太荒谬的理论（这可选不出来），如此也算一种投机取巧的讨论方法。M医生对弗洛伊德学派的沿袭，体现在他相信分析者有一种特殊的能力，能在病人身上辨别出没有他的帮助她就无法了解的自我。我的行为动机、我的感情故意隐藏不对我自己展现，却让我去寻求他的帮助。我们的会面不是双方的对话，而是建立在他掌握一切权力的权力结构之上。我说，他听，在倾听中他知道我如何屈从于自己的潜意识。他最清楚不过了。

讽刺的是，这个名为自我认知量表（SELF-I scale）衡量的是病人对自己患有精神疾病的认同程度。它旨在帮助那些可能需要帮助但由于耻感、社会经济因素或者过往的治疗经历而没有寻求帮助的人[25]。研究显示，这个表实际使用效果良好，但它测试的不是对象有没有精神疾病，而是衡量一个人有多么怀疑自己得没得精神疾病[26]。

自我认知量表包含五项陈述判断，你需要分别对照选出自己的认可程度：完全不同意，不同意，不确定，同意，完全同意。上来第一个陈述就太模糊了，完全没什么用："我目前面临的问题可能是某种精神疾病的初始迹象。""问题"是什么类型的问题，问题又怎么关联上精神疾病的迹象呢？第二个也不清不楚："我觉得自己患有某种精神疾病这一想法不太成立。"请问不太成立的是这个想法还是那个精神疾病？第三个令人费解："我可能是那种容易患上精神疾病的人。""那种人"是哪种人？第四个还算实际："我认为自己是一个心理健康、情绪稳定的人。"最后一题实际上是两个陈述，中间的逗号是英语中最常见的标点符号错误——逗号粘连，即两个完整句子之间只有一个逗号，缺少应有的连接词："我精神稳定，我没有心理健康问题。"

按照英语语法这里的逗号应该写作句号。从语义上看，这两种表述也是分别表达的不同含义，放在一起会引生很多疑问。什么是"心理健康问题"？是写在《精神障碍诊断与统计手册》里的一个诊断病症吗？弗洛伊德认为的神经症？情绪上的不适？是什么让一个人精神稳定或者不稳定？有"心理健康问题"是否意味着一个人精神不稳定？精神不稳定的人一定有"心理健康问题"吗？

曾经的我会完全认同第一个和第三个陈述，对最后两个陈述完全不认同。我的回答毫不犹豫。

———◆———

特朗普大厦蒙上了初冬的雪。我坐在那张硌人的沙发上。对面是M医生。他的桌子上摆着一瓶乐可伊：带香精的。有调味的。假的。

我告诉他我想换个人进行治疗。如此应该是完美的解决方案：

找他开药，找别的医生咨询诊疗。

他摸了摸在发胶下十分服帖的金发，那样子好像是说就算我不在，至少他的头发会在。他说咨询治疗和精神病治疗我都必须找他看。

"这是你的规定吗？"我问道。

"不是，"他说，但是得了"我这种的病"的病人需要特别照看。

"双相Ⅰ型？"

"具有混合特征的双相Ⅰ型。"

我没有问这是什么意思；相反，我说我们应该暂停休息一下。

他说现在还不到时候，因为我被准许结束部分住院治疗还没有多久。

我盯着窗外。雪花在空中旋转。我说我需要见一个新的医生。

他耸耸肩，我好像被他肩膀的动作抖落悬崖，眼前出现了家里的药盒以及一个个吃空掉的处方药瓶。我站起身，穿上外套。"我的药不够吃了。我需要再开一些。"

他说我应该去找我的初级保健医生。

她一个月前退休了。"我现在没有初级保健医生。"

他说由我自己决定。

没有精神科医生，没有初级保健医生，药快吃完了，开不了，我离开了他的诊室。我说不清，但自己也知道找到一名初级保健医生简直不可能，更不用说发现一位新的精神科医生。戒断又要从头开始，这次的对象是我服用的所有药物，十面埋伏。那将是炼狱，对比之下，恶心、大脑过电和颤抖都称得上欢欣。

踏上电梯时，我意识到自己都做了什么。如果 M 医生以后拒绝接诊我怎么办？如果他断了我的药怎么办？我想回去道歉。

回到家，我坐在办公桌前，电脑屏幕的蓝色光像个罩子笼在我身上，手中的鼠标拨动一页又一页的医生资料。事实证明，佐课多（Zocdoc）这样的评级网站根本帮不上忙。"我附近的顶级精神科医生"列表中的"顶级"是怎么得出的？这位精神科医生 4.54 星的评级是基于哪些评价因素呢？患者们为什么打一颗星？我选出三位备选的精神科医生，给他们都打了电话预约。感觉没有一个是合适的。

——◆——

第一个精神科医生的诊室倒是打破了传统。首先面积就相当于三个常见的诊室大。黄色的墙壁比我的情绪状态更欢快一些。角落里放着一张办公桌。诊室的大部分空间被一张大会议桌和六把椅子所占据。我们面对面分坐桌子两侧，仿佛在进行一场商务会议。

他个子很高，穿着西装。脸上挂肉，脸颊的皮肤耷拉着，令我联想起巴吉度猎犬。会面过程中我对他的沮丧印象极其深刻，以至于几乎记不得他问了什么问题。如果我自己不是那么担心和绝望，应该会反过来试着鼓励他振作。会面结束时，他同意我是双相障碍，并建议我增加抗精神病药物的药量。

第二位精神科医生瘦削，头发乌黑。当时约见情形的记忆所剩无几，只记得他跟我差不多高。但可以肯定的是，他是认同双相障碍诊断的，而且我百分百不喜欢他，因为我从未有过再去见他的念头。

我最后的希望是一个六十多岁的女人，肉乎乎的脸让她感觉比实际年纪年轻不少。我们俩的身份似乎颠倒了，她坐在沙发上，我占据着对面的椅子。这让我感到安心，觉得事态在自己的掌控中。

她提问题，我回答，她看上去是在认真聆听，落地灯柔和的白光拂着我。就是她了。那天晚上她甚至表示可以给我补开药品。快结束时，她说她认同双相的诊断。

好吧，我想。好吧。

我说现在的药马上吃完了，她建议我改用抗精神病药物。她提到的那种抗精神病药，副作用在市面上所有药物中是最糟糕的：体重可能会增加一百磅，持续终生的呕吐，血小板指数异常，凝血产生障碍，打战。我不是说她不能提出用这个药，但如果这是她的首选，那可不是什么好兆头。

我剩下的药片已经凑不够一把了。

❖❖❖

姐姐的一个朋友推荐了一个 R 医生，在预约名单里给我加了塞。他的诊室位于壮丽大道一栋办公大楼的二十二层。候诊室里挤得满满当当：一个年轻人在玩手机，一个中年女人打着电话，一个年纪稍长一些的戴眼镜男人在翻看《名利场》。

有人叫了我的名字，我抬起头，看到一个白衬衫的纽扣系得严严实实、西裤闪着光泽的中年男人。他和我握了手，进行自我介绍。他年近五十，也许五十出头的光景，散发着成功睿智的气质。我跟着他在走廊上穿行。他的乐福鞋看起来太过昂贵，踩在地上仿佛是对鞋的玷污。

诊室四周的墙是整片整片的落地窗，可以看到外面的密歇根大道。这样美不胜收的视野说明他要么在专业上出类拔萃，要么赚钱是一把好手。下面街道上的行人像一个个玩具小人。

"咖啡？"他用一根手指对着我。"水？"

虽然很渴，但我说不用。我只需要有人帮我填处方。

他指引我在一张长毛绒皮革扶手椅上坐下，对面还有一张同样的椅子。他没用记事本和笔，简单问了我一些问题，然后边听边点头——上下起伏地、给予肯定地点头——好像在说，我在听你说呢，以前也听过呢，明白。他似乎已经为我做好了一切决定。

我告诉他自杀的事，他扬着下巴点头：是的，以前听说过，明白。我告诉他五羟色胺再摄取抑制剂戒断和静坐不能，他问我是什么时候出现了自杀意念。

我问这些之间是否有关系。

他不确定地点点头。"或许有。"

三十分钟过得很快。他站起身走向玻璃办公桌。"你觉得你的药怎么样？"

我告诉他我得补药了。

他打开笔记本电脑，更新了我的处方。"我们很快就会理清你应该吃什么药。你下次什么时候能来？"

他已经认定我肯定想再来见他，自负且冒昧。我问他对我的诊断病症怎么看。

他身子往后靠，大幅度地点头，耸了肩，然后说："我不知道。"

"什么？"

他露出一个奇怪而满意的笑容。"我不知道。"

我们预约了我的下一次会面。

我离开走廊，乘电梯来到大厅，走在寒冷的芝加哥大道上。我的大脑像是被豁开了一个口子：我不知道。

如果他不知道，那他们都不知道。他们只是嘴上讲。寒风鞭打过湖面，撞在我身上，力道强劲。

不久后,我坐在自己办公室里,对面是我的一个学生。这个满头金发小辫的姑娘跟不上我开的文学课程的进度,但她读的专业必须得通过这门课。开课快满三个月了,十节课她只出勤了四节。她的手机放在我办公桌上,靠近她自己的地方。每隔大概三十秒,屏幕上就会亮起一条通知。

她告诉我她每一门课都遇到了麻烦。她的眼泪夺眶而出。最近她又有了一项新的确诊:注意缺陷多动障碍。"读高中时,他们说是抑郁症,让我吃药。太痛苦了。"

我听着。她说着。她的泪水随着倾诉渐渐止住。

我们最后说好,她去找导师和学生主任,让他们接管后面的事。我建议她咨询障碍学生中心。

"是的,我想我是有病。"

我没有置喙的资格。

又约见了一次,R医生仍然没有给出诊断。我们换了药。之后会用滴定计量斟酌服用的抗精神病药类,增加苯并的量,其余保持不变。

戒断症状没给我留出多少准备时间。持续数个礼拜的焦虑、恶心，再加上身体控制不住地动作，令我回想起了静坐不能，只不过没有当时那么极端。夜复一夜我躺在床上，耳朵里回响着自己嗵嗵的心跳，无法入睡，肾上腺素在胸中乱窜。

连那段时间日记中的笔迹都不像我的。字迹越写越低，但不是乱写一气，由于握着笔的手指太用力，字迹倾斜得严重，笔迹刻划得很深。我的字拼命地想抓住一点积极性。我一遍又一遍地写下同样的话：我很感激＿＿＿＿，然后用任何一种能想到的东西把空填上。我很感激……那些花朵……那盏灯……我的腿……我眼睛的颜色。

日记的日期跳跃不连贯，令人好奇中间空白的时候发生了什么。有的日子很艰难，我要打电话给姐姐，然后由她指导我执行我们的应急计划：苯并，思想记录，睡觉（我们经常使用简写，类似把药物治疗简化为药，把苯二氮䓬类药物简化为苯并）。意志向昏迷缴械。再醒来时，我多么企盼戒断的症状能消失：冷汗，眩晕，颤抖，腹泻。最糟糕的是戴上眼镜视线也无法聚焦，而且总感觉脚下的地面在起伏波荡。

在先后戒断抗精神病药和锂的过程中，R 医生的专业无可挑剔。我的电话他都当天回复，并且总是知道下一步该做什么调整，有时我觉得这就像巫师炼制药水：少量苯海拉明，两只蝾螈，再加一滴苯并，一丁点抗精神病药——只是暂时的。

圣诞节假期里，自杀念头又重新出现了。也许是因为不上课，没人将我从泥淖中拉出来，哪怕只有几个小时。一天晚上，我坐在床沿，电话紧紧摁着一侧的耳朵。我不断地幻想各种场景：一些药片，一瓶伏特加，那座浴缸。电话里传来了姐姐的声音，不严厉，但是是有力的、命令的。现在母亲要照顾她自己的情感需求——理当如此，所以姐姐成了我的救生索。

姐姐问："你吃了它吗？"它的意思是苯并。

"我不想吃。"我已经厌倦了药片。

我姐姐是世间少有的不管面对什么情况都能够处理的人。她好像总知道该说什么，该打电话给谁，该去哪里。当她要做一件事时，她的决定很少不是正确的。"去吃吧。"

我按照她的吩咐吃下药，继续接听电话，我们完成了全部的应急计划。她领着我过了一遍思想记录，也就是认知行为疗法表，我坚持着记录并评估自己的想法，直到苯并夺走我的清醒。

她问是否要等我睡着了再挂断。

"没关系的。"我说。

"你确定吗？"她问。

我点点头，哦，她看不见我的动作。"是的。"

挂断电话，我爬上床，衣服穿得严严实实。

第十三章
论独处（和孤立与孤独［还有方括号］）*

即使按照一间工作室的标准，我的公寓也很小——厨房紧挨着床，而床几乎贴着书架和书桌。窗外可以看到芝加哥的天际线，但主要视野是一堵砖墙。四周的邻居们不乐交际，只听得到一扇扇门打开又阖上的声音，存在感若有似无。

自杀念头最终消失了，戒断症状停止了，取而代之的是彻骨的痛楚。我几乎无法忍受周围有人，甚至路上的陌生人也不行。我的药方重新回到 H 医生时期——包括五羟色胺再摄取抑制剂加苯并——我感觉有好转，甚至身心健康。

我恢复了理智，可以清晰地思考。我阅读——大量地阅读。我思考——大量地思考。（不是精神病态的思维反刍；是沉思。［不过也许想得过多了。］）我唯一回避的话题（除了不得不去见 R 医生的时候［但即便在他面前，我也从没问过他在我身上看到了哪种病］）是精神疾病。我就这样存在了一段时间——独处。

理想的独处需要有力量。这是一项需要掌握的技能：自己一

---

* 下文中圆括号和方括号的使用遵循英文原文，与中文通常的使用规则有所不同。——编者注

个人而不感到孤独的能力。它绝然是男性的，通常是民族主义的，是美国精神独立的象征。梭罗在《瓦尔登湖》中写道，他从未感到孤独，"或者丝毫没有感觉独处压抑"，除了一次，那一个小时令他"怀疑拥有一个人类近邻是否不是一份宁静且健康的生活所不必需的"。（当然，他可能也发现了"与人类比邻而居也有微不足道的假想中的好处"，因为他的"独居"小屋建在近邻爱默生名下的土地上。梭罗经常去爱默生家共进晚餐，在自己小屋里招待朋友，他的饭菜由母亲送来。换言之，他的瓦尔登湖实验与其说是一个人独居，不如说是在大自然中过一种简单的生活。）

独处是正义的。参见本杰明·拉什的观点——他是医生，也是美国开国元勋，常被称为"美国精神病学之父"。拉什不仅因为拯救了被当作恶魔附身的精神病人而扬名，但他让这些病人采用放血等哥特式疗法也为大众所熟知。他认为独处是正向"影响道德能力的现实因素之一"。

独处是智慧的源泉。它是求索开悟的佛陀，是身陷沙漠的耶稣和摩西，是立于山巅的先知。独处是托马斯·默顿摒弃纽约空洞的放荡，遁入革责玛尼的特拉普派修道院。正如他在《独处之想》中所写，"当组成社会的人不知内在独处为何物，那社会就不能再由爱攒聚在一起：因而社会依靠一个暴力和虐待的权威所维系。"对于默顿来说，"内在独处"是必不可少的。

我从没想过要去做一名隐士（recluse）。没错，我符合这个词的衍生含义：一个脱离社会的人。但隐士最本初的定义是出于宗教原因而闭关的人，而我实在没有什么信仰。此外，隐士这个词本身有一种离经叛道的感觉。J. D. 塞林格（《时代》杂志十大隐居名人榜排名第一）这样的人物才称得上隐士，他放弃著书出版，每二三十年屈尊接受一次采访。隐士是霍华德·休斯（榜单上的第二名），他把自己锁进比佛利山庄酒店，任由手脚指甲生长——不过，说句公道话，有人猜测他可能得了病，指甲疼痛但难以修剪。我也不是隐修者（hermit），这个称呼包含的宗教内涵更强烈。

那段时间或许用在大城市的独处来形容我最恰当。我栖息在人群中，与他们擦肩而过，却毫无交集。我从不到外面吃饭，从不去电影院，从不逛博物馆。我讲课——每个礼拜十二个小时，一年三十个礼拜，在固定两所大学，诚然，做老师需要高强度的社交互动。给学生上课与指导以其他事物无法比拟的方式使我得到了满足。教学给了我一支社交互动补充剂，一次能帮我坚持几天。我在健身房锻炼。我去看望母亲。但也仅限于此了。我不见朋友，很少通电话，甚至与一位珍贵的朋友断绝了友谊，对方在另一个城市，只是想每个礼拜和我说一次话保持联系，可那份联络于我而言已是难以言喻的负担。

我不出门不是因为有广场恐惧症。我对拥挤人潮的厌恶自有原因：想想音乐节，游行，在我住处附近有个农贸市场，人们聚在那里溢价购买有机蓝莓和手工比萨饼，围圈敲鼓。没错，我避开了商店。没错,我依然存在于这个世界上,只是在一间单间公寓里度过了大部分时间。

我甚至有两段持续了几个礼拜的恋爱关系(有一个月[不过是比较分散的见面])。那两个男人都住在别的城市,所以我和他们见面的次数一个手数得过来。他们俩都曾以朋友的身份出现在我的生活中好多年。他们二人也属于独处那一派。一个住在密歇根一处偏远的农场,另一个在俄勒冈的波特兰。那两人的生活和我的大同小异,只不过他们活动的空间更大一些(他俩都有自己的房子。投向窗外的视线不会被砖墙阻断)。我们的大部分交流都是通过文字,这给人一种虚假的亲密感。短信频繁作响,加上手机振动将原本沉闷的一天不断打破,让双方都感到被需要和被吸引。但我后知后觉地发现,独处的人不适合在一起。我们有一种被彼此扎到的感觉。保持一定的距离是必要的。两段关系均以激烈而迅疾的方式结束,仿佛我们各自都达到了亲密程度的饱和临界状态,不得不掉头撤退,否则就有可能失去保护我们的边沿——那些括号。

我独自一人沿着同样的路线散步:去桥下,沿着湖岸边向北,经过高尔夫练习场,抵达港口,然后返回。原本人迹罕至的公园,在那个冬天化为彻头彻尾的荒凉。我没有和规划给居民的那一小块自然区域交流,不去理睬红翅鸫和帝王蝶,也不关心由于一只甲虫的入侵最后被砍掉的一整排坏死树木。沿着同一条路线行走的重复和有序,宛如一种陪伴。来来回回。来来回回。不过若按照传统意义的陪伴来看,我仍然没有打开自我。我是封闭的。

我听的有声读物算陪伴吗?没有权威研究给出答案,但实验表明接收的声音减少会增加孤独感,因此,跟随另一个人的声音——享受托妮·莫里森朗读《宠儿》,或者加布里埃尔·伍尔夫朗读《卡拉马佐夫兄弟》——肯定也发挥了什么作用。

电视和广播的陪伴质量相形见绌,但人们还是将它们算作一种陪伴。据研究人员称,收看喜爱的电视节目可以抵御孤独,然而在网飞刷剧又是孤独的标志。看一集会起到"替代社交"的作用,但窝在沙发上十个小时一气刷完一整季却是危险的信号。根据媒介策略师和BBC的调查,关键时候广播可以成为"救生索"。我看一点电视,主要是北欧犯罪影视剧——《谋杀》(丹麦版)、《权力的堡垒》和《桥》——我不听广播。

还有书籍。研究表明,阅读有助于建立联系和归属感,但目前还没有人专门研究过阅读对孤独或者被孤立的作用。我的书单比较冷门。帕特里西亚·海史密斯的所有作品我都读过。海史密斯也是独居者,她一生中大部分时间都与钟爱的蜗牛和猫一起度过。她厌恶人类,逃避人群,热爱酒精。在她的故事里,主角往往是堕落的、掠夺成性的,他们欺诈、偷窃、撒谎、谋杀,可到了最后我们却和他们深深共情。《火车上的陌生人》这本书我读过多少遍已经数不清了。我可以让自己沉浸在一本书中,惊叹于朝露般转瞬即逝的人际联系竟然如此强大且危险,以至赋予了一

精神病态

个角色说动另一个人实施谋杀的力量。

社交媒体对我的影响并不大。我在推特上的粉丝刚过两位数。脸书里有成百上千个不认识甚至叫不上名字的朋友。我没有照片墙的账号。(用窗外那堵砖墙可以拍摄多少带感又抽象的照片传到网上?)许多人将美国人的集体孤独归咎于社交媒体,但不少研究并不支持这种观点。其中一项发现,只有社交媒体上的负面经历会导致孤独。另一项报告称社交媒体可能会加重孤立感,但无法明确孤独和社交媒体究竟孰是鸡,孰是蛋。根据信诺美国孤独感指数可知,长时间使用社交媒体的人中孤独比例为44%,而从未使用过社交媒体的则为42%。基本平局。皮尤研究中心的一份报告声称,81%的青少年认为社交媒体增强了友谊,68%的受访者认为社交媒体帮助自己得到了朋友更多的支持。信诺的一项研究表明,在对抗孤独感方面,与其简单地说社交媒体是人际互动的一个要素,不如说是交流的质量。生活在人群中和缓解孤独相关性相当微弱。1/4 的美国人表示经常被周围的人误解,2/5 认为自己的人际关系没有意义,只有一半的人觉得日常的人际互动是正向的。

许多人——科学家、心理学家、记者、博客作者——都区分过独处(solitude)和孤立(isolation)的不同。二元式的判别过

于简单：独处，好的；孤立，坏的。独处和孤立的关系，比好与坏的二元对立更加微妙。独居并不都代表纯洁和坚韧。从定义来看，独居仅表示"独自或远离社会的特质或状态"，也可以指"一个孤独的地方"。孤立不一定是惩罚性的。做动词时"to isolate"更偏向于离群，表示自愿与他人分隔开，是良性的，甚至积极的："离群或者曾经离群"。然而，名词"isolation"被视为一种惩罚，一项强加的、绝非主动的选择。"isolation"还可以表示单独禁闭和关押——这是偏见催生出的两种手段。人们通常认为，内心持静的僧侣能够享受禁闭，而心惹尘埃则只感得到关押，备受折磨。但那些人忽略了这样一个事实，僧侣住的可不是四十八平方英尺的小单间，他们不会因种族被逮捕，并且拥有随时离开的自由。

230

我可以离开，但从未走远。没有假期。没有远离城市的短途公路旅行。我的活动范围只有方圆五英里。同样的床，早餐、午餐、晚餐都在同一张桌上，同样的书桌。同样的墙。

我的公寓不再适合我。它不再是避难所了。每次进门，那种独处产生的解脱感不再出现。那个狭小的空间不再提供独处的力量。独处沦为孤立，孤立沦为孤独。我责怪砖墙带来十足的压迫

感，责怪憋仄造成的幽闭恐惧。每次甚至还没跨进门，就已经感受到了一股碾压的重量。

散文家米歇尔·德·蒙田持不同意见。他认为决定情绪的不是我们身处的物理空间，是我们的心灵："我们的病在于心灵，心灵无法逃脱它自身的桎梏。"蒙田会告诉我要保留一个"修理间"，它不需要石灰和木材，它是一个自我内部的私人房间，他人免进。我们必须有"一个自洽的心灵作为陪伴"。在独处中找到满足感需要依靠自身的力量。但我内心的修理间已经从独处的城堡变成了孤立和孤独的监狱。

就像独处—好、孤立—坏一样，类似的二元对立也存在于独处和孤独之间，只不过孤独不仅坏，还危险。在美国，孤独是对青少年和老年人影响最严重的"流行病潮"。它对健康的危害程度与吸烟不相上下，会引发心脏病，增加中风、Ⅱ型糖尿病、痴呆和自杀的风险。孤独会影响我们工作的方式，大大降低成功的可能性，也会剥夺工作中的愉悦感。

但孤独并没有攻击性。它代表的是"没有陪伴"。只在英语词典的第三条和第四条的定义赋予了其情感内涵："因孤独而悲伤"和"产生凄凉或荒凉的感觉"。

和其他所有难耐的情绪一样，孤独的沉重来源于我们相信自己是唯一感受到它的人。于是为了抵御孤独，我们告诉自己，还有人肯定也感受到了孤独。我们加入孤独者聚会，组建唾弃者俱乐部。好读（Goodreads）网站上以孤独为主题的书摘页面有数千人点赞，一万一千个人喜欢乔迪·皮考特的畅销书《姐姐的守护者》里的一段话："我来告诉你吧：如果你遇到一个孤独者，无论他怎么说，你都不要相信他喜欢孤独。真正的原因是他曾试图融入这个世界，可人们却一次次让他失望。"孤独者，孤独的人，不应该受到责备；该责备的另有其人。

不自在的本质是不适。我在自己公寓里过得磕磕绊绊。甚至独自散步也变得不安。但我没有把自己的不适叫作症状。

———◆———

改变不是破茧成蝶。不是瞬间的绽放。它像一个缓慢的、由书籍推动的解体过程。通过一本书——《世界上最好的小女孩》——我进入了精神病态的生活，最后又通过另一本书——《精神障碍诊断与统计手册》——结束了这段人生。

我不清楚为什么自己突然想知道我的诊断病症的理论来源。也许是独处。或者是因为不适。我的博士课程教会了我挖掘第一手资料。只不过在此之前我并没有这样去做。

我多么希望自己第一次真正接触《精神障碍诊断与统计手册》是在一家医学图书馆昏暗又尘土飞扬的书堆里啊，但实际场景是我缩在狭小的公寓里，瞅着电脑屏幕的蓝光。台灯亮着。啃了一半的巧克力倚在键盘旁边的厨房纸纸卷上。网络窗口对我任教的大学图书馆门户开放。我在搜索框中输入了《精神障碍诊断与统计手册》，精确在线访问的页面：《精神障碍诊断与统计手册》第五版，美国精神医学学会，《精神障碍诊断与统计手册》第五版编写委员会，2013年版。

我点击鼠标，滑过紫色封面，来到图书简介。我害怕了，再往下读，自己可能又要被它玷污，重新掉进那个诊断病症、M医生和部分住院措施编织的世界，我几乎要选择退出。但我依然点开了双相及相关障碍那一章。一切赫然撞目：每一种障碍用寥寥几段进行描述，后面跟着编号和按字母顺序排列的症状列表，再后面是代码和分类，以及"诊断特征"。

人们认为《精神障碍诊断与统计手册》的问题是这些列表和类别。但在我眼中，它们很美。清晰。有序。

然后我找到了警告读者不要接受《精神障碍诊断与统计手册》诊断的书。在《拯救正常：内部人士对失控的精神病学诊断、〈精神障碍诊断与统计手册〉第五版、大型制药公司和普通生活医学化的反抗》(*Saving Normal: An Insider's Revolt against Out-of-Control Psychiatric Diagnosis, DSM-5, Big Pharma, and the Medicalization of Ordinary Life*)一书中，艾伦·弗朗西斯写道："精神病学中［新出现］的诊断可能比新药危险得多，因为它们可能导致大规模的（带有所有可能副作用的）过度治疗。"[1]艾伦·霍维茨和杰罗姆·韦克菲尔德在著作《悲伤的丧失：精神病学如何将正常的悲伤变成抑郁障碍》(The Loss of Sadness: How Psychiatry Transformed Normal Sorrow into Depressive Disorder) 中指出："将正常状况病理化可能会造成伤害，避免这种病理化也许会减少此类伤害[2]。"我读了爱德华·肖特的《精神病学史与每个人的抑郁之路：精神崩溃的起伏》(A History of Psychiatry and How Everyone Got Depressed: The Rise and Fall of the Nervous Breakdown)，以及汉娜·德克尔 (Hannah Decker) 的《炮制〈精神障碍诊断与统计手册〉第三版：诊断手册对美国精神病学的征服》(The Making of DSM-III: A Diagnostic Manual's Conquest of American Psychiatry)，还有安妮·哈灵顿 (Anne Harrington) 的《精神修复者：精神病学探索精神疾病生理机制的艰难求索》(Mind Fixers: Psychiatry's Troubled Search for the Biology of Mental Disease)。还有托马斯·萨兹 (Thomas Szasz)，罗伯特·惠特克 (Robert Whitaker)，欧文·戈夫曼。

《哀之书》(The Book of Woe) 里，作者加里·格林伯格 (Gary Greenberg) 深入剖析了《精神障碍诊断与统计手册》。他要求精神病学提供一个——一个就够——"灌篮式"干脆利落的诊断："精神学也像链球菌感染和糖尿病一样，拿出一个可测量的精确标准，一种诊断病症对应单一的病理表现、单一的治疗方式。也可以退一步，只要给我一个经得起推敲的、能够证明诊断系统价值的例子即可。"[3] 剧透一下：直到整本书的末尾，格林伯格都没能找到。

真相无处不在却又无影无踪。我认识的大多数人仍然相信化学失衡理论。他们谈论自己的"抑郁症"和"焦虑症",就像真正的疾病那样,他们吃药,看精神科医生、心理医生和心理咨询师(可是如果没有保险,自己腰包负担得起的又有多少人呢?),他们都不知道手册的全称是什么,只知道 DSM。真相是显而易见的(但又隐藏在[括号里])。

❖

233　　另一次破茧重生发生在一月下旬。咔嚓,裂开。不同的是:我裂开的是外面那层壳。

　　风从窗户没封严的缝隙中呼啸而入。我醒来,拉开百叶窗,窗外结了一层霜,阻挡住视线。我甚至瞥不见那堵砖墙。天气应用程序显示"体感"温度零下四十华氏度。谷歌搜索弹出一则公共卫生信息,警告人们待在室内不要外出。学校停课,企业停工。

　　改变发生之前,这只是我在公寓里普通的一天。我吃了早餐,写了一会儿东西,批改了论文。我刷干净勺子和麦片碗,皮肤开始发痒。抓了下前臂,结果痒得一发不可收拾。皮肤很快又红又肿。涂了氢化可的松,痛痒消了一点。

　　回到书桌,我坐在电脑前,拉上百叶窗,想要阻隔一下寒冷,黑暗渺小却压抑。四周的墙壁并没有朝我倾倒，但我却愈来愈感到它们的迫近。

我扯了扯脖子上的高领毛衣。口干舌燥。无法吞咽。我只想出去。

走廊里看不到邻居。电梯里除了我没有别人。大厅同样空无一人。

我站在大楼的玻璃门前，透过没有结霜的玻璃凝视着外面万物灭绝的景象。街上没有行驶的汽车，人行道上没有行人。虽然我之前不怕与外界断连，但此时一股孤立和孤独的浪潮席卷了我。我看着自己的倒影，那是一个非常孤独的女人，但她准备向外伸出手。

那股力量，那伸出的手，比将我拉回自己体内的力量更强大。它把我推搡了出去。那推搡并不令人愉快。我的默认模式整个破裂开来。我感到自己暴露在外面，砖墙和结霜的窗户坍塌了。我的生活不再以同样的方式被括号关起来。

——◆——

第二天早上，我打电话给姐姐。她的声音里有一种缓慢审慎，仿佛准备迎接危机状况。我说，没有发生危机，然后问那天是否可以去她家工作。

她把我安顿在他们客厅里的 L 形沙发上，我一个人工作，他们进行着各自的生活：外甥出门练网球，姐夫下班回家，外甥女在地下室（她在地下搭建的堡垒[她喜欢那个地方]）里面写作业，姐姐照顾我们每一个人。外甥女和外甥还太小，和他们说了也听不懂，他们也从不质疑我为什么这么奇怪。他们平淡的问候是一贴止痛良药。姐夫的表情同样好像在对我说，只要你需要，只管开口。

只需一个电话，我就可以得到世人很少能有的支持。重症门诊互助小组治疗期间，经常有人谈到自己如何不被家人理解。我们围成一圈，聆听彼此的倾诉。一个女人含着泪水，双腿交叠，长长的黑发挡在脸前，她说姐姐得知她的诊断后，就不再让她照顾外甥女。我始终知道，我的姐姐、我的母亲、我的父亲、我的继母、我的姐夫、我的外甥女和外甥都一直支持着我。

我花了几个月的时间适应了新的生活模式。每天有一部分适度的时间是在他人的陪伴下度过——家人、熟人、同事、陌生人。我把擦肩而过的人们放进自己的记忆中：杂货店的收银员、排在我后面的人、优步司机、旁边那桌夫妇。每天回到公寓，我走进电梯，与邻居们默默站在一处。他们中的大多数人都低头盯着手机。电梯在我住的那层打开，我向他们道晚上好，微笑，并试图

与至少一个人进行眼神交流。有些人惊讶地回应，另一些人则像被我吓了一跳。一个男人被冒犯似的拧起眉头，好像我侵犯了他的私人空间（或者独处，或者是孤立，也许是孤独［好像我侵入了他的括号］）。有些和我进行眼神交流，并回以同样的祝愿，也有的盯着手机，头也不抬地机械回应"晚上好"。

起初，他们的回答对我很重要，但我意识到这不是重点。联系的关键是不寻求他人的回馈。我们必须自主地去奉献，化身匿名捐赠的社会慈善家，不要期望任何牌匾和赞赏作为回报。

我不需要用有意义的互动去渗透我的孤立，遏制我的孤独，刺激我的康复。注意到其他人的存在就足够了。我说出的"祝你晚上愉快"和"祝你愉快"提供了"有意义的互动"。

什么是"有意义的互动"？它需要达到何等程度的亲密？在互动发生之前、期间和之后，我们需要经历哪些情绪才能说它"有意义"？以如此高的标准（或任何一种标准）要求他人，似乎会带给自己孤立和孤独。

这并不是说我没有感到孤立、孤独，没有与身体不适做斗争；这些我都经历着。回到公寓仍然让我感到恐惧，尤其是冬天傍晚的黑暗。寂寞似乎等在门口，欢迎我回家。胃里令人作呕的黑色物质反复出现，然而那些感受和感觉以一种前所未有的方式离开了我。

我在独处（或孤立［或孤独］）中度过的时间被括号括起来；这就是我现在的生活的标点符号。里面是不断变化的药物鸡尾酒、戒断症状、自杀倾向、恶心、M医生、部分住院治疗。就这些。把它们塞进括号藏起来，彼此套在一起。

一天晚上，在布鲁克林的社区中心的ESL课堂上，我用课堂活动检测插入语的语法掌握情况。学生两两一组，分析练习册里的英语句子成分——英语真是一门难以掌握的语言，语法规则千变万化，标点符号的使用有各种条条框框。我打开《沃里纳讲英语语法和作文》影印本，翻到讲括号的那一页。

括号表示将部分文字前后圈起来。它们通常用于引文，但也可以表示插入的想法，表示想法中的想法：(我是在独处［还是孤立？］)括号的使用符合大脑的思考方式（大多数大脑［也许只有我的大脑是这样］），带着犹疑、澄清和矛盾。一个想法可以是陈述，也可以是问题。一个想法或许传达了确定，又或许表示了怀疑。虽然一些语法学家说括号圈住的是不必要的信息，但这绝非事实：括号代表我们的内心生活、我们最深切的秘密。

我们很少使用方括号——大多数语法学家会选择逗号或破折号，但方括号在最常见的QWERTY键盘布局上占据着两个和字母一样的位置，而（我们更常用的）圆括号却从属于数字键9和0的上档字符。也许我们不通过方括号进行交流，是想避免感受自己的内心深度。如果逗号是减速带，破折号推开一扇门，圆括号是眼睛要跨过的障碍，那么方括号就是一面坚固的墙。

方括号——曾经被称为crotchets——它的起源是个藏在历史中的谜（双关）。方括号［］与圆括号（）尖括号〈〉一父同胞，据说是由意大利人文主义者、修辞学家克鲁西阿·萨鲁特提（Coluccio Salutati）在14世纪初发明的[4]。编辑经常使用方括号对文本加以注释和更正。在塞缪尔·理查森1748年出版的书信体小说《克拉丽莎》（一本大部头，我读过）和劳伦斯·斯特恩1759年的小说《项狄传》（另一本大部头，我还没去读）中，方括号被创造性地用来表示书中角色省略的内容，而非后来很常见的用于表示编辑、作者省略的材料。

就像圆括号一样，方括号也可以看作曾经是一个整体的碎片。圆括号的样子是将一个圆圈一分为二：

方括号是一个矩形在中间裂开：

它们散发出一种封闭的感觉。这就是我那些年对自己的看法：周围隔着墙，和自己待在一起，藏在自我的内部。

方括号和人类一样，彼此关联。有时它们发出的信号讲的是不必要的信息；有时它们把注意力引到括号里面的内容上。最近我看到一个观点，说方括号为可能存在也可能不存在的文字保留了空间［　］。当某人说的话出现改动时，方括号负责向读者们点出。在英语引文中，它们可以用来提示被部分引用、呈现为独立从句的句子：把 It's possible she has depression 她可能患有抑郁症引作［S］he has depression［她］有抑郁症。在引用他人的话中间，放置一个方括号是建立一层连接内外两个声音的边界，也许会改变原本的含义。英语中的方括号使内容表达得更清楚：她患有一种疾病［双相障碍］。方括号嵌套信息：她患有一种疾病（双相障碍［她被告知这种病终生不愈］）。方括号还可以指出原文中的错别字和错误：她真的是双箱［原文如此］，She's really bipolr［sic］。不是我写错了；是别人搞错了。

───◆───

"是这样的，"R 医生举起双手，示意我等一下，"不是每个人的情况都能拿出个定论。"

在他的诊室里，我们坐在各自的皮椅上。我问他。我的诊断是什么。

他说了一个病。

虽然不认同，我还是点点头。他的诊断就是他的诊断——《精神障碍诊断与统计手册》的诊断。我怎么可能去接受没有根据的东西呢？

我们约了下次会面的时间。我沿着长长的走廊，走进电梯，来到大厅。几乎是春天了，外面的空气潮湿而凉爽。冬天的最后一点风吹过芝加哥大道。人行道上的冰块融化了。

第十四章
关于污名化（和揭露）

一天早上，我从睡梦中醒来，嘴里逸出一声呻吟——有声的呻吟：黑暗，似吼似哮，但没达到邻居们能听见的音量。我给编辑发了电子邮件，然后拉开覆在窗户上的白色百叶窗。阳光咄咄地明媚。就连蓝天都好像不对劲。

问题始于一天前。我和一位朋友坐在全食超市的就餐区吃火鸡三明治。她知道我的一些经历。我提到自己即将投入学术就业的市场。她从事人力资源工作。

我说："我有点担心——"

"哦，不要担心。对精神疾病的污名化——"她环顾四周，压低了声音道，"现在好太多了。"

"不是的，我担心有人看到这个。"我从手机上调出一篇我的发表文章，里面讲述了我亲身经历的自杀意向。初衷很好：以笔为疗，通过分享自己的故事帮助他人。但如果谷歌搜索我的名字，出现的第一篇关联文章就是这一篇。我想象着招聘委员会点开页面浏览的情形，感觉不得不找杂志社把它从网站上删除。

她低头看屏幕，扫了几眼说："没错，把它放在那儿不太好。"

回到办公室，我心想，可笑。学术界不是倡导思想开放吗？我所在的研究领域不是"人文学科"吗？大学不是在职位招聘描述中声称要为"患有或曾经患有"精神疾病的人提供平等的机会吗？

一位同事读了这篇文章。当时我坐在她的办公室。她对我说："你不能删它。"她还谈到了艺术自由。但当我问假如招聘委员会看到会有什么反应时，她犹豫了。"也许你应该从简历中把它剔除，别在自我介绍的专业学术论文中提。"

还有一位同事读了这篇文章。他的表情布满担忧的阴霾。

绝对要把它从简历中剔除，绝对不要在自我介绍的专业学术论文中提到它，甚至要考虑把它从网站上删了。

对自杀的污名化（英语为 stigma，原意是在皮肤上用烧红的烙铁烫一个烙印，是一种象征耻辱的标志）——认为自杀的人出现了精神错乱，属于刻板印象、歧视和偏见。污名化的本质根据不同性别、种族、文化和社会经济阶层而有所不同，但我们每一个人都被它影响[1]。污名化自杀并不会让人对自杀望而却步，相反，自杀率在过去二十年里不断增加[2]。

从历史上看，自杀被描绘成软弱、亵渎、不可饶恕之罪、邪恶、恶魔、犯罪、自私、自负和精神错乱的标志。圣奥古斯丁是第一个歪曲经文、将自杀斥为罪行的人。4世纪时，他在自己对十诫第五条的解释中谴责了自杀行为。圣奥古斯丁在《忏悔录》中写道:"上帝的命令'尔不可杀人'应该被解读为禁止人类毁灭自我。"

某种程度上,将自杀看作精神错乱标志的观念,出自伊丽莎白时代的英格兰。一个人死后唯一能避免被追认成自杀的方法就是证明生前患有精神失常,否则不能举行基督教葬礼,尸身将被赤裸地扔在地上,用一根木桩串起来,家人也要遭受惩戒,陷入贫困。"疯子"的自杀是可以被接受的,因为考虑到其精神状态,也算情理之中。

《精神障碍诊断与统计手册》加深了自杀污名化。在第四版中,自杀被认为是某些诊断病症特别是情绪障碍和药物滥用障碍的症状或者并发症之一。《精神障碍诊断与统计手册》第五版创造出自杀行为障碍,只要在近二十四个月内试图自杀过的人都可以被确诊[3]。二十四个月。两年。也就是说,一个考虑过结束生命并在一场很少有人能理解的激烈精神斗争中幸存下来的人,会被认定为精神病患者长达两年,十年的1/5。这不是诊断,不是治疗,这是谴责和惩罚。一项比许多实际犯罪行为还要严重的判决。在我老家伊利诺伊州,严重伤害罪——一项重罪,判罚视具体情况而定——罪犯有的在监牢里只用待不到一年[4]。

我绝非支持自杀——没有人应该遭受如此恶毒的质疑——但自杀并不应该总被谴责,被看作违背上帝、自然、国家、社区、家庭和自我的行径。同样，自杀也不总被当成思想不稳定的佐证——比如古希腊的斯多葛学派[5]，古罗马人[6]，以及经常在戏剧中用同情的口吻描绘自杀的莎士比亚[7]说的那样。有些启蒙思想家，比如大卫·休谟，实际上甚至赞成自杀——究其原因，主要是站在理性主义者的立场上支持个人自由，反对宗教教条[8]。投赞成票的还有非裔美国奴隶，他们认为自杀是表达抵抗甚至反权威的行为[9]。埃米尔·杜尔凯姆认为自杀更多地是文化和社会因素的结果，而不是个人的性格或者选择[10]。同样，法国理论家米歇尔·福柯相信自杀是一种合乎常理的不正常行为，而且自杀受到了掌握权力的人不公平的谴责[11]。

尽管如此，我还是有充分的理由相信应该把这篇文章从网站上拿下来，隐瞒它的存在。污名化是切实存在的。精神疾病、《精神障碍诊断与统计手册》的诊断都还好，但自杀是……极端，是越界。如果我的外甥女和外甥知道了，他们会怎么想？又有谁愿意和一个意欲结束自己生命的人建立关系？考虑到招聘市场的残酷，以及遍地没有（此为假设）这种隐患的作者和博士竞聘者，掌握了这一信息的委员会，怎么会雇用我呢？

等了很久，编辑的回复姗姗抵达收件箱，邮件很长，不能简

单地概括为是的，我们理解。她表示理解我的担忧，但又写道，这篇文章已经获得了很多流量。这并不是说给杂志网站增添了点击量，而是它触碰到、帮助到了很多人。还有就是出于对作品心血的考虑。从各种方面看，这篇文章是集体之功，而非我的个人成果。她让我再考虑一下。

与 R 医生会面时，我问他怎么看。他的背倚在皮椅上，双腿交叠成一个阿拉伯数字 4。他瞪大眼睛，那古怪的表情好像在说，真会给我出难题。

"在某种程度上，"他的下巴肯定地点着，"你应该对自己的心理健康史保密。所以不要泄露。在大多数专业环境中，尤其是在学术界，人们的理解还不够。"他古怪地笑了笑，摇摇头。"如果你现在申请法学院或医学院，我会说放心大胆地去吧。他们他妈的就喜欢那种人。"

那天晚上，我坐在笔记本电脑的屏幕前，重新阅读了网上我的这篇文章。我发现了一些错误，其中一些说法我根本不赞成。里面的内容陌生得好像出自他人之手。怎么会有人写这样的东西？她怎么能如此堂而皇之地谈论自杀呢？

我走到窗前。砖墙同样回视着我。没人会雇用一个曾经有自杀倾向的人，曾经亲身了解分号威力的人。更多的思绪奔涌而来。我必须把这篇文章藏起来。

编辑在第二封电子邮件中回复说,杂志规定不能将已发表的作品从网站删除,并提出只署我的名和姓氏首字母,并删除我的简历,这样就无法确认作者身份了。她说,几个礼拜后,谷歌的算法自会施展魔法,没人再把我与这篇文章联系起来。

我去公园里转了一圈。阴晦的天空压着大地。薄薄的雾气中,红黄各色的秋叶闪着光亮。我本该感到一块大石头落地,但胸口沉甸甸的。我放弃了这篇文章(并且假装它不属于我)。我感到茫茫然的空荡:没有诊断,没有答案,没有过去。

但我的过去确然就在那里。一年前的某个下午,我走过同样的路线。同样阴沉的天空,只不过没有雾。同样的叶子。同样的树。那棵我想吊死在上面的树。

也许把我的名字从文章中拿掉(假装它不属于我)是我掌控自己人生叙事的明智做法。并不是说这样便能一键消除所有,每次急诊室的就诊记录仍然一笔笔写在我的病历上。我的自杀意念可以在C医生、H医生,以及M医生的笔记中找到。六项诊断病症依然要伴随我终生。每一项诊断都会产生一系列的后果。就拿双相障碍来说,未来我如果想收养孩子会麻烦重重,人寿保险也很难获保。

回到公寓，我点开网上那篇文章：《论自杀意念》，作者：萨拉·F。萨拉·F，基本等同于匿名。那不是我。这是正确的做法——是我唯一能做的事情。没有人需要知道。

─────◆─────

接下来与R医生会面时，我告诉他想停掉所有药物。他——第三次——更改了我的诊断。我已决定不再背负其中的任何一个。如果我不接受诊断并准备隐瞒自己的过去，我就不能服药。这说不通。

R医生再次将双腿交叉成4字，身体靠在椅子里。"我有一个客户——患有最糟糕的诊断病症：分裂情感性障碍。你懂我意思吗？双相加精神分裂，没有比这更糟的情况了。她出身律师世家——一家都是著名的诉讼律师。一个精神科医生可不愿意和他们打交道。我告诉她的家人我们需要做什么。她家却指挥我应该怎么办。他们家没人学医。但我说，'好吧，你们带她去麻省总院去看，那是全国这个领域最好的医院。'他们用私人飞机把她送到波士顿。麻省总院的医生不认同我的看法。没事。在麻省总院治了六个礼拜，他家女儿的情况更糟了。一家人又重新找我，按照我说的做。治疗花了一段日子，不过她好转了。稍微好一点她就说想停药。可以。我们慢慢地给她减药。慢慢地。她现在是谷歌的高管。完全不用服药。"

"我就想这样。"我说。

他移开了视线，脸上露出"那不可能"或者"这不是故事重点"的表情。他建议我提高五羟色胺再摄取抑制剂的剂量。

"为什么？"我的嗓子变了调。我好不容易才摆脱了抗精神病药和锂，停用了苯并（在某一天突然停的——那个时候我还不知道这样做的风险），那么为什么我不能离开五羟色胺再摄取抑制剂和拉莫三嗪呢？

"没必要停，"他说。"这些药物不会伤害你。它们是低副作用的搭配。"

我说我已经下定决心了。

他摊开双腿，深吸了一口气。"好吧，我们可以试试拉莫三嗪。"

我爱上了去"戒断团体"。这种鼓励人们停药的组织里都是没受过医学培训的外行。媒体以拥抱的姿态接受了它的存在。《纽约时报》一篇精神类药物戒断的文章中，那些戒断了精神类药物的人成了克服千难万阻最终赢得胜利的英雄[12]。《纽约客》刊登了一篇介绍一位戒断团体领导者的文章（实际上是篇颂歌），她在没有医疗监护的情况下停药，获得了自由，成功后鼓动其他人（收费提供建议）也这样做[13]。不被药物束缚就是精神上的高洁和精神药理学上的纯洁。

戒断团体让我产生了药片羞耻,我相信他们是对的。他们宣扬在不依赖医生帮助的情况下摆脱精神药物是绝对必要的。一个网站告诉我,我是"唯一可以决定是否以及如何逐渐减少药量的人"。而要进入该网站,却必须在免责声明上点击同意,表明他们不对因阅读此类声明而导致的任何后果负责。一位博主的话给了我很大的触动,她说,医生告诉她,如果你想停药的意念足够强,戒断就一定能成功。另一位博主说,我不停药就是"认输"。我还看到有个人鼓励我要"继续坚持",所以我便这样去做了。

———◆———

药物是拯救还是毁灭人们?医生、研究人员和学者在出版物、电视、播客和讲台上掀起一场又一场战役[14]。支持用药的一方往往是精神科医生、学者和研究人员这些有切身相关利益的人,他们的研究成果被当成药物手册。反对/立即废除处方药的阵营包括深受挫折的精神科医生和从精神科治疗中死里逃生的病人,他们倾向于妖魔化精神类药物[15]。

主张立即废除处方药的人吓得我恨不得离药三尺远。罗伯特·惠特克在博客节目《疯了·在美国》(*Mad in America*)中谈到了精神病药理学的危险:特效药和"突破性新"药物巩固了诊断病症;制药公司从中赚取了数十亿美元;精神类药物只在短期有效,长期服用会产生危险的中毒后果。代表病人权益的精神科医生彼得·布利金（Peter Breggin）表示，精神类药物是毒素，不能治愈精神疾病；精神类药物是精神疾病存在的原因："[它]们不是在纠正生化失衡，正是它们造成了生化失衡。"[16]惠特克、布利金以及其他一些医生都令人信服地指出，抗精神类药物和抗焦虑类药物会产生精神病和焦虑症[17]。

一个礼拜后，我站在讲台上，讲授文学概论课程。我们讨论了艾米·谭在《母语》中使用的"蹩脚英语"。文中谭讲述了一件事，自己母亲遭人歧视，因为她讲的是所谓的"蹩脚英语"——中英文语法、标点符号和句法混用；堆砌单词，缺少动词，用逗号连接独立句子。一位学生说，这篇文章的重点不是文中写的"喜欢，说，喜欢，完美的英语"，而是欣赏英汉双语对比的魅力。

我开始出汗。心跳加速。汗越出越多。

一名学生举手发言，作为第一代移民的孩子，他的父母有着同样的经历。

汗水很快浸湿了我的内衣、我的吊带背心、我的衬衫，最后逐渐洇透了我的西装外套。幸好外套是黑色的，学生们没发现。

下课后，我回到办公室，脱下衣服摊在书架上晾干。R医生向我保证过,停用拉莫三嗪不会引起戒断症状。我给他打了通电话留言。

他回电了,我说我坚持不下去了。

他向我保证——真诚地——这些情况都没关系。我们已经降到了我能忍受的最低剂量。他叫我把拉莫三嗪重新加到原来的剂量。

也许是没关系。也许药物对某些人没有帮助,化学失衡理论是错误的。药物研究基于错误的《精神障碍诊断与统计手册》诊断。药物测试采用的是《精神障碍诊断与统计手册》里的随机症状列表,药物受试对象是无法证明患有相同疾病或任何疾病的人。

也许我可以拒绝接受《精神障碍诊断与统计手册》的诊断,但仍然患有或曾经患有某种精神疾病,继续服药。也许我不一定要完全接受或者完全拒绝心理健康产业。也许我可以在没有搞清自己的病、没有症状列表、没有命令、没有答案的情况下继续生活。如果这样做了,我不得不接受自己的自杀倾向,还要把它从圆括号中拽出来。

圆括号代表内含和隐瞒。其历史可追溯至文艺复兴之前[18]。16世纪,荷兰哲学家、学者德西德里乌斯·伊拉斯谟(Desiderius

Erasmus）把圆括号叫作 lunulae，即小月亮。圆括号最早的一位使用者是伊丽莎白时代的修辞学家、学者、抄写员安琪·戴（Angel Day）。抄写员戴受到雇主的信任，可以接触雇主的秘密。括号可以看作是将一个封闭的圆圈、一个盟约一分为二：

牛津英语词典后来将圆括号 parentheses 定义为"一种解释、旁白或者事后的想法"，与句子其余的部分没有语法相关性。通常来说，表示插入的标点符号——圆括号、破折号和逗号——可进行互换。但是圆括号与破折号、插入语逗号有天壤之别。插入语逗号是减速带，减慢我们阅读的速度。破折号指引我们前进。圆括号拦住我们却只是为了低声邀请我们翻进去。它们袒露了作者内心的想法和秘密。

下一次见 R 医生时，我询问自己的药物长期服用有什么副作用。他看向窗外，顿了顿才道："根据文献——我的意思是，我们现在所知；不太可能有。你问现在吗？是有一些数据……我们现在能知道什么呢？不，没有严重的风险。"("According to the literature—I mean, what we know now; it's unlikely. You mean now?

There are some data ... What we know now? No, there are no serious risks.")

我本可以尝试在引号中他断续的话语之间寻找意义；解码每个逗号、每个句点、破折号、省略号、分号、撇号、问号、每个空格。我本可以反复咀嚼，插入优柔寡断的斜杠——相信这个/那个，接受诊断/不接受——但我没有。

后　记

　　新客厅的窗户可以看到湖泊和城市的天际线。旭日东升，将地平线染成深粉色。厨房里，流理台上——一个崭新的流理台，灰色的，带斑点——放着我的蓝色药盒。

　　我撕掉了标签。它们不再是"药物"，只是我服用的小药片。一颗卡在喉咙里。即使用水冲下去，那味道——细微的味道——依然挥之不去。

　　拒绝一项（或两项、四项、六项）诊断是一种飞跃，是对《精神障碍诊断与统计手册》虚假的确定性的驳斥。我没有出现危机。我的诊断不是一种强行的社会控制手段。我不需要依靠诊断领取残疾补助金。我的药片管用（虽然我不知道治疗疾病是否需要它们，或许是因为我的身体依赖着它们）。我幸运地找到了正确的药物组合和剂量，就像先中了彩票大奖，接着碰见一棵开花的铁树，最后在树下卧着的九头牛当中找到了最细的一根牛毛。

　　如果我是跨性别者，而且我的病症需要接受医疗护理，那情况就不一样了。可悲的是，自我的跨性别认知仍然被当作一种精神疾病。最开始叫性偏移，之后是人格障碍，接着改称性向和性别认同障碍，现在被叫作"性别烦躁"。《精神障碍诊断与统计手册》第五版的编写者们坚称这一新标签只包括那些身受困扰的人。这么说也没错，如果跨性别者没有被迫接受诊断和治疗的话。

有些人从自己的诊断中找到了力量。当第五版《精神障碍诊断与统计手册》移除了阿斯伯格症并代之以自闭症谱系障碍时，阿斯伯格团体回以雷霆般的呐喊。他们自称"阿斯卜"，享受着标签带给他们的一切。这是他们身份的一个组成部分，给他们提供了获得治疗和归属感的机会。

但接受《精神障碍诊断与统计手册》未经证实的诊断病症——相信它们，靠近它们，成为它们——几乎逼得我自杀。那段时间我的大脑中充斥着用逗号连接的、前后不合逻辑的想法（他说我有病，所以我一定有病），冒号后面跟着的一串症状和副作用（她表现出许多症状：心境膨胀，抑郁发作，易激惹），连字符术语（direct-to-consumer marketing，直面消费者营销）、难以回答的问号（我真的有病吗？），事情应该叫停时的句号（够了。），给自己的选择（双相/非双相），该出现但没出现的警示（不要听信！）。问题仍然存在：是我让自己生病了吗？一切都是我想象出来的吗？精神上的疾病还是药物的影响？有多少是我自身的问题，有多少是因为别人告诉我我有病？我怎么能继续服药但拒绝接受诊断呢？我有答案：不是，不是，不确定，很多，因为我就这么做了。

在我好转的过程中，或许他人的建议也发挥了作用。我们受到"专家"的影响。让－马丁·沙可（Jean-Martin Charcot）使用催眠术"治愈"了歇斯底里症患者。神经学家乔治·比尔德承认[1]期望的影响力，它可以[2]是积极的，也可以是消极的，全看我们相信什么。

R医生说他会让我好起来——不是脱离药物，而是功能恢复正常，在大多数时候展现为高功能，甚至成为我预想中的"谷歌高管高功能"，但我绝不相信他是经典精神疾病回忆录中经常出现的神话型天才/不驯医生类型。我不是丝卡，他更不是谢尔曼。他没有让我好起来；我好起来是因为我自己语言的力量。当我不再给自己贴标签，不再把自己当成一个病人时，我就不再是病人了。

这并不是说我在情绪上自此高枕无忧了。我感到——有时是深重的、麻痹的——抑郁和焦虑，但我没有抑郁症和焦虑症。胃痛仍然会袭击我，焦躁爬遍全身，但我不让坏情绪转向分崩和破裂。没有现实解体，没有人格解体，但有很多孤独和孤立。以及独处。还有希望。

心理咨询完全没能帮我更好地剖析自己。也许我只是没有找到合适的心理咨询师。我去过的咨询总是以讲述问题开始，然后详细谈论大部分不值得那么多关注的情况和事件，或者通过谈论增加它们的重要性。那些事把我留在过去；而我想活在未来。

有一样东西确实帮助我了解了自己——或者至少是我的身心——至少更了解了一点：进化精神病学。和很多人一样，我对这一精神病学分支的了解始于一本书：医生、科学家伍道夫·内斯（Randolph Nesse）的《给坏情绪好理由：来自进化精神病学前沿的见解》（Good Reasons for Bad Feelings: In sights from the Frontier of Evolutionary Psychiatry）。我和父亲开始每个礼拜日一起吃午饭（这很快便成为我整个礼拜的期待）。我有时提议我们一起读内斯的书，但大部分情况由父亲提议（这本书是《经济学人》的"年度好书"之一，而我父亲又是《经济学人》的忠实读者）。内斯提出了一个我从未想到过的范式。也许焦虑和抑郁等情绪不是精神病态；它们或许可以追溯到原始人类，并且由于某种原因并没有被自然选择所消灭。或许焦虑（甚至焦躁）有助于原始人类保持警觉，躲避草原上的狮子。根据一些理论，抑郁可能是应对压力的一种合理——甚至进化上有益的——方式[3]。

内斯运用进化生物学，提供了一种精神病学思考角度，替代《精神障碍诊断与统计手册》的症状列表和庞杂的诊断病症。他认为，大脑是为应对危险完美设计的；问题是大多数人的生活相对缺少威胁。我身上经常出现的极端情绪、反应和想法是自然的，只是在当下不再派上用场。它们不一定是障碍或疾病的标志。有时痛苦的情绪是必要的，有时不是。抑郁情绪（迟缓、沉重）可能是身体对长时间焦虑情绪（肾上腺素激增、焦躁、分崩然后破裂的感觉）的反应。

读内斯的书，我最喜欢的是它的单纯。他提出理论，而不是"真理"。与《精神障碍诊断与统计手册》的编写者们不同，他不会在没有被科学证实的地方假作科学权威。进化精神病学不是一种治疗方法，与制药公司没有关系。内斯强调，它只提供"哲学见解"[4]。

进化精神病学并不完美，但它帮助我以不同的方式看待自己的思想。它不是一个充满压抑和隐藏着噩梦的邪恶实体，被险恶的别有用心的动机和意义所驱动。它不是一系列失控的化学失衡、散乱的突触和任性的神经元。它当然也不是使我被《精神障碍诊断与统计手册》确诊的症状列表上的想法和行为的来源。它是一台善意的机器，试图穿过担忧、焦虑、恐惧和抑郁，保护我的安全。

甚至我的自杀意念也可以被它理解为一种尽管不正确但是自然的进化反馈[5]。自杀意念不是罪恶的，不是可耻的，不是"精神错乱"的证据。它不是出于自我憎恨。是我从远古人类那里继承的头脑告诉我，我依靠集体生存，如果我是一个负担，不进行繁殖或者没有用处，那么利他主义的自杀就是答案。这种逻辑当然与我的现代生活隔着十万八千里，我的自杀意念也不是要做无私的牺牲，但我的大脑已经习惯了这种进化范式，因而可能错误地将自杀当成一种可行的选择。这是一种过于简化的观点，没有考虑到想自杀的人遭受的折磨，他们堕入一个黑暗痛彻的非人地方，但这个观点相比之下更宽容，污名化更轻[6]。

我拒绝诊断，因为它们全都没有得到过证实，但我患有或者曾经患有精神病——从广泛的层面上讲，而且这里的病没有确定的名字。我身体确实有缺陷，如果这样说冒犯了某些不太健全的人，那么可以说，我的生活不得不遵照准则。比如我的身体和心灵需要一定程度的护理，而有些人则不需要。我过着简单质朴的生活。大多数人会认为我的生活方式沉闷透顶：健康饮食，基本不出门旅行，呼吸大量的新鲜空气，进行大量运动，不吃刺激神经的药，不喝酒精，远离咖啡因，基本做到了戒糖，规律作息。我做出这些选择不是因为我有一项（或者两项、四项、六项）《精神障碍诊断与统计手册》的诊断病症，只是为了身心康健。

——◆·◆——

虽然有很多理由支持我走上反精神病学的道路，但我没有这样做。精神科医生参加会议，会上他们争相展示支持使用精神科药物的数据，可是提供这些数据的研究出资方是生产这些药物的制药公司。他们没有公布背后的利益纠葛[7]。他们接受医药代表的礼物和样品，然后摆出名副其实的药物自助餐给患者去选[8]。精神科医生们，比如约瑟夫·拜德曼（Joseph Biederman）、查尔斯·内莫若夫（Charles Nemeroff）、艾伦·沙茨伯格（Alan Schatzberg）（就是他偷换概念，给五羟色胺再摄取抑制剂戒断反应起名"停药综合征"），从制药公司手中收受了数百万美元，沙茨伯格个人持有共同创立的制药公司480万美元的股票，该公司生产他代言的精神科药物。在拜德曼"的推动下，美国儿童双相障碍的确诊人数从1994年到2003年增长了四十倍"，他还游说儿童使用抗精神病药物[9]。在担任马萨诸塞州总医院强生儿科精神病理学研究中心负责人期间，他收受了强生公司——抗精神病药利培酮的生产商的回扣，该药物的推销对象是患有"小儿双相障碍"的儿童，拜德曼向强生承诺，自己的研究将支持利培酮的安全性和有效性，为销售大开方便之门[10]。他在职业生涯中接收了制药公司超过160万美元的"咨询费"，同时进行临床试验，为这些制药公司向儿童销售的抗精神病药物得出积极的试验结果。然而被国会调查后，他既没有被哈佛医学院除名，也没有被马萨诸塞州总医院解除合约，而是继续教授那些渴望大展拳脚的精神科医生。他受到谴责不是因为收受钱财，而只是因为没有公布事实[11]。他受到的影响不痛不痒，最严重的只是禁止接受制药公司的钱财一年，然后被"监视"了两年。哈佛大学认为"延迟考虑其职称晋升和职位提拔"已然是适当的处理，可拜德曼早就是拥有终身教职的正教授[12]。

精神病态

我不是反对服用药物，即使大型制药公司遭受公众的怒火是咎由自取。制药公司向学术精神科医生输送资金，资助他们研究，奉他们为"关键意见领袖"，目的是用钱让他们推广自己的药物。制药公司推动了询医问药运动，帮助精神科医生们给患者下诊断、开处方。制药公司炮制出诊断病症和流行病。1998年葛兰素史克要求美国食品药品监督管理局批准使用帕罗西汀，他们聘请凯维公关公司，推广的目标却是公众对广泛性焦虑障碍而非药物的认可，很快，这个病的患病比例就达到了"流行病"的要求[13]。

美国食品药品监督管理局允许医生开具药物标签之外用途的处方，这是一个价值数十亿美元的产业。美国政府允许直接面向消费者的药物广告。精神卫生组织——包括美国国家精神疾病联盟（NAMI）从制药公司手里接过资金，从1996年至1999年，至少已达1172万美元，杨森（208万美元）、诺华（187万美元）、辉瑞（130万美元）、雅培（124万美元）、惠氏制药（658000美元）、百时美施贵宝（613505美元），还有礼来公司[14]。（有人会说，这些组织受制药公司资助，但它们没有利益勾结。这些组织为精神病患者提供帮助，患者服用药物，这都是正常的行为。但前后的关联很难不让人怀疑背后有交换关系，尤其美国国家精神疾病联盟建议患者服用上述这些公司生产的药物。）由美国国家心理健康研究所推动的抑郁症认识、识别和治疗（DART）项目，旨在说服公众抑郁症是"常见、严重、可治疗"的疾病，他们的合作对象就包括制药公司[15]。

从许多层面来看，反药物运动是一种误导，并且可能产生不良后果。是的，我们确实不知道精神类药物是如何产生效力的；是的，大多数就诊过程中都会遇见医生缺乏职业道德的情况；是的，处方的开具没有节制，但精神类药物也确实向部分人伸出了援手，其中有的已经迫切得慌不择路。戒断团体鼓动病人停止服药，然而这需要冒极其高的风险，尤其是在没有医生监护的情况下。

妖魔化精神病学和药片羞耻并不能从根本上解决问题。如果没有《精神障碍诊断与统计手册》，那么这些腐败、混乱和虚假的诊断都不会出现。

———•———

正如精神病学与医学伦理学教授约翰·萨德勒（John Sadler）所说，《精神障碍诊断与统计手册》是心理健康医疗产业集群的核心[16]。维护《精神障碍诊断与统计手册》符合该集群内部利益相关者——制药公司、学术医疗中心、医疗保健系统、广告和媒体等的利益最大化。精神科医生、心理学家、研究人员，甚至美国国家卫生研究院仍然将《精神障碍诊断与统计手册》中的诊断病症称为互不相关的疾病独立体[17]。也有人为《精神障碍诊断与统计手册》辩护，说尽管里面的诊断不具备有效性，但它们具有"效用"意义，在临床环境中发挥作用[18]。有些人支持《精神障碍诊断与统计手册》，论点是诊断病症可以被理解为具有"与外部现实对应"的"相形之下的有效性"[19]。

最大的利益相关者之一是生物精神病学。或许生物精神病学听起来很科学，但它依赖于理论，而不是发现。在过去二十多年的研究中，生物精神病学没有证明精神疾病的生物学性质，但媒体和大部分公众却认为精神疾病是生物学的[20]。生物精神病学立足于三种说法：精神疾病是可遗传的和/或与基因有关的，精神疾病由化学失衡引起，并且精神疾病可以通过脑部扫描观察到——但是这些通通没有被证实。我们不知道精神疾病是否真的在家庭中遗传，也无法确定它们是否由基因缺陷引起[21]。在这一点上，化学失衡只不过是一个文化迷思，一个不断被重复的谎言。精神疾病的影响在脑部扫描中无法被明确观察到。总览证明精神疾病的生物学性质的种种尝试，精神分裂症是最常被引用的诊断疾病。然而正如泰·科尔伯特（Ty Colbert）指出的那样，援引的研究并不能证明其观点[22]。为了支持精神分裂症在家族内分布的结论，研究依照的是旧有的研究成果，这些研究结果互相矛盾，其中一些还受到优生学运动的干扰。研究人员有选择地筛选研究对象。如果研究人员相信精神疾病是由生物学因素引起的，那么他就会从数据中得出生物学的结果；如果研究人员倾向于环境解释，则会用相同的数据发现环境的影响。虽然缺陷基因理论看上去很有说服力，但并没有发现哪一个基因会导致任何一种《精神障碍诊断与统计手册》中的诊断病症（精神病学不屑一顾地说，好吧，那么病症一定是由多个基因引起的，证实的发布只是时间问题）。脑成像貌似具有说服力，可是精神分裂症患者大脑中某些区域的扩大和灰质的萎缩可能有各种原因。甚至美国精神医学学会也承认神经影像无法用于做出诊断[23]。

仅仅像许多心理健康专家那样妥协——嗯，是的，《精神障碍诊断与统计手册》存在严重缺陷，甚至毫无用处，但我们现在也没有别的选择了——是不够的；拿毫无根据的《精神障碍诊断与统计手册》中的诊断病症贴标签会给病人带来极大的风险。污名化和自我污名化的有害作用比比皆是，导致我们很难相信心理健康方面的专业人士拿着一本为方便（即假定性有效）而生的《精神障碍诊断与统计手册》给出的诊断是合理的。考虑到《精神障碍诊断与统计手册》诊断可以造成多大的损害，专业人士又怎么能在丝毫不警示患者和客户他们收到的诊断是假设的情况下，继续堂而皇之地使用《精神障碍诊断与统计手册》呢？

——◆——

谎言有很多种：善意的谎言，少见，无意伤害对方；隐瞒事实的沉默谎言；掩盖真相的谎言；虚张声势的谎言；为了集体利益的谎言；夸张的谎言；虚构的谎言，即在不明真相的情况下造谎；用玩笑说出的谎言；柏拉图的高贵谎言（也叫"宏伟神话"）；病理性的谎言；礼貌的谎言；半真半假的谎言。圣奥古斯丁将谎言分成了从快乐出发的谎言和以伤害为目的的谎言。

撒谎随处可见，甚至算"正常现象"。（讽刺的是，精神病态的说谎在《精神障碍诊断与统计手册》中只是一种症状，并不是病症名称。）一项研究发现，成年人每天至少撒谎一次[24]。这么说来，撒谎是匹诺曹成为一名真正的人类男孩的必由之路。在希腊神话中，撒谎被视为一项技能。

这些并不能稀释谎言的毒性。基督教谴责谎言，尔不可作假见证。佛教视谎言为背叛。汉娜·阿伦特认为，说谎摧毁了社会，身处其中的我们丧失了对彼此的信任，被粗暴地剥夺了行动能力[25]。

在递给我诊断结果时，纽约的那名心理咨询师、B 医生、爱荷华城的精神科医生、C 医生、H 医生和 M 医生撒谎了吗？当他们让我相信我的诊断病症是由化学失衡引起的时候，他们撒谎了吗？他们是否应该提醒我，美国国家卫生研究院支持的生物学理论——即"精神疾病确实有生物学基础"——并没有得到证实？[26]

他们是否把自己的诊断当作小小的善意谎言？还是他们自视为精神病研究精英协会的一分子，说出柏拉图的高贵谎言，目的是推进议程？他们是否告诉自己，掩盖精神病学的谎言会（当然，可能,也许)给许多人带去好处?他们是否认为自己沉默的谎言是正当合理的,他们只是为了让我在治疗中配合发挥作用(言下之意是我本应该更明事理)?他们是否告诉自己,既然脑部疾病理论在未来肯定(可能,也许)会被证明,那么一点半真半假谎言又有什么危害呢?

———— · ❧ · ————

现在,引领变革的责任落在患者、心理健康先锋和潜在患者(每一个没被确诊的人)身上。我们能做的太多了。

我们可以力争让那些被《精神障碍诊断与统计手册》诊断的人知道,这些诊断只是观点,而不是事实。如果有人需要证据,我们可以引导他们去读《精神障碍诊断与统计手册》第五版编写委员会主席大卫·库普弗(David Kupfer)的声明——一项鲜为人知的声明,绝少在精神疾病的讨论中出现,几乎没有被心理健康组织以及媒体引用,当然我更不可能听医生们提起过——他如是写道,《精神障碍诊断与统计手册》的诊断病症不以生物学标志为基础,不精确,不能"被当作完全具备的可靠性和有效性的内容进行发表"[27]。精神疾病是存在的,但我们所说的重度抑郁症、焦虑症、多动症等是《精神障碍诊断与统计手册》的发明。它们导致错误诊断——过度诊断、误诊,以及将正常的痛苦错误地标记为精神障碍——错误只会愈错愈深[28]。

具有社会影响力的人可以从自己的所说、所写入手。当名人公布自己的诊断病症时，他们可以告诉粉丝们，《精神障碍诊断与统计手册》中的诊断病症尚未得到证实。记者可以进行明确的解释（或者退一万步，就提一下），不管《精神障碍诊断与统计手册》的哪一项病症确诊，都极具复杂性。出版心理健康书籍和精神疾病回忆录的作者、编辑和出版商可以多做研究，规范使用的术语。

我们应该谈论并照看自己的心理和情绪健康，但也要抵制将思想和感受病态化的浪潮，尊重那些身陷危机的人。"每个人都有点精神病"这句话并不能抹除给精神疾病的污名；但它最大限度地降低了严重精神疾病患者的病情程度，防止资源流向他们。阿斯伯格综合征的标签就是这种情况。该病被从《精神障碍诊断与统计手册》第五版中拿掉，部分原因正如这一版编写委员会主席大卫·库普弗所说，自闭症研究的部分资金并没有流向那些患有严重自闭症的人[29]。我们可以拒绝这个几乎每个人都能被确诊的病症"谱系"。最新版的《精神障碍诊断与统计手册》引导我们相信精神疾病是多维的，每个人和确诊的距离只是一间医生的诊室。

我们可以用更加怀疑的态度面对精神科医生。最近一项盖洛普民意调查报告称，美国人对精神科医生的诚实和道德标准的信任度在2003年至2019年间出现了增长[30]。但鉴于《精神障碍诊断与统计手册》的诊断如此不透明，他们真的值得我们信任吗？如果《精神障碍诊断与统计手册》的诊断未经证实、无效、可能不可靠，并且或许是降低确诊阈值的判断，那么被确诊又真正意味着什么？

我们也可以质疑初级保健医生有没有诊断精神疾病的资格。如果没有接受过额外的心理健康培训和认证，他们不应该被赋予这项权利。

知道了《精神障碍诊断与统计手册》诊断的不足之处，我们可以更明智地看待药物和治疗方法。知识就是力量。药物疗效的科学研究如何在没有可验证的诊断的情况下成立，依然有待医生解释。精神科药物试验要求所有参与者都有相同的诊断，例如抑郁症，但如果《精神障碍诊断与统计手册》诊断无效，研究人员如何确定参与者是否患有"抑郁症"？怎么保证试验结果的相关性？即使我们接受了推荐的某个治疗方法，也要记得，与思想和行为有关的科学研究往往是有缺陷的，而且已被发现没有持久的价值[31]。

我们可以要求全面的《精神障碍诊断与统计手册》改革，而非再一次的修订。美国国家心理健康研究所前所长托马斯·因塞尔认为，"精神障碍患者应该得到更好的治疗"。[32]我们应该拥有不拿制药公司资金的《精神障碍诊断与统计手册》编写者/工作组成员和委员会主席：69%的《精神障碍诊断与统计手册》第五版编写者与制药公司有经济联系[33]。

在精神病学能够提供真正的答案之前，我们需要停止"散播"把化学失衡和其他假定因素当作病因、包含着虚假信息的精神疾病"认知"；相反，我们要广而告之《精神障碍诊断与统计手册》缺乏有效性和科学证据、降低了确诊门槛，以便人们可以对自己的诊断和治疗做出明智的决定。（为精神病学辩护的角度之一是举例其他医学领域也有无效的诊断病症。对此，我们可以这样回答，是的，但至少其中大多数是有效的。）如果有人能证明《精神障碍诊断与统计手册》的诊断是经过科学证明的，有效的，并且没有降低确诊门槛，那么请他们一定不吝赐教。2003 年，一个支持患者的组织——国际精神自由（MindFreedom International）的六名成员强烈抗议强行增加诊断数量的行为，他们绝食抗议，并要求美国精神医学学会、美国国家精神疾病联盟和美国卫生局局长办公室（US Office of the Surgeon General）提供科学证据，能够用物理诊断检查证明所有《精神障碍诊断与统计手册》诊断都是与大脑有关的疾病。没有人能拿得出来。已经快二十年了，我们仍在等待。

———— ❖ ————

部分组织和精神卫生从业者已然着手并致力于改革。2011 年，美国精神医学学会的一个部门——人本心理协会（SHP）写了一封公开信，对《精神障碍诊断与统计手册》第五版的伦理和科学影响表示担忧。他们对诊断门槛的降低以及生物学理论的日益抬头表示担忧："鉴于越来越多的经验证据表明，神经生物学不能完全解释精神困扰的出现，并且考虑到新的纵向研究揭示了标准神经生物学（精神药物类）治疗的长期危害，我们相信这些变化 [给《精神障碍诊断与统计手册》] 带来了重大危机。"他们的发声被忽略了。此后人本心理协会一直主张进行范式转换，即承认《精神障碍诊断与统计手册》将"本质上'正常'的人类反应"病态化，并游说开发"科学上合理且具备道德原则"的诊断手册[34]。

《精神障碍诊断与统计手册》第五版的编写委员会确实邀请公众对其修订提出建议。主席大卫·库普弗和副主席达雷尔·雷吉尔（Darrel Regier）创建了一个网页接收外部反馈，但目前尚不清楚反馈是如何发挥作用或者是否真的发生了作用[35]。《精神障碍诊断与统计手册》第五版现在好似一个数字的"动态"文档，可以随时进行更改。通过在线门户网站，任何人都能申请移除强迫症或者自闭症（更改建议最好能有科学数据的支持，但不是必需）。虽然将感觉、思想和行为变成疾病放进《精神障碍诊断与统计手册》的这一过程变民主了，但在增强我们对手册的信任上无益。想象一下，美国医学协会（American Medical Association）说，如果你愿意，所有的诊断病症名称——癌症、糖尿病、肺炎、高血压——都可以被拿掉。或者我们可以根据您的想法和您能提供的任何数据添加一种障碍，一种疾病，一种病症。如果你认为我们应该调整症状或者功能障碍的程度，请告诉我们，因为我们实在也没有什么别的可以做。

基层组织和社交媒体活动一直警告人们谨慎接受《精神障碍诊断与统计手册》的诊断。自1986年以来，国际精神自由一直致力于让公众认识到《精神障碍诊断与统计手册》的危害。自2012年播出以来，罗伯特·惠特克的《疯子在美国》——包括播客、网络杂志和教育课程——不懈地批评《精神障碍诊断与统计手册》。2013年，人们发起了抵制《精神障碍诊断与统计手册》的对DSM诊断说不运动。最近，脸书上出现了相关的群组和虚拟会议，比如"丢掉障碍！"，呼吁我们质疑《精神障碍诊断与统计手册》，改变我们提及和讨论精神、情绪困扰的态度。

批判精神病学运动——不要与反精神病学混淆——指出，精神病学诊断缺乏科学证据，这些诊断带来了扭曲的社会和道德后果。乔安娜·蒙克里夫（Joanna Moncrieff）、桑德拉·斯坦加德（Sandra Steingard）等人试图筛选出精神病学的精华，同时承认其中的糟粕[36]。

《精神障碍诊断与统计手册》的替代品是什么？其他诊断系统尚不可行。世界卫生组织的国际疾病分类倒是不像《精神障碍诊断与统计手册》那样在财务上不清白，诊断病症的数量也更少，但它留给临床医生更多的自由裁量权，很容易导致诊断不准确。

美国国家心理健康研究所的研究领域标准（RDoC）侧重于衡定功能障碍的程度，也许能提高诊断精度；然而，目前 RDoC 仍然是一个研究框架，构不成临床实践中使用的诊断指南[37]。

精神医学博士、美国塔夫茨大学医学院精神病学和药理学教授纳西尔·加米（Nassir Ghaemi）提出了一个建议，这可能——至少在某些方面——是朝着正确方向迈出了一步。加米表示，我们应该回到只有二十种诊断时使用的诊断标准，只保留那些最切实可行的诊断病症[38]。不要再根据美国精神医学学会成员和其他心理健康专业人员的意见和想法，发明诊断和症状谱系，将情绪、思想和行为病理化。

答案不会一蹴而就，但我们需要探索正确的对话展开，着重关注《精神障碍诊断与统计手册》的危险。

———— · ♦ · ————

即使我们找到了《精神障碍诊断与统计手册》的替代品，也很难抵消它造成的损害。有太多的精神科医生不会承认真相。不信的话，读一读美国精神医学学会前主席杰弗里·利伯曼的《精神科医生们：精神病学的不为人知的故事》(*Shrinks: The Untold Story of Psychiatry*) 就知道了。

利伯曼搪塞了《精神障碍诊断与统计手册》中的诊断病症在

科学上不具备有效性这一事实，反而宣称精神病学是一个几乎堪称伟大的医学专业："经过了在科学荒野长久的徘徊，[精]神病学终于在医学界占据了应有的位置。"[39] 他吹嘘说，在《精神障碍诊断与统计手册》第五版修订期间，编写委员会"采取了最严格的道德准则"，精神科医生与制药公司的往来"必须透明，受到严格监控，确保没有利益牵连"[40]。他的解决方案不是停止收受制药公司的钱财，不再发明诊断，而仅仅是承认——至少大多数情况下他们确实拿了钱[41]。利伯曼自己与制药公司的关系密切（根据传染病专家、作家朱迪思·斯通（Judith Stone）的说法，和他关联的公司数量达到十五家），而且在他眼里，抗精神病药物的有效性经调查发现有误这件事似乎根本不值一提[42]。

和许多精神科医生一样，利伯曼可以说患有狂妄自大症。拜德曼也自不必说。在2009年的书面证词中，拜德曼被问及他在哈佛医学院的级别。他回答说："正教授。"当被追问正教授再往上是什么时，拜德曼说："上帝。"[43]

M医生同样流露出自大的气息——尽管十分不易察觉。他的过度自信表现在他需要自己给我的诊断是正确的。如果遭到质疑，他可能会像许多心理医生和精神科医生一样，声称他的诊断过程与《精神障碍诊断与统计手册》无关，因为手册没有展示实际如何进行实践。但他没有让我知道（我的诊断）是假设的，而是让我的诊断好像更真实。他没有听从《〈精神障碍诊断与统计手册第五版智慧临床医生指南》中的建议："在没有独立量度的情况下……我们无法确定手册中任一病症分类是否有效。因此，我们不应该认为当前的精神病诊断是'真正的'医学疾病。此外，在手册中列出［诊断病症］并不能使它们成为现实。［精］神科医生必须做出诊断，但他们不需要将诊断病症具体化。建议他们最好保持谦虚，不要狂妄自大。"[44]

如果他和 H 医生、C 医生、B 医生和爱荷华城的精神科医生都没有说谎，我本不会把我的任何一项诊断放在心上——如果除了 R 医生之外，哪怕有一个人承认不知道：可能是重度抑郁症（或焦虑症，或多动症［或双相障碍，或……］），但这些诊断从未得到证实。这是一个理论上的诊断，一个关于诊断的想法，你可以选择接受或不接受。哦，这是你可以服用的药物，这些药物同样未经证实。哦，你可能会有可怕的副作用，你可能永远无法摆脱这种药物和……我可能依旧会接受给我的诊断。鉴于当时病情的严重程度，我可能依然会服用处方药。但我的决定不会基于隐瞒事实的谎言。

我坐在创意写作工作室的一张桌子前。讨论相当活跃。这个班的学生已经大三大四了，虽然他们对自己的写作没有太大的信

心,但非常非常善于交际。他们在这个季度里建立了联系,并开始相互信任。

我们讨论的故事是一个学生写的,他的才华让我震惊。他似乎对人物刻画和描述有一种独到的内在理解。他的标点符号和语法技巧非常出众。

故事的主角是一个反派英雄——粗暴,不讨人喜欢,在最后他付诸了暴力。作者没有把他的暴力解释为各种因素、冲动、欲望、社会经济条件、扭曲的信念和错误行为的复杂糅合,而是一个复合词:精神疾病。

我小口喝着水,听学生向作者展示他们眼中这篇故事的优点。等他们分享完修改的想法,我问这个角色是否必须患有精神疾病。他们看着我,就像我要求他们永远不能滑手机一样:完全不理解。

一个学生说:"精神疾病解释了他是谁和他的行为。"

我问他是不是真的确定,加上这个身份能让他们更了解这个角色了呢?

有人说不;剩下的坚持是。

下课后,我走过挤满了学生的走廊。前面三个年轻人互相推搡。不知是谁大声喊叫。一位年轻女子含着眼泪走过。

我只知道,确诊《精神障碍诊断与统计手册》中的病症十分容易,但不可轻信。在美国,超过46%的成年人和20%的儿童及青少年或早或晚会被确诊一项《精神障碍诊断与统计手册》中的病症。[45] 想象一个满是成年人的体育馆，而其中半数人认为自己患有精神疾病；再想象一个挤满了孩子的游乐场，里面每五个孩子就有一个会被贴上"精神障碍"的标签。

可几乎没人会告诉他们，这些诊断只是出自一本手册，这本手册本质上是将人类常见行为、思想和情绪分类汇编，再经过反复调整和病理化包装的结果；他们更不知道，这些诊断既无法证实其客观存在，也绝非事实，仅仅是主观判断（如前所述，痴呆症和罕见染色体异常等少数情况除外）。

因为真相会令人戒备，而《精神障碍诊断与统计手册》的设计初衷正是将诊断覆盖面最大化。[46] 为实现这一目的，手册采取了各种手段：不断新增诊断类别及亚型（如暴食障碍）；吸纳症状更轻的变型（如双相Ⅱ型障碍）；降低诊断标准，保留效度最低的类别（如广泛性焦虑障碍和重度抑郁障碍）[47]；甚至通过增减替换几个字，或者增加一个斜杠，就能扩大诊断范围。

无需多么小心谨慎，只要意识到就好了。

我希望我有灵丹妙药，不过，直到很多年之后，我康复之后，我才会有。直到我和许许多多的临床医生——他们当中的一些人是精神病学界最有权势的人物——交谈过，他们才同意公众有权知道自己所接受的诊断的事实。现在，我只能为你奉上我衷心的建议：在你准备接受《精神障碍诊断与统计手册》的诊断之前，按下暂停键。这并不意味着不去寻求治疗，也不代表要拒绝服用药物，更不是要你最终拒绝接受诊断——也许你觉得自己和确诊精神疾病隔着十万八千里（至少在当下来看）。我只是请知道真相的你暂停一下。

致　谢

一本书能够被出版代理人发现潜力并给予百分百的支持，是极少见的情况，更难得的是找到一个能够全身心投入图书本身的编辑。何其幸运，我居然两者兼得。感谢我的代理人金·威瑟斯彭（Kim Witherspoon）和我的编辑辛迪妮·罗杰斯（Sydney Rogers）。还要感谢玛利亚·韦兰（Maria Whelan）和墨佳管理（InkWell Management）的每个人，吉迪恩·韦伊（Gideon Weil）以及哈珀万（HarperOne）的每一位。感谢安德里亚·罗宾逊（Andrea Robinson）、谢尔比·布鲁斯特（Shelby Brewster）和克里·玛丽卡奇斯（Kerri Marikakis）提供的编辑指导。感谢雷·埃默里克（Ray Emerick）在最开始愿意听我随意录下的草稿。感谢玛丽·希克曼（Mary Hickman）在撰写及之后的成书过程中听我发表意见。感谢辛迪妮·莱因哈特（Sydney Rhinehart）和克洛伊·科恩（Chloe Korn），谢谢你们的评论工作和研究支持。感谢诺亚·艾萨克森（Noah Isackson）和米歇尔·莫拉诺（Michele Morano）的反馈与鼓舞。真心感谢爱丽丝·马克姆－康托尔

(Alice Markham-Cantor),世界上没有人做事实核查能够胜过你。特别感谢切里·卢卡斯·罗兰德(Cheri Lucas Rowlands)和长读网(Longreads)、玛丽莎·西格尔(Marisa Siegel)和《兰普斯》杂志(*The Rumpus*),以及汉诺·韦伯斯特(Hanno Webster)和《密歇根季评》(*Michigan Quarterly Review*),感谢你们相信并出版了本书的部分早期内文。

最后,感谢我的家人,他们不求回报地支持我,还有格雷格·贝克(Greg Baker,1947—2000),是他启迪了我去发现破碎生活的美好。

注 释

前 言

1. Philip Horsfield et al., "Self-Labeling as Having a Mental or Physical Illness: The Effects of Stigma and Implications for Help-Seeking," *Social Psychiatry and Psychiatric Epidemiology* 55 (2020): 907–16, https://doi.org/10.1007/s00127-019-01787-7.
2. Allan V. Horwitz, *DSM: A History of Psychiatry's Bible* (Baltimore, MD: Johns Hopkins University Press, 2021), 5.
3. S. Nassir Ghaemi, "Why DSM-III, IV, and 5 Are Unscientific," *Psychiatric Times*, October 14, 2013, https://www.psychiatrictimes.com/view/why-dsm-iii-iv-and-5-are-unscientific; James Davies, "How Voting and Consensus Created the Diagnostic and Statistical Manual of Mental Disorders (DSM-III)," *Anthropology & Medicine* 24, no. 1 (2017): 32–46, https://doi.org/10.1080/13648470.2016.1226684.
4. Gary Greenberg, "The Rats of N.I.M.H.," *The New Yorker*, May 16, 2013, https://www.newyorker.com/tech/annals-of-technology/the-rats-of-n-i-m-h; Stijn Vanheule, *Diagnosis and the DSM: A Critical Review* (Basingstoke: Palgrave Macmillan, 2014).
5. Insel quoted in Andrew Scull, "Mad Science: The Treatment of Mental Illness Fails to Progress [Excerpt]," *Scientific American*, April 16, 2015, https://www.scientificamerican.com/article/mad-science-the-treatment-of-mental-illness-fails-to-progress-excerpt/.
6. Awais Aftab, "Conversations in Critical Psychiatry: Allen Frances, MD," *Psychiatric Times* 36, no. 10 (May 22, 2019), https://www.psychiatrictimes.com/view/conversations-critical-psychiatry-allen-frances-md.
7. Steven E. Hyman, "Revitalizing Psychiatric Therapeutics," *Neuropsychopharmacology* 39 (2014): 220–29, https://www.nature.com/articles/npp2013181.
8. Joel Paris, "Diagnostic Validity," chap. 5 in *The Intelligent Clinician's Guide to the DSM-5*, 2nd ed. (New York: Oxford University Press, 2015); Thomas Insel, "Transforming Diagnosis," NIMH Director's Blog, April 29, 2013, http://psychrights.org/2013/130429NIMHTransformingDiagnosis.htm.
9. Ahmed Aboraya, "The Reliability of Psychiatric Diagnoses," *Psychiatry* 4, no. 1 (January 2007): 22–25; S. Nassir Ghaemi, "Requiem for DSM," *Psychiatric Times* 30, no. 7 (July 17, 2013), https://www.psychiatrictimes.com/view/requiem-dsm.
10. Determining the number of diagnoses in the DSM depends on how many subtypes you count and if you include Not Otherwise Specified (NOS), which should be counted because it's often used to diagnose those who don't fit the diagnosis but get one anyway.

The calculations used here are from Roger K. Blashfield, et al., "The Cycle of Classification: DSM-I through DSM-5," *Annual Review of Clinical Psychology* 10 (2014): 25–51, https://doi.org/10.1146/annurev-clinpsy-032813-153639.
11. Ghaemi, "Requiem for DSM." Hannah S. Decker, "Corporate Profits and the DSMs: The Case of the Tobacco Industry," *Psychiatric Times*, May 23, 2013, https://www.psychiatrictimes.com/view/corporate-profits-and-dsms-case-tobacco-industry; Brendan I. Koerner, "First, You Market the Disease . . . Then You Push the Pills to Treat It," *The Guardian*, July 30, 2002, https://www.theguardian.com/news/2002/jul/30/medicineandhealth.
12. Council for Evidence-Based Psychiatry, "Diagnostic System Lacks Validity," revised March 15, 2014, http://cepuk.org/unrecognised-facts/diagnostic-system-lacks-validity/.
13. Ghaemi, "Requiem for DSM."
14. Keith Houston, "The Rise and Fall of the Pilcrow, Part 1," *Slate*, September 25, 2013, https://slate.com/human-interest/2013/09/the-pilcrow-how-the-paragraph-punctuation-mark-evolved-from-ancient-greece-and-rome.html; Keith Houston, "The Mysterious Origins of Punctuation," BBC Culture, September 2, 2015, https://www.bbc.com/culture/article/20150902-the-mysterious-origins-of-punctuation.

第一章 一个逗号的重量

1. Karen Blazer, "Seventeen Magazine Covers," Pinterest, *Seventeen*, March 1975, accessed June 2020, https://www.pinterest.com/pin/8233211793271948/; Lori A. Smolin and Mary B. Grosvenor, *Nutrition and Eating Disorders* (Philadelphia: Chelsea House Publishers, 2009).
2. Carol Lawson, "Anorexia: It's Not a New Disease," *New York Times*, December 8, 1985, https://www.nytimes.com/1985/12/08/style/anorexia-it-s-not-a-new-disease.html; A. R. Lucas *et al.*, "50-Year Trends in the Incidence of Anorexia Nervosa in Rochester, Minn.: A Population-Based Study," *American Journal of Psychiatry* 148, no. 7 (July 1991): 917–22, https://doi.org/10.1176/ajp.148.7.917.
3. Bridget Dolan, "Cross-Cultural Aspects of Anorexia Nervosa and Bulimia: A Review," *International Journal of Eating Disorders* 10, no. 1 (January 1991): 67–79, https://doi.org/10.1002/1098-108X(199101)10:1<67::AID-EAT2260100108>3.0.CO;2-N.
4. Walter Vandereycken and Ron Van Deth, "Who Was the First to Describe Anorexia Nervosa: Gull or Lasègue?," *Psychological Medicine* 19, no. 4 (1989): 837–45, https://doi.org/10.1017/s0033291700005559.
5. Anthony Storr, *Freud: A Very Short Introduction* (Oxford: Oxford University Press, 2001), 118; Liliana Dell'Osso *et al.*, "Historical Evolution of the Concept of Anorexia Nervosa and Relationships with Orthorexia Nervosa, Autism, and Obsessive-Compulsive Spectrum," *Neuropsychiatric Disease and Treatment* 12 (2016): 1651–60, https://doi.org/10.2147/NDT.S108912; C. Mushatt, "Anorexia Nervosa: A Psychoanalytic Commentary," *International Journal of Psychoanalytic Psychotherapy* 9 (1982): 257–65.
6. Sharon Johnson, "Relationships: Anorexia as Family Problem," *New York Times*, April 1987.
7. Jana Evans Braziel and Kathleen LeBesco, *Bodies Out of Bounds: Fatness and Transgression* (Berkeley: University of California Press, 2001).
8. Peg Byron, "Heat and Anorexia Your Health: Summer Means Heat Is on for Anorexics," United Press International, May 21, 1988, https://www.upi.com/Archives/1988/05/21/Heat-and-anorexia-Your-Health-Summer-means-heat-is-on-for-anorexics/9802580190400/.

9. Dina L. Borzekowski et al., "e-Ana and e-Mia: A Content Analysis of Pro–Eating Disorder Web Sites," *American Journal of Public Health* 100, no. 8 (August 2010): 1526–34, https://doi.org/10.2105/AJPH.2009.172700.
10. Randy L. Schmidt, *Yesterday Once More*, 2nd ed. (Chicago: Chicago Review Press, 2012).
11. D. L. Franko et al., "What Predicts Suicide Attempts in Women with Eating Disorders?," *Psychological Medicine* 34, no. 5 (July 2004): 843–53, https://doi.org/10.1017/s0033291703001545.
12. Hilde Bruch, "Perceptual and Conceptual Disturbances in Anorexia Nervosa," *Psychosomatic Medicine* 24, no. 2 (March 1962): 187–94, https://doi.org/10.1097/00006842-196203000-00009.
13. Ellen Watkins and Lucy Serpell, "The Psychological Effects of Short-Term Fasting in Healthy Women," *Frontiers in Nutrition* 3 (2016): 27, https://doi.org/10.3389%2Ffnut.2016.00027.
14. Amarish Davé, "Could Skipping Breakfast Relieve Depression?," PsychCentral, October 30, 2016, https://psychcentral.com/lib/could-skipping-breakfast-relieve-depression/; Yifan Zhang et al., "The Effects of Calorie Restriction in Depression and Potential Mechanisms," *Current Neuropharmacology* 13, no. 4 (2015): 536–42, https://doi.org/10.2174/1570159x13666150326003852.
15. John Smyth, *A Paterne of True Prayer*, 1605.
16. New York University, "Professor Replicates Famous Marshmallow Test, Makes New Observations," ScienceDaily, May 25, 2018, www.sciencedaily.com/releases/2018/05/180525095226.htm.
17. Dell'Osso et al., "Historical Evolution of the Concept of Anorexia Nervosa."
18. Aboraya, "The Reliability of Psychiatric Diagnoses."

第二章 思忖冒号

1. Mike Slade and Eleanor Longden, "Empirical Evidence about Recovery and Mental Health," *BMC Psychiatry* 15 (2015): article 285, https://doi.org/10.1186/s12888-015-0678-4.
2. National Alliance on Mental Illness, "Can People Recover from Mental Illness? Is There a Cure?," National Alliance on Mental Illness, https://www.nami.org/FAQ/General-Information-FAQ/Can-people-recover-from-mental-illness-Is-there-a.
3. Allan V. Horwitz, "Creating an Age of Depression: The Social Construction and Consequences of the Major Depression Diagnosis," *Society and Mental Health* 1, no. 1 (March 2011): 41–54, https://doi.org/10.1177/2156869310393986; Allan V. Horwitz, "How an Age of Anxiety Became an Age of Depression," *The Milbank Quarterly* 88, no. 1 (2010): 112–38, https://doi.org/10.1111/j.1468-0009.2010.00591.x/.
4. Ken Kusmer, "Prozac, the Blockbuster Antidepressant Drug," *AP News*, February 12, 1997, https://apnews.com/7e8db70ea62ae0cb44c22f3deb1bb5a0.
5. Alix Spiegel, "The Dictionary of Disorder," *The New Yorker* 80, no. 41 (2005): 56–63.
6. Owen Whooley, *On the Heels of Ignorance: Psychiatry and the Politics of Not Knowing* (Chicago: University of Chicago Press, 2019).
7. Bassam Khoury, Ellen J. Langer, and Francesco Pagnini, "The DSM: Mindful Science or Mindless Power? A Critical Review," *Frontiers in Psychology* 5, no. 602 (June 17, 2014), https://doi.org/10.3389/fpsyg.2014.00602; Kenneth S. Kendler, Rodrigo A. Muñoz, and George Murphy, "The Development of the Feighner Criteria: A Historical Perspective," *The American Journal of Psychiatry* 167, no. 2 (February 2010): 134–42, https://doi.org/10.1176/appi.ajp.2009.09081155.

8. Diogo Telles-Correia, Sérgio Saraiva, and Jorge Gonçalves, "Mental Disorder—The Need for an Accurate Definition," *Frontiers in Psychiatry* 9, no. 64 (March 12, 2018), https://doi.org/10.3389/fpsyt.2018.00064.
9. Edward Shorter, "The History of DSM," in *Making the DSM-5: Concepts and Controversies*, ed. Joel Paris and James Phillips (New York: Springer Nature, 2013), 3–19, https://doi.org/10.1007/978-1-4614-6504-1.
10. Nancy C. Andreasen, *The Broken Brain: The Biological Revolution in Psychiatry* (New York: HarperPerennial, 1984), 29–30.
11. Kirsten Weir, "The Roots of Mental Illness," *Monitor on Psychology* 43, no. 6 (June 2012): 30, https://www.apa.org/monitor/2012/06/roots; National Institutes of Health, "Information about Mental Illness and the Brain," *NIH Curriculum Supplement Series* (Bethseda, MD: Bethesda (MD): National Institutes of Health, 2007), https://www.ncbi.nlm.nih.gov/books/NBK20369/.
12. Mark L. Ruffalo, "Psychiatric Diagnosis 2.0: The Myth of the Symptom Checklist," *Psychology Today*, June 14, 2020, https://www.psychologytoday.com/us/blog/freud-fluoxetine/202006/psychiatric-diagnosis-20-the-myth-the-symptom-checklist.
13. T. Patil and J Giordano, "On the ontological assumptions of the medical model of psychiatry: philosophical considerations and pragmatic tasks," *Philos Ethics Humanit Med* 5, no. 3 (2010). https://doi.org/10.1186/1747-5341-5-3.
14. Paul Hoff, "On Reification of Mental Illness: Historical and Conceptual Issues from Emil Kraepelin and Eugen Bleuler to DSM-5," chap. 14 in *Philosophical Issues in Psychiatry IV: Classification of Psychiatric Illness*, ed. Kenneth S. Kendler and Josef Parnas (Oxford: Oxford University Press, 2017), https://doi.org/10.1093/med/9780198796022.003.0014.
15. Gary Greenberg, *The Book of Woe: The DSM and the Unmaking of Psychiatry* (New York: Blue Rider Press, 2013), 37, Kindle.
16. Allen Frances, *Saving Normal: An Insider's Revolt against Out-of-Control Psychiatric Diagnosis, DSM-5, Big Pharma, and the Medicalization of Ordinary Life* (New York: William Morrow, 2013), 63, Kindle.
17. Gerald N. Grob, "Presidential Address: Psychiatry's Holy Grail: The Search for the Mechanisms of Mental Diseases," *Bulletin of the History of Medicine* 72, no. 2 (Summer 1998): 211.
18. American Psychiatric Association, *Diagnostic and Statistical Manual of Mental Disorders* (Arlington, VA: American Psychiatric Association, 1952).
19. Shorter, "The History of DSM."
20. Shadia Kawa and James Giordano, "A Brief Historicity of the *Diagnostic and Statistical Manual of Mental Disorders*: Issues and Implications for the Future of Psychiatric Canon and Practice," *Philosophy, Ethics, and Humanities in Medicine* 7, no. 2 (January 2012): article 2, https://doi.org/10.1186/1747-5341-7-2.
21. Paul T. Wilson and Robert L. Spitzer, "Major Changes in Psychiatric Nomenclature: Reconciling Existing Psychiatric Medical Records with the New American Psychiatric Association Diagnostic and Statistical Manual of Mental Disorders," *Psychiatric Services* 19, no. 6 (June 1968): 169–74.
22. Rick Mayes and Allan V. Horwitz, "DSM-III and the Revolution in the Classification of Mental Illness," *Journal of the History of the Behavioral Sciences* 41, no. 3 (2005): 249–67; Telles-Correia, Saraiva, and Gonçalves, "Mental Disorder"; Hema Venigalla et al., "An Update on Biomarkers in Psychiatric Disorders—Are We Aware, Do We Use in Our Clinical Practice?," *Mental Health in Family Medicine* 13, (2017): 471–79,

http://www.mhfmjournal.com/pdf/an-update-on-biomarkers-in-psychiatric-disorders--are-we-aware-do-we-use-in-our-clinical-practice.pdf.
23. Horwitz, *DSM*, 49, 52.
24. Joel Paris, "The Ideology Behind DSM-5," in *Making the DSM-5: Concepts and Controversies* (New York: Springer Nature, 2013), https://doi-org.turing.library.northwestern.edu/10.1007/978-1-4614-6504-1_3.
25. Jerome C. Wakefield, "The Concept of Mental Disorder: Diagnostic Implications of the Harmful Dysfunction Analysis," *World Psychiatry: Official Journal of the World Psychiatric Association (WPA)* 6, no. 3 (2007): 149–56.
26. Gary Greenberg, "Inside the Battle to Define Mental Illness," *Wired*, December 27, 2010, https://www.wired.com/2010/12/ff-dsmv/.
27. María A. Oquendo et al., "Issues for DSM-V: Suicidal Behavior as a Separate Diagnosis on a Separate Axis," *The American Journal of Psychiatry* 165, no. 11 (November 2008): 1383–84, https://doi.org/10.1176/appi.ajp.2008.08020281.
28. Oquendo et al., "Issues for DSM-V."
29. Mary Frances Kennedy Fisher, *The Art of Eating: 50th Anniversary Edition* (Boston: Mariner Books, 2004), 490, Kindle.
30. William Styron, *Darkness Visible: A Memoir of Madness* (New York: Open Road Integrated Media, 2010), 14, Kindle.
31. Styron, *Darkness Visible*, 22.
32. Styron, *Darkness Visible*, 33.
33. Styron, *Darkness Visible*, 35.
34. Christopher Mulvey, "The English Project's History of English Punctuation," The English Project, http://www.englishproject.org/resources/english-project's-history-english-punctuation.

第三章　省略号

1. Alison Flood, "Unfinished Story . . . How the Ellipsis Arrived in English Literature," *The Guardian*, October 20, 2015, https://www.theguardian.com/books/2015/oct/20/unfinished-story-how-the-ellipsis-arrived-in-english-literature.
2. Anne Toner, *Ellipses in English Literature* (New York: Cambridge University Press, 2015), 7, Kindle.
3. Boris Tabakoff and Paula L. Hoffman, "The Neurobiology of Alcohol Consumption and Alcoholism: An Integrative History," *Pharmacology Biochemistry and Behavior* 113 (November 2013): 20–37, https://doi.org/10.1016/j.pbb.2013.10.009.
4. Thomas F. Babor, "The Classification of Alcoholics: Typology Theories from the 19th Century to the Present," *Alcohol Health and Research World* 20, no. 1 (1996): 6–14, https://www.ncbi.nlm.nih.gov/pmc/articles/PMC6876530/.
5. J. Douglas Sellman et al., "DSM-5 Alcoholism: A 60-Year Perspective," *Australian and New Zealand Journal of Psychiatry* 48, no. 6 (2014): 507–11, https://doi.org/10.1177/0004867414532849.
6. Sean M. Robinson and Bryon Adinoff, "The Classification of Substance Use Disorders: Historical, Contextual, and Conceptual Considerations," *Behavioral Sciences* 6, no. 3 (2016): 18, https://doi.org/10.3390/bs6030018.
7. Francesco Bartoli et al., "From DSM-IV to DSM-5 Alcohol Use Disorder: An Overview of Epidemiological Data," *Addictive Behaviors* 41 (February 2015): 46–50, https://doi.org/10.1016/j.addbeh.2014.09.029.

8. Center for Substance Abuse Treatment, *Managing Chronic Pain in Adults with or in Recovery from Substance Use Disorders*, Treatment Improvement Protocol Series 54, exhibit 2–6, *DSM-IV-TR Criteria for Substance Abuse and Substance Dependence*, (Rockville, MD: Substance Abuse and Mental Health Services Administration, 2012), https://www.ncbi.nlm.nih.gov/books/NBK92053/table/ch2.t5/.
9. Susan Baur, "A Disease So Grievous, So Common," chap. 2 in *Hypochondria: Woeful Imaginings* (Berkeley: University of California Press, 1989).
10. Stephen Heath, "Hypochondria: Medical Condition, Creative Malady," *Brain* 134, no. 4 (April 2011): 1244–49, https://doi.org/10.1093/brain/awr006.
11. John Mullan, "Hypochondria and Hysteria: Sensibility and the Physicians," *The Eighteenth Century* 25, no. 2 (1984): 141–74, http://www.jstor.org/stable/41467321.
12. Justine Nienke Pannekoek and Dan J. Stein, "Diagnosis and Classification of Hypochondriasis," in *Hypochondriasis and Health Anxiety: A Guide for Clinicians*, ed. Vladan Starcevic and Russell Noyes (Oxford: Oxford University Press, 2014), 28–38, https://doi.org/10.1093/med/9780199996865.003.0003.
13. Baur, "A Disease So Grievous, So Common"; Arthur J. Barsky et al., "A Prospective 4- to 5-Year Study of DSM-III-R Hypochondriasis," *Archives of General Psychiatry* 55, no. 8 (1998): 737–44, https://doi.org/10.1001/archpsyc.55.8.737.
14. Francis Creed, "New Research on Medically Unexplained Symptoms—Much Remains to Be Done Before *DSM V* and *ICD-10* Can Provide a Satisfactory New Classification," *Journal of Psychosomatic Research* 66, no. 5 (May 2009): 359–61, https://doi.org/10.1016/j.jpsychores.2009.02.005; Juan Francisco Rodríguez-Testal, Cristina Senín-Calderón, and Salvador Perona-Garcelán, "From DSM-IV-TR to DSM-5: Analysis of Some Changes," *International Journal of Clinical and Health Psychology* 14, no. 3 (2014): 221–31, https://doi.org/10.1016/j.ijchp.2014.05.002.
15. B. A. Fallon et al., "Hypochondriasis and Its Relationship to Obsessive-Compulsive Disorder," *Psychiatric Clinics of North America* 23, no. 3 (September 2000): 605–16, https://doi.org/10.1016/s0193-953x(05)70183-0; Bunmi O. Olatunji, Brett J. Deacon, and Jonathan S. Abramowitz, "Is Hypochondriasis an Anxiety Disorder?," *British Journal of Psychiatry* 194, no. 6 (June 2009): 481–82, https://doi.org/10.1192/bjp.bp.108.061085.
16. David Batho, "Addiction as Powerlessness? Choice, Compulsion, and 12-Step Programmes," (EOP green paper, The Ethics of Powerlessness, University of Essex, November 7, 2017), https://powerlessness.essex.ac.uk/addictionaspowerlessness_green_paper; Buddy T. "Recognizing Alcoholism as a Disease," Verywell Mind, March 17, 2021, https://www.verywellmind.com/alcoholism-as-a-disease-63292; Gabrielle Glaser, "The Irrationality of Alcoholics Anonymous," *The Atlantic*, April 2015, https://www.theatlantic.com/magazine/archive/2015/04/the-irrationality-of-alcoholics-anonymous/386255/; Marlene Oscar-Berman and Ksenija Marinkovic, "Alcoholism and the Brain: An Overview," *Alcohol Research and Health* 27, no. 2 (2003): 125–33, https://pubs.niaaa.nih.gov/publications/arh27-2/125-133.htm; Melissa Carmona, ed., "Why Is Alcoholism Considered a Chronic Disease?," The Recovery Village, updated January 25, 2021, https://www.therecoveryvillage.com/alcohol-abuse/faq/alcoholism-considered-chronic-disease/; "Is Alcoholism a Disease?," Recovery Centers of America, https://recoverycentersofamerica.com/alcohol-abuse-addiction/is-alcoholism-a-disease/; Ernest Kurtz, "Alcoholics Anonymous and the Disease Concept of Alcoholism," *Alcoholism Treatment Quarterly* 20, no. 3–4 (2002): 5–39, https://doi.org/10.1300/J020v20n03_02; "AA as a Resource for the Health Care Professional," Alcoholics Anonymous, https://www.aa.org/pages/en_US/aa-as-a-resource-for-the-health-car-professional; Bill Wilson, "Talk to the National Clergy Conference on

Alcoholism," http://westbalto.a-1associates.com/LETS_ASK_BILL/wilsonstalktothe clergy.htm.
17. George E. Vaillant and Susanne Hiller-Sturmhöfel, "The Natural History of Alcoholism," *Alcohol Health and Research World* 20, no. 3 (1996): 152–61, https://www.ncbi.nlm.nih.gov/pmc/articles/PMC6876506/.
18. Anne Harrington, "Beyond Phrenology: Localization Theory in the Modern Era," in *The Enchanted Loom: Chapters in the History of Neuroscience*, ed. Pietro Corsi (New York: Oxford University Press, 1991), 207–39.
19. Storr, *Freud: A Very Short Introduction*.
20. G. N. Grob, "Origins of DSM-I: A Study in Appearance and Reality," *American Journal of Psychiatry* 148, no. 4 (April 1991): 421–31, https://doi.org/10.1176/ajp.148.4.421.
21. Horwitz, *DSM*, 20.
22. Ruth Leys, "Types of One: Adolf Meyer's Life Chart and the Representation of Individuality," *Representations* 34 (April 1991): 1–28, https://doi.org/10.2307/2928768.
23. Arthur C. Houts, "Fifty Years of Psychiatric Nomenclature: Reflections on the 1943 War Department Technical Bulletin, Medical 203," *Journal of Clinical Psychology* 56, no. 7 (July 2000): 935–67, https://doi.org/10.1002/1097-4679(200007)56:7<935::AID-JCLP11>3.0.CO;2-8.
24. *Newsweek* Staff, "Remembering the Great American Writer Ernest Hemingway on His Birthday," *Newsweek*, July 21, 2015, https://www.newsweek.com/ernest-hemingways-birthday-july-21-2015-355999; Nathan Heller, "Hemingway," Slate, March 16, 2012, https://slate.com/culture/2012/03/ernest-hemingway-how-the-great-american-novelist-became-the-literary-equivalent-of-the-nike-swoosh.html.
25. Toni Morrison, "The Color Fetish," *The New Yorker*, September 14, 2017, https://www.newyorker.com/books/page-turner/the-color-fetish.
26. Matthew Feldman, "Make It Crude: Ezra Pound's Antisemitic Propaganda for the BUF and PNF," *Holocaust Studies* 15, no. 1–2 (2009): 59–77, https://doi.org/10.1080/17504902.2009.11087226.
27. Linda Thraysbule, "Alcohol Releases the Brain's 'Feel Good' Chemicals," Live-Science, May 30, 2013, https://www.livescience.com/36084-alcohol-releases-endorphins-brain.html.
28. American Addiction Centers, "How Are Emotional Effects of Alcohol Explained?" Alcohol.org, accessed July 1, 2020, https://www.alcohol.org/guides/alcohol-fueled-emotions/.
29. Ivan Rusyn and Ramon Bataller, "Alcohol and Toxicity," *Journal of Hepatology* 59, no. 2 (August 2013): 387–88, https://doi.org/10.1016/j.jhep.2013.01.035.
30. Nicholas W. Gilpin and George F. Koob, "Neurobiology of Alcohol Dependence: Focus on Motivational Mechanisms," National Institute on Alcohol Abuse and Alcoholism, https://pubs.niaaa.nih.gov/publications/arh313/185-195.htm.
31. Northpoint Staff, "9 Signs of Alcohol Poisoning," Northpoint Recovery, September 27, 2017, https://www.northpointrecovery.com/blog/9-signs-alcohol-poisoning/.
32. Mayo Clinic Staff, "Illness Anxiety Disorder," Mayo Clinic, April 19, 2021, https://www.mayoclinic.org/diseases-conditions/illness-anxiety-disorder/symptoms-causes/syc-20373782.
33. UNC Health Talk, "Heavy Drinking Rewires Brain, Increasing Susceptibility to Anxiety Problems," UNC Health, September 4, 2012, https://healthtalk.unchealthcare.org/heavy-drinking-rewires-brain-increasing-susceptibility-to-anxiety-problems/.

第四章 断—连

1. Elizabeth von Muggenthaler, "The Felid Purr: A Healing Mechanism?," *The Journal of the Acoustical Society of America* 110, no. 2666 (2001), https://doi.org/10.1121/1.4777098.
2. Michael Shermer, "Five Fallacies of Grief: Debunking Psychological Stages," *Scientific American*, November 1, 2008, https://www.scientificamerican.com/article/five-fallacies-of-grief/.
3. "Grief Cat," Google Search Engine, 43.9 million results, July 2020, https://www.google.com/search?q=grief+cat.
4. Karl Sudi et al., "Anorexia Athletica," *Nutrition* 20, no. 7–8 (July–August 2004): 657–61, https://doi.org/10.1016/j.nut.2004.04.019.
5. Caroline Meyer et al., "The Compulsive Exercise Test: Confirmatory Factor Analysis and Links with Eating Psychopathology among Women with Clinical Eating Disorders," *Journal of Eating Disorders* 4, (2016): article 22, https://doi.org/10.1186/s40337-016-0113-3.
6. Horwitz, "How an Age of Anxiety"; Democritus Junior, *The Anatomy of Melancholy* (Project Gutenberg, 2004), https://www.gutenberg.org/files/10800/10800-h/10800-h.htm; G. E. Berrios, "Melancholia and Depression during the 19th Century: A Conceptual History," *British Journal of Psychiatry* 153, no. 3 (1988): 298–304, https://doi.org/10.1192/bjp.153.3.298.
7. Allan V. Horwitz and Jerome C. Wakefield, *The Loss of Sadness: How Psychiatry Transformed Normal Sorrow into Depressive Disorder* (Cary: Oxford University Press, 2007).
8. Anne Harrington, *Mind Fixers: Psychiatry's Troubled Search for the Biology of Mental Illness* (New York: W. W. Norton and Company, 2019), 202, 204–6, 244, Kindle.
9. Harrington, *Mind Fixers*.
10. Horwitz and Wakefield, *Loss of Sadness*.
11. Frances, *Saving Normal*, 154.
12. Paula J. Clayton, James A. Halikas, and William L. Maurice, "The Depression of Widowhood," *British Journal of Psychiatry* 120, no. 554 (1972): 71–77, https://doi.org/10.1192/bjp.120.554.71.
13. Horwitz and Wakefield, *Loss of Sadness*, 213.
14. American Psychiatric Association, *Diagnostic and Statistical Manual of Mental Disorders*, 4th ed. (*DSM-IV*) (Washington, DC: American Psychiatric Association, 1994), 91.
15. Frances, *Saving Normal*.

第五章 询医问药

1. Hal Arkowitz and Scott O. Lilienfeld, "Is There Really an Autism Epidemic?," *Scientific American*, August 1, 2012, https://www.scientificamerican.com/article/is-there-really-an-autism-epidemic/.
2. Morton Ann Gernsbacher, Michelle Dawson, and H. Hill Goldsmith, "Three Reasons Not to Believe in an Autism Epidemic," *Current Directions in Psychological Science* 14, no. 2 (April 2005): 55–58, https://doi.org/10.1111/j.0963-7214.2005.00334.x; Centers for Disease Control and Prevention, "Autism Spectrum Disorder Data and Statistics," US Department of Health and Human Services, updated September 25, 2020, https://www.cdc.gov/ncbddd/autism/data.html.
3. Leo Kanner, "Autistic Disturbances of Affective Contact," *Nervous Child* 2 (1943): 217–50, http://simonsfoundation.s3.amazonaws.com/share/071207-leo-kanner-autistic-affective-contact.pdf.

4. Berend Verhoeff, "Autism in Flux: A History of the Concept from Leo Kanner to DSM-5," *History of Psychiatry* 24, no. 4 (December 2013): 442–58, https://doi.org/10.1177/0957154X13500584.
5. Verhoeff, "Autism in Flux."
6. Pauline Chaste and Marion Leboyer, "Autism Risk Factors: Genes, Environment, and Gene-Environment Interactions," *Dialogues in Clinical Neuroscience* 14, no. 3 (September 2012): 281–92, https://doi.org/10.31887/DCNS.2012.14.3/pchaste.
7. Judith H. Miles, "Autism Spectrum Disorders—a Genetics Review," *Genetics in Medicine* 13, no. 4 (April 2011): 278–94, https://doi.org/10.1097/GIM.0b013e3181ff67ba; Marlene B. Lauritsen and H. Ewald, "The Genetics of Autism," *Acta Psychiatrica Scandinavica* 103, no. 6 (June 2001): 411–27, https://doi.org/10.1034/j.1600-0447.2001.00086.x; Michael Waldman, Sean Nicholson, and Nodir Adilov, "Does Television Cause Autism?," (working paper 12632, National Bureau of Economic Research, October 2006), https://doi.org/10.3386/w12632.
8. Richard Horton, "A Statement by the Editors of *The Lancet*," *The Lancet* 363, no. 9411 (March 6, 2004): 820–21, https://doi.org/10.1016/S0140-6736(04)15699-7.
9. J. B. Barahona-Corrêa and Carlos N. Filipe, "A Concise History of Asperger Syndrome: The Short Reign of a Troublesome Diagnosis," *Frontiers in Psychology* 6, no. 2024 (January 25, 2016), https://doi.org/10.3389/fpsyg.2015.02024.
10. Greenberg, *Book of Woe*, 201–2.
11. Silberman, Steve. "The Geek Syndrome." *Wired*, December 1, 2001. https://www.wired.com/2001/12/aspergers/.
12. Pablo Neruda, *The Poetry of Pablo Neruda*, ed. Ilan Stavans (New York: Farrar, Straus and Giroux, 2003).
13. Marc-Antoine Crocq, "A History of Anxiety: From Hippocrates to DSM," *Dialogues in Clinical Neuroscience* 17, no. 3 (September 2015): 319–25, https://doi.org/10.31887/DCNS.2015.17.3/macrocq.
14. Jitender Sareen et al., "Anxiety Disorders and Risk for Suicidal Ideation and Suicide Attempts: A Population-Based Longitudinal Study of Adults," *Archives of General Psychiatry* 62, no. 11 (2005): 1249–57, https://doi.org/10.1001/archpsyc.62.11.1249; Arif Khan et al., "Suicide Risk in Patients with Anxiety Disorders: A Meta-Analysis of the FDA Database," *Journal of Affective Disorders* 68, no. 1–2 (April 2002): 183–90, https://doi.org/10.1016/S0165-0327(01)00354-8.
15. Nicholas E. Calcaterra and James C. Barrow, "Classics in Chemical Neuroscience: Diazepam (Valium)," *ACS Chemical Neuroscience* 5, no. 4 (2014): 253–60, https://doi.org/10.1021/cn5000056.
16. Jonathan M. Metzl, "'Mother's Little Helper': The Crisis of Psychoanalysis and the Miltown Resolution," *Gender and History* 15, no. 2 (August 2003): 228–55, https://doi.org/10.1111/1468-0424.00300.
17. Robin Marantz Henig, "Valium's Contribution to Our New Normal," *New York Times*, September 29, 2012, https://www.nytimes.com/2012/09/30/sunday-review/valium-and-the-new-normal.html.
18. Jeannette Y. Wick, "The History of Benzodiazepines," *The Consultant Pharmacist* 28, no. 9 (September 2013): 538–48, https://doi.org/10.4140/TCP.n.2013.538.
19. Sidney Kessler, Joanna Hernik, and Dana-Nicoleta Lascu, "The Genesis of Robitussin's 'Ask Your Doctor' Campaign: The Prevalent Theme of Pharmaceutical Advertising for Four Decades," *Innovative Marketing* 9, no. 2 (2013 : 69–75.
20. Lisa M. Schwartz and Steven Woloshin, "Medical Marketing in the United States, 1997–2016," *JAMA* 321, no. 1 (2019): 80–96, https://doi.org/10.1001/jama.2018.19320.

21. Melanie Yergeau, "Circle Wars: Reshaping the Typical Autism Essay," *Disabilities Studies Quarterly* 30, no. 1 (2010), https://dsq-sds.org/article/view/1063/1222&gt.

第六章 破裂

1. Mary G. Baker, Rajendra Kale, and Matthew Menken, "The Wall Between Neurology and Psychiatry," *BMJ* 324, no. 7352 (2002): 1468–69, https://doi.org/10.1136/bmj.324.7352.1468.
2. American Psychiatric Association, *Diagnostic and Statistical Manual of Mental Disorders*, 3rd ed. *(DSM-III)* (Washington, DC: American Psychiatric Association, 1980).
3. William E. Pelham Jr. *et al.*, "Teacher Ratings of DSM-III-R Symptoms for the Disruptive Behavior Disorders," *Journal of the American Academy of Child and Adolescent Psychiatry* 31, no. 2 (March 1992): 210–18, https://doi.org/10.1097/00004583-199203000-00006.
4. Adrian Angold and E. Jane Costello, "Toward Establishing an Empirical Basis for the Diagnosis of Oppositional Defiant Disorder," *Journal of the American Academy of Child and Adolescent Psychiatry* 35, no. 9 (September 1996): 1205–12, https://doi.org/10.1097/00004583-199609000-00018.
5. Benjamin B. Lahey et al., "DSM-IV Field Trials for Oppositional Defiant Disorder and Conduct Disorder in Children and Adolescents," *American Journal of Psychiatry* 151, no. 8 (August 1994): 1163–71, https://doi.org/10.1176/ajp.151.8.1163.
6. Substance Abuse and Mental Health Services Administration, "Table 18: DSM-IV to DSM-5 Oppositional Defiant Disorder Comparison," in *DSM-5 Changes: Implications for Child Serious Emotional Disturbance* (Rockville, MD: Substance Abuse and Mental Health Services Administration, June 2016), https://www.ncbi.nlm.nih.gov/books/NBK519712/table/ch3.t14.
7. Sarah Maria Birkle et al., "Disruptive Affektregulations Störung: Eine Umstrittene Neue Diagnose im DSM-5 [Disruptive Mood Dysregulation Disorder: A Controversial New Diagnostic Entity in the DSM-5]," *Zeitschrift für Kinder- und Jugendpsychiatrie und Psychotherapie* 45, no. 2 (March 2017): 98–103, https://doi.org/10.1024/1422-4917/a000496.
8. Dustin A. Pardini and Paula J. Fite, "Symptoms of Conduct Disorder, Oppositional Defiant Disorder, Attention-Deficit/Hyperactivity Disorder, and Callous-Unemotional Traits as Unique Predictors of Psychosocial Maladjustment in Boys: Advancing an Evidence Base for *DSM-V*," *Journal of the American Academy of Child and Adolescent Psychiatry* 49, no. 11 (November 2010): 1134–44, https://doi.org/10.1016%2Fj.jaac.2010.07.010.
9. Joseph Day, "The Effect of Race on the Diagnosis of Oppositional Defiant Disorder," Education Resources Information Center, November 14, 2002, https://eric.ed.gov/?id=ED470718.
10. Cheryl B. McNeil, Laura C. Capage, and Gwendolyn M. Bennett, "Cultural Issues in the Treatment of Young African American Children Diagnosed with Disruptive Behavior Disorders," *Journal of Pediatric Psychology* 27, no. 4 (June 2002): 339–50, https://doi.org/10.1093/jpepsy/27.4.339; Matthew C. Fadus et al., "Unconscious Bias and the Diagnosis of Disruptive Behavior Disorders and ADHD in African American and Hispanic Youth," *Academic Psychiatry* 44 (2020): 95–102, https://doi.org/10.1007/s40596-019-01127-6; Kess L. Ballentine, "Understanding Racial Differences in Diagnosing ODD Versus ADHD Using Critical Race Theory," *Families in Society:*

The Journal of Contemporary Social Services 100, no. 3 (July 2019): 282–92, https://doi.org/10.1177/1044389419842765; June Liang, Brittany E. Matheson, and Jennifer M. Douglas, "Mental Health Diagnostic Considerations in Racial/Ethnic Minority Youth," *Journal of Child and Family Studies* 25, no. 6 (2016): 1926–40, https://doi.org/10.1007/s10826-015-0351-z.

11. David R. Williams and Michelle Harris-Reid, "Race and Mental Health: Emerging Patterns and Promising Approaches," in *A Handbook for the Study of Mental Health: Social Contexts, Theories, and Systems*, ed. A. V. Horwitz and T. L. Scheid (Cambridge: Cambridge University Press, 1999), 295–314.

12. David S. Mandell et al., "Disparities in Diagnoses Received Prior to a Diagnosis of Autism Spectrum Disorder," *Journal of Autism and Developmental Disorders* 37, no. 9 (October 2007): 1795–802, https://doi.org/10.1007/s10803-006-0314-8.

13. Robert C. Schwartz and David M. Blankenship, "Racial Disparities in Psychotic Disorder Diagnosis: A Review of Empirical Literature," *World Journal of Psychiatry* 4, no. 4 (December 2014): 133–40, https://doi.org/10.5498/wjp.v4.i4.133.

14. Harrington, *Mind Fixers*, 206; Georgia State University, "Racial, Ethnic Differences Found in Psychiatric Diagnoses, Treatment, according to Researchers," ScienceDaily, May 18, 2016, https://www.sciencedaily.com/releases/2016/05/16051809 4721.htm; Arnold Barnes, "Race, Schizophrenia, and Admission to State Psychiatric Hospitals," *Administration and Policy in Mental Health and Mental Health Services Research* 31 (2004): 241–52, https://doi.org/10.1023/B:APIH.0000018832.73673.54.

15. Karen J. Coleman et al., "Racial-Ethnic Differences in Psychiatric Diagnoses and Treatment across 11 Health Care Systems in the Mental Health Research Network," *Psychiatric Services* 67, no. 7 (July 2016): 749–57, https://doi.org/10.1176/appi.ps.201500 217; "Mental Health Disparities: Diverse Populations," American Psychiatric Association, https://www.psychiatry.org/psychiatrists/cultural-competency/education/mental-health-facts.

16. Coleman et al., "Racial-Ethnic Differences in Psychiatric Diagnoses."

17. Joshua Breslau et al., "Lifetime Risk and Persistence of Psychiatric Disorders across Ethnic Groups in the United States," *Psychological Medicine* 35, no. 3 (March 2005): 317–27, https://doi.org/10.1017/s0033291704003514; Thomas G. McGuire and Jeanne Miranda, "New Evidence Regarding Racial and Ethnic Disparities in Mental Health: Policy Implications," *Health Affairs* 27, no. 2 (March/April 2008): 393–403, https://doi.org/10.1377/hlthaff.27.2.393.

18. John Elflein, "Percentage of U.S. Americans without Health Insurance by Ethnicity 2010–2020," Statista, April 15, 2021, https://www.statista.com/statistics/200970 /percentage-of-americans-without-health-insurance-by-race-ethnicity/; McGuire and Miranda, "New Evidence Regarding Racial and Ethnic Disparities"; Oanh L. Meyer and Nolan Zane, "The Influence of Race and Ethnicity in Clients' Experiences of Mental Health Treatment," *Journal of Community Psychology* 41, no. 7 (September 2013): 884–901, https://doi.org/10.1002/jcop.21580.

19. Rodney A. Samaan, "The Influences of Race, Ethnicity, and Poverty on the Mental Health of Children," *Journal of Health Care for the Poor and Underserved* 11, no. 1 (February 2000): 100–10, https://doi.org/10.1353/hpu.2010.0557; Faye A. Gary, "Stigma: Barrier to Mental Health Care Among Ethnic Minorities," *Issues in Mental Health Nursing* 26, no. 10 (2005): 979–99, https://doi.org/10.1080/01612840500280638; "Black/African American," National Alliance on Mental Illness, accessed July 2020, https://www.nami.org/Your-Journey/Identity-and-Cultural-Dimensions/Black-African

-American; "Hispanic/Latinx," National Alliance on Mental Illness, accessed July 2020, https://www.nami.org/Your-Journey/Identity-and-Cultural-Dimensions/Latinx-Hispanic; "Mental Health Disparities: Diverse Populations."
20. Individuals with Disabilities Education Act, Section 300.8(c)(4), US Department of Education (May 2, 2017), https://sites.ed.gov/idea/regs/b/a/300.8/c/4.
21. Kelly R. Tan, Uwe Rudolph, and Christian Lüscher, "Hooked on Benzodiazepines: $GABA_A$ Receptor Subtypes and Addiction," *Trends in Neurosciences* 34, no. 4 (April 2011): 188–97, https://dx.doi.org/10.1016%2Fj.tins.2011.01.004; Glen O. Gabbard, *Gabbard's Treatments of Psychiatric Disorders* (Washington, DC: American Psychiatric Association Publishing, 2007).
22. Tan, Rudolph, and Lüscher, "Hooked on Benzodiazepines"; NIDA Notes Staff, "Well-Known Mechanism Underlies Benzodiazepines' Addictive Properties," National Institute on Drug Abuse, April 19, 2012, https://archives.drugabuse.gov/news-events/nida-notes/2012/04/well-known-mechanism-underlies-benzodiazepines-addictive-properties.
23. James E. Sabin and Norman Daniels, "Determining 'Medical Necessity' in Mental Health Practice," *The Hastings Center Report* 24, no. 6 (November–December 1994): 5–13, https://www.jstor.org/stable/3563458.
24. Owen Whooley, "Diagnostic Ambivalence: Psychiatric Workarounds and the Diagnostic and Statistical Manual of Mental Disorders," *Sociology of Health and Illness* 32, no. 3 (March 2010): 452–69, https://doi.org/10.1111/j.1467-9566.2010.01230.x.
25. Greenberg, *Book of Woe*, 67–68.
26. The Editors, "Clinical Trials Have Far Too Little Racial and Ethnic Diversity," *Scientific American*, September 1, 2008, https://www.scientificamerican.com/article/clinical-trials-have-far-too-little-racial-and-ethnic-diversity/.

第七章 医嘱

1. Jonathan S. Abramowitz and Ryan J. Jacoby, "Obsessive-Compulsive Disorder in the DSM-5," *Clinical Psychology: Science and Practice* 21, no. 3 (2014): 221–35, https://psycnet.apa.org/doi/10.1111/cpsp.12076; Kimberly Glazier, Matt Swing, and Lata K. McGinn, "Half of Obsessive-Compulsive Disorder Cases Misdiagnosed," *The Journal of Clinical Psychiatry* 76, no. 6 (2015): e761–67, https://doi.org/10.4088/jcp.14m09110.
2. Antony Barnett, "Trouble in Transcendental Paradise as Murder Rocks the Maharishi University," *The Guardian*, May 1, 2004, https://www.theguardian.com/world/2004/may/02/usa.theobserver.
3. Assen Jablensky, "The Diagnostic Concept of Schizophrenia: Its History, Evolution, and Future Prospects," *Dialogues in Clinical Neuroscience* 12, no. 3 (September 2010): 271–87, https://doi.org/10.31887/DCNS.2010.12.3/ajablensky; Mahendra T. Bhati, "Defining Psychosis: The Evolution of DSM-5 Schizophrenia Spectrum Disorders," *Current Psychiatry Reports* 15, no. 11 (November 2013): 409, https://doi.org/10.1007/s11920-013-0409-9.
4. Andrew Moskowitz and Gerhard Heim, "Eugen Bleuler's *Dementia Praecox or the Group of Schizophrenias* (1911): A Centenary Appreciation and Reconsideration," *Schizophrenia Bulletin* 37, no. 3 (May 2011): 471–79, https://doi.org/10.1093/schbul/sbr016.
5. Harrington, *Mind Fixers*, 139.
6. Bhati, "Defining Psychosis."
7. A. Ban Thomas, "Evolution of Diagnostic Criteria in Psychoses," *Dialogues in*

Clinical Neuroscience 3, no. 4 (December 2001): 257–63, https://doi.org/10.31887/DCNS.2001.3.4/abthomas.
8. Johns Hopkins Medicine, "Study Suggests Overdiagnosis of Schizophrenia," ScienceDaily, April 22, 2019, https://www.sciencedaily.com/releases/2019/04/190422090842.htm; Jennifer Bartlett, "Childhood-Onset Schizophrenia: What Do We Really Know?," *Health Psychology and Behavioral Medicine* 2, no. 1 (2014): 735–47, https://doi.org/10.1080/21642850.2014.927738.
9. Estate of Butler v. Maharishi University of Management, 589 F. Supp. 2d 1150 (S.D. Iowa 2008), https://law.justia.com/cases/federal/district-courts/FSupp2/589/1150/1870047/.
10. Krzysztof Dyga and Radosław Stupak, "Meditation and Psychosis: Trigger or Cure?," *Archives of Psychiatry and Psychotherapy* 3 (2015): 48–58, https://doi.org/10.12740/APP/58976; P. Sharma et al., "Meditation—a Two Edged Sword for Psychosis: A Case Report," Irish Journal of Psychological Medicine 33, no. 4 (2016): 247–49, https://doi.org/10.1017/ipm.2015.73.
11. Estate of Butler v. Maharishi University of Management.
12. Joseph Weber, *Transcendental Meditation in America: How a New Age Movement Remade a Small Town in Iowa* (Iowa City: University of Iowa Press, 2014).
13. Robert Whitaker, *Anatomy of an Epidemic: Magic Bullets, Psychiatric Drugs, and the Astonishing Rise of Mental Illness in America* (New York: Crown Archetype, 2010), 115, Kindle.
14. Matt Ford, "America's Largest Mental Hospital Is a Jail," *The Atlantic*, June 8, 2015, https://www.theatlantic.com/politics/archive/2015/06/americas-largest-mental-hospital-is-a-jail/395012/.
15. Heather Stuart, "Violence and Mental Illness: An Overview," *World Psychiatry* 2, no. 2 (June 2003): 121–24, https://www.ncbi.nlm.nih.gov/pmc/articles/PMC1525086/; Mohit Varshney et al., "Violence and Mental Illness: What Is the True Story?," *Journal of Epidemiology and Community Health* 70, no. 3 (March 2016): 223–25, http://dx.doi.org/10.1136/jech-2015-205546; Marie E. Rueve and Randon S. Welton, "Violence and Mental Illness," *Psychiatry* 5, no. 5 (May 2008): 34–48, https://www.ncbi.nlm.nih.gov/pmc/articles/PMC2686644/.
16. "Mental Health Myths and Facts," MentalHealth.gov, US Department of Health and Human Services, accessed, July 2020, https://www.mentalhealth.gov/basics/mental-health-myths-facts.
17. Rob Whitley, "The Antipsychiatry Movement: Dead, Diminishing, or Developing?," *Psychiatric Services* 63, no. 10 (October 2012): 1039–41, https://doi.org/10.1176/appi.ps.201100484.
18. Thomas J. Scheff, *Being Mentally Ill: A Sociological Study* (New York: Routledge, 1999).
19. Ronald David Laing, *The Politics of Experience* (New York: Pantheon, 1983).
20. D. L. Rosenhan, "On Being Sane in Insane Places," *Science* 179, no. 4070 (January 19, 1973): 250–58, https://doi.org/10.1126/science.179.4070.250.
21. Susannah Cahalan, The Great Pretender: *The Undercover Mission That Changed Our Understanding of Madness* (New York: Grand Central Publishing, 2019).
22. "Schizophrenia," National Institute of Mental Health, last revised May 2020, https://www.nimh.nih.gov/health/topics/schizophrenia/index.shtml; Alan Breier et al., "National Institute of Mental Health Longitudinal Study of Chronic Schizophrenia: Prognosis and Predictors of Outcome," *Archives of General Psychiatry* 48, no. 3 (1991): 239–46, https://doi.org/10.1001/archpsyc.1991.01810270051007.
23. Robin M. Murray, "Mistakes I Have Made in My Research Career," *Schizophrenia Bulletin* 43, no. 2 (March 2017): 253–56, https://doi.org/10.1093/schbul/sbw165; Jim

van Os, "'Schizophrenia' Does Not Exist," *BMJ* 352 (2016), https://doi.org/10.1136/bmj.i375; Tyrone D. Cannon *et al.*, "The Genetic Epidemiology of Schizophrenia in a Finnish Twin Cohort," *Archives of General Psychiatry* 55, no. 1 (1998): 67–74, https://doi.org/10.1001/archpsyc.55.1.67; Harvard Health Publishing, "Schizophrenia," Harvard Medical School, February 1, 2019, https://www.health.harvard.edu/a_to_z/schizophrenia-a-to-z; Schizophrenia Working Group of the Psychiatric Genomics Consortium, "Biological Insights from 108 Schizophrenia-Associated Genetic Loci," *Nature* 511 (2014): 421–27, https://doi.org/10.1038/nature13595.
24. Godfrey D. Pearlson and Laura Marsh, "Structural Brain Imaging in Schizophrenia: A Selective Review," *Biological Psychiatry* 46 (1999): 627–49.
25. Szasz, *The Myth of Mental Illness*.
26. Judith Warner, "The Denial of Mental Illness Is Alive and Well," *Time*, September 14, 2012, https://ideas.time.com/2012/09/14/the-denial-of-mental-illness-is-alive-and-well/.

第八章 治疗 / 选择

1. Scott Gottlieb, "Methylphenidate Works by Increasing Dopamine Levels," *BMJ (Clinical Research Edition)* 322, no. 7281 (February 2001): 259, https://www.bmj.com/content/322/7281/259.3.full.
2. University of Wisconsin–Madison, "How Ritalin Works in Brain to Boost Cognition, Focus Attention," ScienceDaily, June 25, 2008, https://www.sciencedaily.com/releases/2008/06/080624115956.htm.
3. Lily Hechtman *et al.*, "Diagnosing ADHD in Adults: Limitations to DSM-IV and DSM-V Proposals and Challenges Ahead," *Neuropsychiatry* 1, no. 6 (December 2011): 579–90, https://www.researchgate.net/publication/274667077_Diagnosing_ADHD_in_adults_limitations_to_DSM-IV_and_DSM-V_proposals_and_challenges_ahead; Frances, *Saving Normal*, 183.
4. Dusan Kolar *et al.*, "Treatment of Adults with Attention-Deficit/Hyperactivity Disorder," *Neuropsychiatric Disease and Treatment* 4, no. 2 (April 2008): 389–403, https://doi.org/10.2147/ndt.s6985.
5. Joanna Moncrieff and Sami Timimi, "Critical Analysis of the Concept of Adult Attention-Deficit Hyperactivity Disorder," *The Psychiatrist* 35, no. 9 (2011): 334–38, https://doi.org/10.1192/pb.bp.110.033423.
6. Nicola Morant et al., "The Least Worst Option: User Experiences of Antipsychotic Medication and Lack of Involvement in Medication Decisions in a UK Community Sample," *Journal of Mental Health* 27, no. 4 (2017): 322–28, https://doi.org/10.1080/09638237.2017.1370637; Denise Mann, "What to Do When Your Depression Treatment Isn't Working," WebMD, October 1, 2021, https://www.webmd.com/depression/features/treatment-not-working.
7. H. P. Chin *et al.*, "Psychiatric Training in Primary Care Medicine Residency Programs: A National Survey," *Psychosomatics* 41, no. 5 (September–October 2000): 412–17, https://doi.org/10.1176/appi.psy.41.5.412.
8. Robert C. Smith, "Educating Trainees About Common Mental Health Problems in Primary Care: A (Not So) Modest Proposal," *Academic Medicine* 86, no. 11 (November 2011): e16, https://doi.org/10.1097/ACM.0b013e3182308dc8.
9. Smith, "Educating Trainees About Common Mental Health Problems."
10. Hoyle Leigh, Deborah Stewart, and Ronna R. Mallios, "Mental Health and Psychiatry Training in Primary Care Residency Programs: Part I. Who Teaches, Where, When

and How Satisfied?," *General Hospital Psychiatry* 28, no. 3 (May–June 2006): 189–94, https://doi.org/10.1016/j.genhosppsych.2005.10.003.
11. Robert C. Smith *et al.*, "Addressing Mental Health Issues in Primary Care: An Initial Curriculum for Medical Residents," *Patient Education and Counseling* 94, no. 1 (January 2014): 33–42, http://dx.doi.org/10.1016/j.pec.2013.09.010.
12. Sharon Sanders *et al.*, "A Review of Changes to the Attention Deficit/Hyperactivity Disorder Age of Onset Criterion Using the Checklist for Modifying Disease Definitions," *BMC Psychiatry* 19 (2019): 357, https://doi.org/10.1186/s12888-019-2337-7; Jeffery N. Epstein and Richard E. A. Loren, "Changes in the Definition of ADHD in DSM-5: Subtle but Important," *Neuropsychiatry* 3, no. 5 (October 2013): 455–58, https://www.ncbi.nlm.nih.gov/pmc/articles/PMC3955126/.
13. Alicia Holland, "The Surprising History of the Slash," eType, August 27, 2017, http://etype.com/blog/surprising-history-slash/.
14. Christine B. Phillips, "Medicine Goes to School, Teachers as Sickness Brokers for ADHD," *PLoS Medicine* 3, no. 4 (April 2006): e182, https://doi.org/10.1371/journal.pmed.0030182.
15. Anna Baumgaertel, Mark L. Wolraich, and Mary Dietrich, "Comparison of Diagnostic Criteria for Attention Deficit Disorders in a German Elementary School Sample," *Journal of the American Academy of Child and Adolescent Psychiatry* 34, no. 5 (May 1995): 629–38, https://doi.org/10.1097/00004583-199505000-00015.
16. Sanders et al., "A Review of Changes to the Attention Deficit/Hyperactivity Disorder Age of Onset Criterion."
17. Epstein and Loren, "Changes in the Definition of ADHD in DSM-5."
18. Karen Thomas, "Back to School for ADHD Drugs," *USA Today*, August 28, 2001, http://usatoday30.usatoday.com/life/2001-08-28-adhd.htm.
19. Carrie S. Martin, "DDMAC Targets ADHD Products—FDA Issues Five Warning Letters on the Same Day," FDA Law Blog, Hyman, Phelps and McNamara PC, September 29, 2008, https://www.thefdalawblog.com/2008/09/ddmac-targets-a/.
20. Marnie Klein, "Masked Marketing: Pharmaceutical Company Funding of ADHD Patient Advocacy Groups," The Hastings Center, June 29, 2017, https://www.thehastingscenter.org/masked-marketing-pharmaceutical-company-funding-adhd-patient-advocacy-groups/.
21. Alan Schwarz, "The Selling of Attention Deficit Disorder," *New York Times*, December 14, 2013, https://www.nytimes.com/2013/12/15/health/the-selling-of-attention-deficit-disorder.html.
22. Jessica Mitchell and John Read, "Attention-Deficit Hyperactivity Disorder, Drug Companies and the Internet," *Clinical Child Psychology and Psychiatry* 17, no. 1 (2011): 121–39, https://doi.org/10.1177/1359104510396432.
23. Matthew S. McCoy *et al.*, "Conflicts of Interest for Patient-Advocacy Organizations," *The New England Journal of Medicine* 376, no. 9 (2017): 880–85, https://doi.org/10.1056/NEJMsr1610625; Phillips, "Medicine Goes to School"; "For Educators, Overview," Children and Adults with Attention-Deficit/Hyperactivity Disorder (CHADD), accessed July 2020, https://chadd.org/for-educators/overview/.
24. "ADHD. The Struggle Is Real," ADHD Adulthood, Takeda Pharmaceutical, 2020, https://www.adhdadulthood.com/.
25. Richard L. Morrow *et al.*, "Influence of Relative Age on Diagnosis and Treatment of Attention-Deficit/Hyperactivity Disorder in Children," *Canadian Medical Association Journal* 184, no. 7 (April 17, 2012): 755–62, https://doi.org/10.1503

/cmaj.111619; D. J. Safer, J. M. Zito, and E. M. Fine, "Increased Methylphenidate Usage for Attention Deficit Disorder in the 1990s," *Pediatrics* 98, no. 6 Part 1 (December 1996): 1084–88, https://pubmed.ncbi.nlm.nih.gov/8951257/; Daniel Goleman, "Scientist at Work: Allen J. Frances; Revamping Psychiatrists' Bible," *New York Times*, April 19, 1994, https://www.nytimes.com/1994/04/19/science/scientist-at-work-allen-j-frances-revamping-psychiatrists-bible.html; Benedict Carey, "Keith Conners, Psychologist Who Set Standard for Diagnosing A.D.H.D., Dies at 84," *New York Times*, July 13, 2017, https://www.nytimes.com/2017/07/13/health/keith-conners-deadpsychologist-adhd-diagnosing.html; Alan Schwarz, "The Selling of Attention Deficit Disorder," *New York Times*, December 14, 2013, https://www.nytimes.com/2013/12/15/health/the-selling-of-attention-deficit-disorder.html.
26. Frances, *Saving Normal*, 138.
27. D. H. Shapiro Jr., "Adverse Effects of Meditation: A Preliminary Investigation of Long-Term Meditators," *International Journal of Psychosomatic Research* 39, no. 1–4 (1992): 62–67, https://pubmed.ncbi.nlm.nih.gov/1428622/.
28. Tim Lomas *et al.*, "A Qualitative Analysis of Experiential Challenges Associated with Meditation Practice," *Mindfulness* 6, no. 4 (August 2015): 848–60, https://doi.org/10.1007/s12671-014-0329-8.
29. Ausiàs Cebolla *et al.*, "Unwanted Effects: Is There a Negative Side of Meditation? A Multicentre Survey," *PLoS One* 12, no. 9 (2017): e0183137, https://doi.org/10.1371/journal.pone.0183137.
30. Azmeh Shahid *et al.*, "Hamilton Rating Scale for Depression (HAM-D)," in *STOP, THAT and One Hundred Other Sleep Scales*, ed. Azmeh Shahid et al. (Secaucus, NJ: Springer Science and Business Media, 2012), 187–90.
31. Henri-Frédéric Amiel, *Amiel's Journal* (Project Gutenberg, July 2005), https://www.gutenberg.org/files/8545/8545-h/8545-h.htm.
32. Norman Sartorious, "Comorbidity of Mental and Physical Diseases: A Main Challenge for Medicine of the 21st Century," *Shanghai Archives of Psychiatry* 25, no. 2 (April 2013): 68–69, https://www.ncbi.nlm.nih.gov/pmc/articles/PMC4054544/; Hanna M. van Loo and Jan-Willem Romeijn, "Psychiatric Comorbidity: Fact or Artifact?," *Theoretical Medicine and Bioethics* 36, no. 1 (2015): 41–60, https://dx.doi.org/10.1007%2Fs11017-015-9321-0.
33. Ronald C. Kessler *et al.*, "Prevalence, Severity, and Comorbidity of 12-Month DSM-IV Disorders in the National Comorbidity Survey Replication," *Archives of General Psychiatry* 62, no. 6 (2005): 617–27, https://doi.org/10.1001/archpsyc.62.6.617.
34. Oleguer Plana-Ripoll *et al.*, "Exploring Comorbidity within Mental Disorders among a Danish National Population," *JAMA Psychiatry* 76, no. 3 (March 2019): 259–70, https://doi.org/10.1001/jamapsychiatry.2018.3658.
35. Van Loo and Romeijn, "Psychiatric Comorbidity: Fact or Artifact?"
36. R. L. Spitzer and P. T. Wilson, "Section 7: A Guide to the New Nomenclature," in American Psychiatric Association, *Diagnostic and Statistical Manual of Mental Disorders*, 2nd ed. (DSM-II) (Washington, DC: American Psychiatric Association, 1968), 122–23; Horwitz, *DSM*, 42.
37. David W. Goodman and Michael E. Thase, "Recognizing ADHD in Adults with Comorbid Mood Disorders: Implications for Identification and Management," *Postgraduate Medicine* 121, no. 5 (September 2009): 31–41, https://doi.org/10.3810/pgm.2009.09.2049.

第九章　成为双相

1. Franklin E. Zimring and Gordon Hawkins, "Crime, Justice, and the Savings and Loan Crisis," *Crime and Justice* 18 (1993): 247–92, https://www.jstor.org/stable/1147658.
2. Nina Siegal, "What Ailed van Gogh? Doctors Weigh In," *New York Times*, September 15, 2016, https://www.nytimes.com/2016/09/16/arts/design/vincent-van-gogh-doctors-historians-weigh-in-amsterdam.html; "Health of Vincent van Gogh," Wikipedia, last modified January 14, 2021, https://en.wikipedia.org/wiki/Health_of_Vincent_van_Gogh.
3. Dara Mohammadi, "Nancy C. Andreasen: Creativity and Mental Illness," *The Lancet* 4, no. 3 (March 2017): 192, https://doi.org/10.1016/S2215-0366(17)30013-5.
4. N. J. C. Andreasen and Arthur Canter, "The Creative Writer: Psychiatric Symptoms and Family History," *Comprehensive Psychiatry* 15, no. 2 (March–April 1974): 123–31, https://doi.org/10.1016/0010-440X(74)90028-5.
5. Mohammadi, "Nancy C. Andreasen."
6. Kay Redfield Jamison, "Mood Disorders and Patterns of Creativity in British Writers and Artists," *Psychiatry* 52, no. 2 (1989): 125–34, https://doi.org/10.1080/00332747.1989.11024436.
7. Kay Redfield Jamison, *Touched with Fire: Manic-Depressive Illness and the Artistic Temperament* (New York: Free Press, 1993), 17, Kindle.
8. Kay Redfield Jamison, *An Unquiet Mind: A Memoir of Moods and Madness* (New York: Knopf Doubleday Publishing Group, 1995), Kindle.
9. Claudia Kalb, *Andy Warhol Was a Hoarder: Inside the Minds of History's Great Personalities* (New York: Disney Book Group, 2016), 18, Kindle.
10. Colin Bird, "Do You Know What This Symbol Means?," Cars.com, June 5, 2017, https://www.cars.com/articles/do-you-know-what-this-symbol-means-1420663197854/.
11. Rose Eveleth, "The History of the Exclamation Point," *Smithsonian Magazine*, August 9, 2012, https://www.smithsonianmag.com/smart-news/the-history-of-the-exclamation-point-16445416/.
12. Geoff Nunberg, "After Years of Restraint, a Linguist Says 'Yes!' to the Exclamation Point," June 13, 2017, in *Fresh Air*, produced by NPR, radio broadcast, MP3 audio, 8:39, https://www.npr.org/2017/06/08/532148705/after-years-of-restraint-a-linguist-says-yes-to-the-exclamation-point.
13. Bird, "Do You Know What This Symbol Means?"; Carol Waseleski, "Gender and the Use of Exclamation Points in Computer-Mediated Communication: An Analysis of Exclamations Posted to Two Electronic Discussion Lists," *Journal of Computer-Mediated Communication* 11, no. 4 (July 2006): 1012–24, https://doi.org/10.1111/j.1083-6101.2006.00305.x.
14. Johns Hopkins Medicine, "Mental Health Disorder Statistics," John Hopkins Medicine, 2019, https://www.hopkinsmedicine.org/health/wellness-and-prevention/mental-health-disorder-statistics; "You Are Not Alone," National Alliance on Mental Illness, https://www.nami.org/NAMI/media/NAMI-Media/Infographics/NAMI_YouAreNotAlone_2020_FINAL.pdf.
15. Liza H. Gold, "DSM-5 and the Assessment of Functioning: The World Health Organization Disability Assessment Schedule 2.0 (WHODAS 2.0)," *Journal of the American Academy of Psychiatry and the Law Online* 42, no. 2 (June 2014): 173–81, http://jaapl.org/content/42/2/173#sec-9.
16. National Institute of Mental Health, "Mental Illness," updated January 2021, https://www.nimh.nih.gov/health/statistics/mental-illness.shtml.

17. "Mental Illness," National Institute of Mental Health.
18. Frederick Cassidy et al., "A Factor Analysis of the Signs and Symptoms of Mania," *Archives of General Psychiatry* 55, no. 1 (1998): 27–32, https://doi.org/10.1001/arch psyc.55.1.27.
19. Brittany L. Mason, E. Sherwood Brown, and Paul E. Croarkin, "Historical Underpinnings of Bipolar Disorder Diagnostic Criteria," *Behavioral Sciences* 6, no. 3 (September 2016): 14, https://dx.doi.org/10.3390%2Fbs6030014.
20. Jules Angst, "Historical Aspects of the Dichotomy Between Manic–Depressive Disorders and Schizophrenia," *Schizophrenia Research* 57, no. 1 (September 2002): 5–13, https://doi.org/10.1016/S0920-9964(02)00328-6.
21. Mason, Brown, and Croarkin, "Historical Underpinnings."
22. Michael J. Ostacher, Mark A. Frye, and Trisha Suppes, "Bipolar Disorders in DSM-5: Changes and Implications for Clinical Research," in *Bipolar Disorders: Basic Mechanisms and Therapeutic Implications*, ed. Jair C. Soares (Cambridge: Cambridge University Press, 2016), 1–7; American Psychiatric Association, *DSM-5*.
23. Janet Lee and Karen L. Swartz, "Bipolar I Disorder," *John Hopkins Psychiatry Guide*, updated October 29, 2017, https://www.hopkinsguides.com/hopkins/view/Johns_Hop kins_Psychiatry_Guide/787045/a!l/Bipolar_I_Disorder.
24. Smitha Bhandari, "What Are Hypomania and Mania in Bipolar Disorder?," WebMD, September 12, 2020, https://www.webmd.com/bipolar-disorder/guide/hypomania -mania -symptoms.
25. Franco Benazzi and Zoltan Rihmer, "Sensitivity and Specificity of DSM-IV Atypical Features for Bipolar II Disorder Diagnosis," Psychiatry Research 93, no. 3 (April 2000): 257–62, https://doi.org/10.1016/S0165-1781(00)00121-9.

第十章　停用快乐药片时

1. James Roland, "Bipolar 1 Disorder and Bipolar 2 Disorder: What Are the Differences?," Healthline, updated January 10, 2019, https://www.healthline.com/health /bipolar-disorder/bipolar-1-vs-bipolar-2; Matthew Hoffman, "Bipolar II Disorder," WebMD, April 14, 2020, https://www.webmd.com/bipolar-disorder/guide/bipolar-2 -disorder.
2. Daniel B. Block, "Bipolar Disorder," Verywell Mind, November 2, 2020, https://www .verywellmind.com/bipolar-disorder-4157274.
3. Lauren M. Weinstock et al., "Differential Item Functioning of DSM-IV Depressive Symptoms in Individuals with a History of Mania Versus Those without: An Item Response Theory Analysis," *Bipolar Disorders* 11, no. 3 (May 2009): 289–97, https://doi .org/10.1111/j.1399-5618.2009.00681.x.
4. Zubin Bhagwagar and Guy M. Goodwin, "Bipolar-Spectrum Disorders: An Epidemic Unseen, Invisible or Unreal?," *Advances in Psychiatric Treatment* 10, no. 1 (January 2004): 1–3, https://doi.org/10.1192/apt.10.1.1; Maria Faurholt-Jepsen et al., "Differences in Mood Instability in Patients with Bipolar Disorder Type I and II: A Smartphone-Based Study," *International Journal of Bipolar Disorders* 7 (2019): article 5, https://doi .org/10.1186/s40345-019-0141-4; Frances, *Saving Normal*, 150.
5. Franco Benazzi, "Factor Structure of Recalled DSM-IV Hypomanic Symptoms of Bipolar II Disorder," *Comprehensive Psychiatry* 45, no. 6 (November–December 2004): 441–46, https://doi.org/10.1016/j.comppsych.2004.07.004.
6. Franco Benazzi, "Depressive Mixed States: Unipolar and Bipolar II," *European Archives of Psychiatry and Clinical Neuroscience* 250 (2000): 249–53, https://doi.org

/10.1007/s004060070014; Jules Angst, "The Emerging Epidemiology of Hypomania and Bipolar II Disorder," *Journal of Affective Disorders* 50, no. 2–3 (September 1998): 143–51, https://doi.org/10.1016/S0165-0327(98)00142-6; Frances, *Saving Normal*, 149.
7. David L. Dunner, "Clinical Consequences of Under-Recognized Bipolar Spectrum Disorder," *Bipolar Disorders* 5, no. 6 (December 2003): 456–63, https://doi.org/10.1046/j.1399-5618.2003.00073.x; Harrington, *Mind Fixers*, 244.
8. Hagop S. Akiskal and Olavo Pinto, "The Evolving Bipolar Spectrum: Prototypes I, II, III, and IV," *Psychiatric Clinics of North America* 22, no. 3 (September 1999): 517–34, https://doi.org/10.1016/S0193-953X(05)70093-9.
9. Dunner, "Clinical Consequences of Under-Recognized Bipolar Spectrum Disorder."
10. American Psychiatric Association, *Diagnostic and Statistical Manual of Mental Disorders*, 4th ed. (*DSM-IV*) (Washington, DC: American Psychiatric Association, 1994), 365.
11. Ross J. Baldessarini, "A Plea for Integrity of the Bipolar Disorder Concept," *Bipolar Disorders* 2, no. 1 (March 2000): 3–7, https://doi.org/10.1034/j.1399-5618.2000.020102.x.
12. Mark Zimmerman *et al.*, "Is Bipolar Disorder Overdiagnosed?," *Journal of Clinical Psychiatry* 69, no. 6 (June 2008): 935–40, https://doi.org/10.4088/jcp.v69n0608.
13. Allen Frances (@AllenFrancesMD), "Before DSM-IV #bipolardisorder was underdiagnosed. We added Bipolar-II to protect patients against antidepressant switches & rapid cycling. Drug cos sold BP2 . . .," Twitter, June 6, 2019, https://twitter.com/AllenFrancesMD/status/1136583524801101825.
14. Frances, *Saving Normal*, 75.
15. Frances, *Saving Normal*, 75.
16. Frances, *Saving Normal*, 73.
17. Frances, *Saving Normal*, 73.
18. Frances, *Saving Normal*, 75.
19. Frances, *Saving Normal*, 73.
20. Allen Frances *et al.*, *DSM-IV Guidebook* (Washington, DC: American Psychiatric Association, 1995), https://psycnet.apa.org/record/1995-97831-000.
21. Frances, *Saving Normal*, 73.
22. Frances, *Saving Normal*, 76.
23. Frances, *Saving Normal*, 69.
24. Frances, *Saving Normal*, 75.
25. Lilly Shanahan *et al.*, "Does Despair Really Kill? A Roadmap for an Evidence-Based Answer," *American Journal of Public Health* 109, no. 6 (June 2019): 854–58, https://dx.doi.org/10.2105%2FAJPH.2019.305016.
26. Blake Dodge, "What Are So-Called Deaths of Despair? Experts Say They're on the Rise," *Newsweek*, January 14, 2020, https://www.newsweek.com/what-so-called-deaths-despair-experts-say-rise-1481975; Atul Gawande, "Why Americans Are Dying from Despair," *The New Yorker*, March 16, 2020, https://www.newyorker.com/magazine/2020/03/23/why-americans-are-dying-from-despair; Jamie Ducharme, "More Millennials Are Dying 'Deaths of Despair,' as Overdose and Suicide Rates Climb," *TIME*, June 13, 2019, https://time.com/5606411/millennials-deaths-of-despair/.
27. Becky Bach, "Suicide and Other 'Deaths of Despair' Are Vexing, but Preventable, Speakers Say," Scope, Stanford Medicine, March 1, 2019, https://scopeblog.stanford.edu/2019/03/01/suicide-and-other-deaths-of-despair-are-vexing-but-preventable-speakers-say/.
28. Alec Coppen and Christina Bolander-Gouaille, "Treatment of Depression: Time to Consider Folic Acid and Vitamin B12," *Journal of Psychopharmacology* 19, no. 1 (2005): 59–65, https://doi.org/10.1177/0269881105048899; Nicolas Singewald *et al.*,

"Magnesium-Deficient Diet Alters Depression- and Anxiety-Related Behavior in Mice—Influence of Desipramine and *Hypericum perforatum* Extract," *Neuropharmacology* 47, no. 8 (December 2004): 1189–97, https://doi.org/10.1016/j.neuropharm.2004.08.010.
29. A. Sánchez-Villegas *et al.*, "Mediterranean Diet and Depression," *Public Health Nutrition* 9, no. 8A (2006): 1104–9, https://doi.org/10.1017/S1368980007668578.
30. Monique Tello, "Diet and Depression," Harvard Health Blog, February 22, 2018, https://www.health.harvard.edu/blog/diet-and-depression-2018022213309; Shae E. Quirk *et al.*, "The Association Between Diet Quality, Dietary Patterns and Depression in Adults: A Systematic Review," *BMC Psychiatry* 13 (2013): 175, https://doi.org/10.1186/1471-244X-13-175.
31. David Railton, "Natural Remedies for Treating Bipolar Disorder," Medical News Today, October 10, 2018, https://www.medicalnewstoday.com/articles/314435.
32. University of Oxford, "Many Mental Illnesses Reduce Life Expectancy More Than Heavy Smoking," ScienceDaily, May 23, 2014, https://www.sciencedaily.com/releases/2014/05/140523082934.htm.
33. Brenda Jensen, Charles T. Nguyen, and Gerald A. Maguire, "Bipolar Disorder: Increasing the Effectiveness and Decreasing the Side Effects of Treatment," *Psychiatric Times* 2, no. 24 (February 11, 2007), https://www.psychiatrictimes.com/view/bipolar-disorder-increasing-effectiveness-and-decreasing-side-effects-treatment; Carolyn L. Turvey *et al.*, "Long-Term Prognosis of Bipolar I Disorder," *Acta Psychiatrica Scandinavica* 99, no. 2 (February 1999): 110–19, https://doi.org/10.1111/j.1600-0447.1999.tb07208.x.
34. L. V. Kessing, "Does the Risk of Developing Dementia Increase with the Number of Episodes in Patients with Depressive Disorder and in Patients with Bipolar Disorder?," *Journal of Neurology, Neurosurgery & Psychiatry* 75, no. 12 (2004): 1662–66, https://doi.org/10.1136/jnnp.2003.031773.
35. Michael J. Gitlin, "Antidepressants in Bipolar Depression: An Enduring Controversy," *International Journal of Bipolar Disorders* 6 (2018): article 25, https://dx.doi.org/10.1186/s40345-018-0133-9.
36. Elisa F. Cascade *et al.*, "Antidepressants in Bipolar Disorder," *Psychiatry (Edgmont)* 4, no. 3 (March 2007): 56–58, https://www.ncbi.nlm.nih.gov/pmc/articles/PMC2922360/; Mitsuhiro Tada *et al.*, "Antidepressant Dose and Treatment Response in Bipolar Depression: Reanalysis of the Systematic Treatment Enhancement Program for Bipolar Disorder (STEP-BD) Data," *Journal of Psychiatric Research* 68 (September 2015): 151–56, https://doi.org/10.1016/j.jpsychires.2015.06.015.
37. Joseph F. Goldberg, "Antidepressants in Bipolar Disorder: 7 Myths and Realities," *Current Psychiatry* 9, no. 5 (May 2010): 41–49, https://www.mdedge.com/psychiatry/article/63888/bipolar-disorder/antidepressants-bipolar-disorder-7-myths-and-realities.
38. J. A. Stoukides and C. A. Stoukides, "Extrapyramidal Symptoms upon Discontinuation of Fluoxetine," *American Journal of Psychiatry* 148, no. 9 (September 1991): 1263, https://doi.org/10.1176/ajp.148.9.1263a; Peter C. Groot and Jim van Os, "How User Knowledge of Psychotropic Drug Withdrawal Resulted in the Development of Person-Specific Tapering Medication," *Therapeutic Advances in Psychopharmacology* 10 (January 2020), https://doi.org/10.1177/2045125320932452.
39. A. F. Schatzberg *et al.*, "Serotonin Reuptake Inhibitor Discontinuation Syndrome: A Hypothetical Definition. Discontinuation Consensus Panel," *Journal of Clinical Psychiatry* 58, no. S7 (1997): 5–10; Peter Haddad, Michel Lejoyeux, and Allan Young, "Antidepressant Discontinuation Reactions: Are Preventable and Simple to Treat," *BMJ* 316, no. 7138 (April 1998): 1105–6, https://doi.org/10.1136/bmj.316.7138.1105; Peter

Haddad, "The SSRI Discontinuation Syndrome," *Journal of Psychopharmacology* 12, no. 3 (1998): 305–13, https://doi.org/10.1177%2F026988119801200311.
40. William Schultz and Noel Hunter, "Depression, Chemical Imbalances, and Feminism," *Journal of Feminist Family Therapy* 28, no. 4 (2016): 159–73, https://doi.org/10.1080/08952833.2016.1235523; Taneasha White, "Family-Centered Programs May Help Protect Black Youth from Effects of Racism," Verywell Mind, April 13, 2021, https://www.verywellmind.com/family-centered-programs-protect-black-youth-5120307; Charlotte Blease, "The Duty to Be Well-Informed: The Case of Depression," *Journal of Medical Ethics* 40 (March 2014): 225–29, https://jme.bmj.com/content/40/4/225; Jeffrey R. Lacasse and Jonathan Leo, "Serotonin and Depression: A Disconnect between the Advertisements and the Scientific Literature," *PLoS Medicine* 2, no. 12 (2005): e392, https://doi.org/10.1371/journal.pmed.0020392; Hal Arkowitz and Scott O. Lilienfeld, "Is Depression Just Bad Chemistry?," *Scientific American*, March 1, 2014, https://www.scientificamerican.com/article/is-depression-just-bad-chemistry/.
41. J. J. Schildkraut, "The Catecholamine Hypothesis of Affective Disorders: A Review of Supporting Evidence," *American Journal of Psychiatry* 122, no. 5 (November 1965): 509–22, https://doi.org/10.1176/ajp.122.5.509.
42. Irving Kirsch and Guy Sapirstein, "Listening to Prozac but Hearing Placebo: A Meta-Analysis of Antidepressant Medication," *Prevention & Treatment* 1, no. 2 (1998): article 2a, https://doi.org/10.1037/1522-3736.1.1.12a.
43. Irving Kirsch, "Antidepressants and the Placebo Effect," *Zeitschrift Fur Psychologie* 222, no. 3 (2014): 128–34, https://doi.org/10.1027/2151-2604/a000176.
44. Steve Stewart-Williams and John Podd, "The Placebo Effect: Dissolving the Expectancy Versus Conditioning Debate," *Psychological Bulletin* 130, no.2 (2004): 324–40. https://doi.org/10.1037/0033-2909.130.2.324.
45. Marcia Angell, "The Epidemic of Mental Illness: Why?" *New York Review of Books*, June 23, 2011, https://www.nybooks.com/articles/2011/06/23/epidemic-mental-illness-why/.
46. Florida State University, "Media Perpetuates Unsubstantiated Chemical Imbalance Theory of Depression, Study Shows," ScienceDaily, March 3, 2008, https://www.sciencedaily.com/releases/2008/03/080303164507.htm; Jonathan Leo and Jeffrey R. Lacasse, "The Media and the Chemical Imbalance Theory of Depression," *Society* 45 (2008): 35–45, https://doi.org/10.1007/s12115-007-9047-3.
47. Harrington, *Mind Fixers*, 201; Thomas Fleming, "What's Happening in Psychiatry? Or, Where Are All the Analysts Hiding?," *Cosmopolitan*, March 1970, 164–67, 182–83; Richard M. Restak, "Researchers Seek to Aid the Treatment of Emotional Illness," *New York Times*, December 12, 1976, https://www.nytimes.com/1976/12/12/archives/researchers-seek-to-aid-the-treatment-of-emotional-illness-some.html; John Noble Wilford, "Pauling Links Mental Ills to Chemical Imbalance; Scientist Says Heredity or Diet Could Cause the Condition Suggests Restoring Balance in the Brain Is Best Therapy," *New York Times*, April 20, 1968, https://www.nytimes.com/1968/04/20/archives/pauling-links-mental-ills-to-chemical-imbalance-scientist-says.html.
48. Jacquelyn Cafasso, "Chemical Imbalance in the Brain: What You Should Know" (Healthline, February 9, 2021), https://www.healthline.com/health/chemical-imbalance-in-the-brain.
49. Ronald W. Pies, "Debunking the Two Chemical Imbalance Myths, Again," *Psychiatric Times* 36, no. 8 (August 2, 2019), https://www.psychiatrictimes.com/debunking-two-chemical-imbalance-myths-again/page/0/3.
50. Leo and Lacasse, "The Media and the Chemical Imbalance Theory of Depression";

Ronald Pies, "Nuances, Narratives, and the 'Chemical Imbalance' Debate," *Psychiatric Times* 31, no. 4 (April 11, 2014), https://www.psychiatrictimes.com/view/nuances-narratives-and-chemical-imbalance-debate.
51. Joshua J. Kemp, James J. Lickel, and Brett J. Deacon, "Effects of a Chemical Imbalance Causal Explanation of Individuals' Perceptions of Their Depressive Symptoms," Behaviour Research and Therapy 56 (May 2014): 47–52, https://doi.org/10.1016/j.brat.2014.02.009.
52. Andreasen, *Broken Brain*, 29.
53. Fred Baughman, "There Is No Such Thing as a Psychiatric Disorder/Disease/Chemical Imbalance," *PLoS Medicine* 3, no. 7 (July 2006): e318, https://dx.doi.org/10.1371/journal.pmed.0030318; Woo-Kyoung Ahn, Caroline C. Proctor, and Elizabeth H. Flanagan, "Mental Health Clinicians' Beliefs About the Biological, Psychological, and Environmental Bases of Mental Disorders," *Cognitive Science* 33, no. 2 (March/April 2009): 147–82, https://dx.doi.org/10.1111/j.1551-6709.2009.01008.x.
54. J. H. Chauvier, *A Treatise on Punctuation* (1849), trans. J. B. Huntington (Whitefish, MT: Kessinger Publishing, 2010).

第十一章　关于自杀意念

1. Al and Cake, "An Interview with ... Kurt Cobain," *Flipside*, May/June 1992, http://www.nirvanaclub.com/info/articles/05.00.92-flipside.html.
2. Stefan G. Hofmann *et al.*, "The Efficacy of Cognitive Behavioral Therapy: A Review of Meta-Analyses," *Cognitive Therapy and Research* 36 (2012): 427–40, https://doi.org/10.1007/s10608-012-9476-1; Andrew C. Butler *et al.*, "The Empirical Status of Cognitive-Behavioral Therapy: A Review of Meta-Analysis," *Clinical Psychology Review* 26, no. 1 (January 2006): 17–31, https://doi.org/10.1016/j.cpr.2005.07.003.
3. David Burns, *When Panic Attacks: The New, Drug-Free Anxiety Therapy That Can Change Your Life* (New York: Random House, 2006), Kindle.
4. R. Haussmann *et al.*, "Treatment of Lithium Intoxication: Facing the Need for Evidence," *International Journal of Bipolar Disorders* 3, no. 1 (2015): article 23, https://doi.org/10.1186/s40345-015-0040-2.
5. David A. Cousins *et al.*, "Lithium: Past, Present, and Future," *The Lancet Psychiatry* 7, no. 3 (March 2020): 222–24, https://doi.org/10.1016/S2215-0366(19)30365-7.
6. Alan D. Strobusch and James W. Jefferson, "The Checkered History of Lithium in Medicine," *Pharmacy in History* 22, no. 2 (1980): 72–76, https://www.jstor.org/stable/41109216?seq=1.
7. Lawrence W. Hanlon *et al.*, "Lithium Chloride as a Substitute for Sodium Chloride in the Diet: Observations on Its Toxicity," *JAMA* 139, no. 11 (1949): 688–92, https://doi.org/10.1001/jama.1949.02900280004002.
8. Fred Kleinsinger, "Working with the Noncompliant Patient," *The Permanente Journal* 14, no. 1 (Spring 2010): 54–60, https://doi.org/10.7812/tpp/09-064.
9. Lars Osterberg and Terrence Blaschke, "Adherence to Medication," *The New England Journal of Medicine* 353, no. 5 (2005): 487–97, https://doi.org/10.1056/NEJMra050100.
10. Katalin Szanto *et al.*, "Suicide in Elderly Depressed Patients: Is Active vs. Passive Suicidal Ideation a Clinically Valid Distinction?," *The American Journal of Geriatric Psychiatry* 4, no. 3 (Summer 1996): 197–207, https://doi.org/10.1097/00019442-1996 22430-00003.
11. Enrique Baca-Garcia *et al.*, "Estimating Risk for Suicide Attempt: Are We Asking the Right Questions?: Passive Suicidal Ideation as a Marker for Suicidal Behavior,"

Journal of Affective Disorders 134, no. 1–3 (November 2011): 327–32, https://dx.doi.org/10.1016%2Fj.jad.2011.06.026.
12. Aaron T. Beck, Maria Kovacs, and Arlene Weissman, "Assessment of Suicidal Intention: The Scale for Suicide Ideation," *Journal of Consulting and Clinical Psychology* 47, no. 2 (May 1979): 343–52, http://dx.doi.org/10.1037/0022-006X.47.2.343.
13. Peter Tarr, "Homelessness and Mental Illness: A Challenge to Our Society," Brain and Behavior Research Foundation, November 19, 2018, https://www.bbrfoundation.org/blog/homelessness-and-mental-illness-challenge-our-society; "HUD Exchange, 2015 AHAR: Part 1 — PIT Estimates of Homelessness in the U.S.," US Department of Housing and Urban Development, November 2015, https://www.hudexchange.info/resource/4832/2015-ahar-part-1-pit-estimates-of-homelessness/.
14. Sourav Khanra and Basudeb Das, "Off-Label Psychotropics Use: Isn't It Now an Inevitable and a 'Norm' in Psychiatry?," *Indian Journal of Psychological Medicine* 40, no. 4 (July 2018): 390–91, https://dx.doi.org/10.4103%2FIJPSYM.IJPSYM_563_17; Christopher M. Wittich, Christopher M. Burkle, and William L. Lanier, "Ten Common Questions (and Their Answers) about Off-label Drug Use," *Mayo Clinic Proceedings* 87, no. 10 (October 2012): 982–90, https://dx.doi.org/10.1016%2Fj.mayocp.2012.04.017; Darhan Kharadi et al., "Off-Label Drug Use in Psychiatry Outpatient Department: A Prospective Study at a Tertiary Care Teaching Hospital," *Journal of Basic and Clinical Pharmacy* 6, no. 2 (May 2015): 45–49, https://dx.doi.org/10.4103%2F0976-0105.152090.
15. Ronald Pies, "Should Psychiatrists Use Atypical Antipsychotics to Treat Nonpsychotic Anxiety?," *Psychiatry (Edgmont)* 6, no. 6 (June 2009): 29–37, https://www.ncbi.nlm.nih.gov/pmc/articles/PMC2720845/; Artie Berns, "Dementia and Antipsychotics: A Prescription for Problems," *Journal of Legal Medicine* 33, no. 4 (2012): 553–69, https://doi.org/10.1080/01947648.2012.739067; M. El Gewely et al., "The Off-Label Use of Antipsychotics for Insomnia Disorder: A Major Public Health Concern," *Sleep Medicine* 64, no. 1 (December 2019): S103, https://doi.org/10.1016/j.sleep.2019.11.282.
16. "Understanding Unapproved Use of Approved Drugs 'Off Label,'" US Food and Drug Administration, February 5, 2018, https://www.fda.gov/patients/learn-about-expanded-access-and-other-treatment-options/understanding-unapproved-use-approved-drugs-label.
17. Louise Carton et al., "Off-Label Prescribing of Antipsychotics in Adults, Children and Elderly Individuals: A Systematic Review of Recent Prescription Trends," *Current Pharmaceutical Design* 21, no. 23 (2015): 3280–97, https://doi.org/10.2174/1381612821666150619092903.
18. Cathy L. Melvin et al., "Marketing Off-Label Uses: Shady Practices within a Gray Market," *Psychiatric Times* 26, no. 8 (August 7, 2009), https://www.psychiatrictimes.com/view/marketing-label-uses-shady-practices-within-gray-market; Stephanie Saul, "Experts Conclude Pfizer Manipulated Studies," *New York Times*, October 8, 2008, https://www.nytimes.com/2008/10/08/health/research/08drug.html.
19. Wittich, Burkle, and Lanier, "Ten Common Questions."
20. Gardiner Harris, "Drug Makers Are Advocacy Group's Biggest Donors," *New York Times*, October 21, 2009, https://www.nytimes.com/2009/10/22/health/22nami.html; Katherine Hobson, "Mental Health Group's State Chapters Get Millions from Pharma," *Wall Street Journal*, April 28, 2010, https://www.wsj.com/articles/BL-HEB-33035.
21. Martha Rosenberg, "Pharma Funding Advocacy Groups," Center for Health Journalism, October 15, 2014, https://centerforhealthjournalism.org/2014/10/15/discredited-patient-group-fights-mental-illness.

22. College of Psychiatric and Neurologic Pharmacists, "Off-Label Usage of Medications," National Alliance on Mental Health Illness, March 2019, https://www.nami.org/Learn-More/Treatment/Mental-Health-Medications/Off-Label-Usage-of-Medications; "Medications for Mood Disorders," Depression and Bipolar Support Alliance, https://www.dbsalliance.org/wellness/treatment-options/medications/; Andrew Adesman, "What to Do When You Can't Get the ADHD Medication You Want," Children and Adults with Attention-Deficit/Hyperactivity Disorder (CHADD), June 2018, https://chadd.org/attention-article/what-to-do-when-you-cant-get-the-adhd-medication-you-want/; Melvin *et al.*, "Marketing Off-Label Uses."
23. Tamara Pringsheim *et al.*, "The Assessment and Treatment of Antipsychotic-Induced Akathisia," *The Canadian Journal of Psychiatry* 63, no. 11 (2018): 719–29, https://doi.org/10.1177/0706743718760288.
24. Haitham Salem *et al.*, "Revisiting Antipsychotic-Induced Akathisia: Current Issues and Prospective Challenges," *Current Neuropharmacology* 15, no. 5 (July 2017): 789–98, https://dx.doi.org/10.2174%2F1570159X14666161208153644.
25. "Haldol Tablet," WebMD, https://www.webmd.com/drugs/2/drug-5419/haldol-oral/details; sinaiem, "Can't Sedate Me! I'm Allergic to Haldol," Mount Sinai Emergency Medicine, November 12, 2015, https://sinaiem.org/cant-sedate-me-im-allergic-to-haldol/.
26. Rosie Harding and Elizabeth Peel, "'Zombie Drugs,'" OUPblog, November 28, 2012, https://blog.oup.com/2012/11/zombie-drugsantipsychotics-dementia/.
27. Cecelia Watson, *Semicolon: The Past, Present, and Future of a Misunderstood Mark* (New York: Ecco, 2019), 16, Kindle.
28. Watson, *Semicolon* 49.
29. Project *Semicolon*, 2019, https://projectsemicolon.com.

第十二章 "病"

1. David Crystal, *Making a Point: The Persnickety Story of English Punctuation* (New York: St. Martin's Publishing Group, 2015), Kindle.
2. Ruth Finnegan, *Why Do We Quote?: The Culture and History of Quotation* (Cambridge, UK: Open Book Publishers, 2011), 86–87; Keith Houston, *Shady Characters: The Secret Life of Punctuation, Symbols, and Other Typographical Marks* (New York: W. W. Norton, 2013).
3. Bernard Fischer, "A Review of American Psychiatry through Its Diagnoses: The History and Development of the Diagnostic and Statistical Manual of Mental Disorders," *The Journal of Nervous and Mental Disease* 200, no. 12 (December 2012): 1022–30, https://doi.org/10.1097/NMD.0b013e318275cf19.
4. Blashfield *et al.*, "The Cycle of Classification."
5. American Psychiatric Association, *The People Behind DSM-5*, Fact Sheet, 2013, https://www.psychiatry.org/psychiatrists/practice/dsm/educational-resources/dsm-5-fact-sheets.
6. Charles B. Nemeroff *et al.*, "DSM-5: A Collection of Psychiatrist Views on the Changes, Controversies, and Future Directions," *BMC Medicine* 1, (2013): article 202, https://doi.org/10.1186/1741-7015-11-202; E. M. Shackle, "Psychiatric Diagnosis as an Ethical Problem," *Journal of Medical Ethics* 11, no. 3 (1985): 132–34, https://doi.org/10.1136/jme.11.3.132.
7. Ronald Pies, "Should DSM-V Designate 'Internet Addiction' a Mental Disorder?" *Psychiatry (Edgmont)* 6, no. 2 (February 2009): 31–37.

8. Kendler, Muñoz, and Murphy, "The Development of the Feighner Criteria."
9. Hannah S. Decker, "How Kraepelinian Was Kraepelin? How Kraepelinian Are the Neo-Kraepelinians?—from Emil Kraepelin to DSM-III," *History of Psychiatry* 18, no. 3 (2007): 337–60, https://doi.org/10.1177/0957154X07078976.
10. Relying on Blashfield's number—*DSM-III* had 228.
11. Kendler, Muñoz, and Murphy, "The Development of the Feighner Criteria."
12. Hannah Decker, *The Making of DSM-III®: A Diagnostic Manual's Conquest of American Psychiatry* (Cary: Oxford University Press, 2013), 139, ProQuest Ebook Central.
13. Horwitz, *DSM*, 57.
14. Stuart A. Kirk and Herb Kutchins, *The Selling of DSM: The Rhetoric of Science in Psychiatry* (New York: Routledge, 1992), 185.
15. Allen J. Frances, Thomas A. Widiger, and Harold Alan Pincus, "The Development of DSM-IV," *Archives of General Psychiatry* 46, no. 4 (1989): 373–75, https: //doi.org /10.1001/archpsyc.1989.01810040079012.
16. Meagenda, "APA News Release: 09 March 10: APA Modifies DSM Naming Convention to Reflect Publication Changes," Dx Revision Watch, March 9, 2010, https://dxrevisionwatch.com/2010/03/09/apa-news-release-09-march-10-apa-modifies-dsm-naming-convention-to-reflect-publication-changes/.
17. Frances, *Saving Normal*, 173.
18. Paula J. Caplan, *They Say You're Crazy: How the World's Most Powerful Psychiatrists Decide Who's Normal* (Reading, PA: Addison-Wesley, 1995), 186.
19. Caplan, *They Say You're Crazy*, 195.
20. Peter Tyrer, "A Comparison of DSM and ICD Classifications of Mental Disorder," *Advances in Psychiatric Treatment* 20, no. 4 (2014), 280–85, https://doi.org/10.1192/apt.bp.113.011296.
21. Decker, *The Making of DSM-III*, 139.
22. S. Nassir Ghaemi, "Why DSM-III, IV, and 5 Are Unscientific," Psychiatric Times, October 14, 2013, https://www.psychiatrictimes.com/view/why-dsm-iii-iv-and-5-are-un scientific.
23. Todd Dufresne, "Psychoanalysis Is Dead ... So How Does That Make You Feel?," *Los Angeles Times*, February 18, 2004, https://www.latimes.com/archives/la-xpm-2004-feb -18-oe-dufresne18-story.html.
24. Ernst Falzeder, "The Story of an Ambivalent Relationship: Sigmund Freud and Eugen Bleuler," *Journal of Analytical Psychology* 52, no. 3 (June 2007): 343–68, https://doi.org/10.1111/j.1468-5922.2007.00666.x.
25. Susan V. Eisen, Barbara Dickey, and Lloyd I. Sederer, "A Self-Report Symptom and Problem Rating Scale to Increase Inpatients' Involvement in Treatment," *Psychiatric Services* 51, no. 3 (March 2000): 349–53, https://doi.org/10.1176/appi.ps.51.3.349; Sara Evans-Lacko et al., "Psychometric Validation of the Self-Identification of Having a Mental Illness (SELF-I) Scale and the Relationship with Stigma and Help-Seeking among Young People," *Social Psychiatry and Psychiatric Epidemiology* 54, no. 1 (January 2019): 59–67, https://doi.org/10.1007/s00127-018-1602-2.
26. Georg Schomerus et al., "Validity and Psychometric Properties of the Self-Identification as Having a Mental Illness Scale (SELF-I) among Currently Untreated Persons with Mental Health Problems," *Psychiatry Research* 273 (March 2019): 303–8, https://doi.org/10.1016/j.psychres.2019.01.054.

第十三章 论独处(和孤立与孤独[还有方括号])

1. Frances, *Saving Normal*, 221.
2. Horwitz and Wakefield, *Loss of Sadness*, 19.
3. Greenberg, *Book of Woe*, 346.
4. Florence Hazrat, "Pause and Effect," *History Today* 70, no. 2 (February 2020), https://www.historytoday.com/history-matters/pause-and-effect.

第十四章 关于污名化(和揭露)

1. Tahirah Abdullah and Tamara L. Brown, "Mental Illness Stigma and Ethnocultural Beliefs, Values, and Norms: An Investigative Review," *Clinical Psychology Review* 31, no. 6 (August 2011): 934–48, https://doi.org/10.1016/j.cpr.2011.05.003.
2. "Suicide Rates Rising across the U.S.: Comprehensive Prevention Goes Beyond a Focus on Mental Health Concerns," Centers for Disease Control and Prevention, June 7, 2018, https://www.cdc.gov/media/releases/2018/p0607-suicide-prevention.html.
3. María A. Oquendo and Enrique Baca-Garcia, "Suicidal Behavior Disorder as a Diagnostic Entity in the DSM-5 Classification System: Advantages Outweigh Limitations," *World Psychiatry* 13, no. 2 (June 2014): 128–30, https://dx.doi.org/10.1002%2Fwps.20116; Oquendo *et al.*, "Issues for DSM-V."
4. E. A. Gjelten, "Illinois Misdemeanor Crimes by Class and Sentences," Criminal Defense Lawyer, https://www.criminaldefenselawyer.com/resources/illinois-misdemeanor-crimes-class-and-sentences.htm.
5. James Warren, "Socratic Suicide," *The Journal of Hellenic Studies* 121 (2001): 91–106, https://doi.org/10.2307/631830.
6. Miriam Griffin, "Philosophy, Cato, and Roman Suicide: II," *Greece and Rome* 33, no. 2 (1986): 192–202, https://doi.org/10.1017/S0017383500030357.
7. L. R. Kirkland, "To End Itself by Death: Suicide in Shakespeare's Tragedies," *Southern Medical Journal* 92, no. 7 (July 1999): 660–66, https://pubmed.ncbi.nlm.nih.gov/10414473/.
8. Eugenio Lecaldano, "Hume on Suicide," in *The Oxford Handbook of Hume*, ed. Paul Russell (New York: Oxford University Press, 2016), 660–72, https://doi.org/10.1093/oxfordhb/9780199742844.013.14.
9. Terri L. Snyder, *The Power to Die: Slavery and Suicide in British North America* (Chicago: University of Chicago Press, 2015).
10. Émile Durkheim, *Suicide: A Study in Sociology* (London: Routledge, 1951), https://doi.org/10.4324/9780203994320.
11. Daniel R. Mistich, review of *Suicide: Foucault, History and Truth*, by Ian Marsh, *Foucault Studies* 16 (September 2013): 208–11, https://doi.org/10.22439/fs.v0i16.4133.
12. Benedict Carey and Robert Gebeloff, "Many People Taking Antidepressants Discover They Cannot Quit," *New York Times*, April 7, 2018, https://www.nytimes.com/2018/04/07/health/antidepressants-withdrawal-prozac-cymbalta.html.
13. Rachel Aviv, "The Challenge of Going Off Psychiatric Drugs," *The New Yorker*, April 8, 2019, https://www.newyorker.com/magazine/2019/04/08/the-challenge-of-going-off-psychiatric-drugs.
14. "The Medication Debate: Time to Change the Record," *The Lancet Psychiatry* 5, no. 10 (October 2018): 769, https://doi.org/10.1016/S2215-0366(18)30359-6; Mark Moran, "Experts Debate Effects of Antidepressant Warning," *Psychiatric News* 49, no. 23 (December 2014), https://doi.org/10.1176/appi.pn.2014.12a3; Intelligence Squared,

"Psychiatrists and the Pharma Industry Are to Blame for the Current 'Epidemic' of Mental Disorders," YouTube video, May 11, 2015, 1:32:05, https://www.youtube.com/watch?v=GlFbuqunb1I; "Are Psychiatric Drugs Doing More Harm Than Good? Kings College London Maudsley Annotated Debate," Ragged University, May 2015, https://www.raggeduniversity.co.uk/2016/11/08/are-psychiatric-drugs-doing-more-harm-than-good-kings-college-london-maudsley-annotated-debate/; "Current Controversies in Psychiatry," BioMedCentral, accessed August 2020, https://www.biomedcentral.com/collections/CCP; Stephen Ginn, "Prozac Notion," The Lancet 388, no. 10062 (December 2016): 2860, https://doi.org/10.1016/S0140-6736(16)32471-0; Open Excellence, "2015 Yale Symposium—David Healy, MD, FRCPsych," YouTube video, May 8, 2015, 43:31, https://www.youtube.com/watch?v=23lH5xTPYpM&feature=youtu.be; Cardiff University Psychology, "David Healy—Hearts and Minds: Psychotropic Drugs and Violence," YouTube video, May 29, 2013, 56:35, https://www.youtube.com/watch?v=CCta8I0pKqM&feature=youtu.be.

15. Swapnil Gupta and John Daniel Cahill, "A Prescription for 'Deprescribing' in Psychiatry," *Psychiatric Services* 67, no. 8 (August 2016): 904–7, https://doi.org/10.1176/appi.ps.201500359.
16. Tim Hains, "Dr. Peter Breggin: Psychiatrists Have Gone 'Mad' for Prescribing Medication," Real Clear Politics, March 17, 2019, https://www.realclearpolitics.com/video/2019/03/17/dr_peter_breggin_psychiatrists_have_gone_mad_for_prescribing_medication.html.
17. Robert Whitaker, "Psychiatry Defends Its Antipsychotics: A Case Study of Institutional Corruption," Mad in America, May 21, 2017, https://www.madinamerica.com/2017/05/psychiatry-defends-its-antipsychotics-case-study-of-institutional-corruption/; Miriam Larsen Barr, "Responding to Claims that the Benefits of Antipsychotics Outweigh the Risks," Mad in America, May 6, 2017, https://www.madinamerica.com/2017/05/responding-to-claims-that-the-benefits-of-antipsychotics-outweigh-the-risks/; Joanna Moncrieff, "Inconvenient Truths about Antipsychotics: A Response to Goff et al," Mad in America May 7, 2017, https://www.madinamerica.com/2017/05/inconvenient-truths-about-antipsychotics-a-response-to-goff-et-al/; Donald C. Goff et al., "The Long-Term Effects of Antipsychotic Medication on Clinical Course in Schizophrenia," *American Journal of Psychiatry* 174, no. 9 (September 2017): 840–49, https://doi.org/10.1176/appi.ajp.2017.16091016; Peter Gøtzsche, "Myths about Antidepressants & Antipsychotics," Davidhealy.org, January 21, 2014. https://davidhealy.org/psychiatry-gone-astray/.
18. John Lennard, *The Poetry Handbook: A Guide to Reading Poetry for Pleasure and Practical Criticism*, 2nd ed. (Oxford: Oxford University Press, 2005), 123.

后 记

1. George M. Beard, "The Psychology of Spiritism," *The North American Review* 129, no. 272 (July 1879): 65–80, www.jstor.org/stable/25100777.
2. Association for Psychological Science, "The Power of Suggestion: What We Expect Influences Our Behavior, for Better or Worse," ScienceDaily, June 6, 2012, https://www.sciencedaily.com/releases/2012/06/120606142818.htm.
3. Edward H. Hagen, "Evolutionary Theories of Depression: A Critical Review," *The Canadian Journal of Psychiatry* 56, no. 12 (December 2011): 716–26, https://doi.org/10.1177/070674371105601203.
4. Randolph M. Nesse, *Good Reasons for Bad Feelings: Insights from the Frontier of Evolutionary Psychiatry* (New York: Dutton, 2019), Kindle.

5. Henri-Jean Aubin, Ivan Berlin, and Charles Kornreich, "The Evolutionary Puzzle of Suicide," *International Journal of Environmental Research and Public Health* 10, no. 12 (December 2013): 6873–86, https://dx.doi.org/10.3390/ijerph10126873.
6. J. John Mann, Victoria Arango, and Mark D. Underwood, "Serotonin and Suicidal Behavior," *Annals of the New York Academy of Sciences* 600, no. 1 (October 1990): 476–84, https://doi.org/10.1111/j.1749-6632.1990.tb16903.x; Erik Ryding, Mats Lindström, and Lil Träskman-Bendz, "The Role of Dopamine and Serotonin in Suicidal Behavior and Aggression," *Progress in Brain Research* 172 (2008): 307–15, https://doi.org/10.1016/S0079-6123(08)00915-1; Catherine Offord, "What Neurobiology Can Tell Us about Suicide," The Scientist, January 13, 2020, https://www.the-scientist.com/features/what-neurobiology-can-tell-us-about-suicide-66922; J. John Mann et al., "Candidate Endophenotypes for Genetic Studies of Suicidal Behavior," *Biological Psychiatry* 65, no. 7 (April 2009): 556–63, https://dx.doi.org/10.1016%2Fj.biopsych.2008.11.021; Dan Rujescu et al., "Genetic Variations in Tryptophan Hydroxylase in Suicidal Behavior: Analysis and Meta-Analysis," *Biological Psychiatry* 54, no. 4 (August 2003): 465–73, https://doi.org/10.1016/S0006-3223(02)01748-1; Vikas Menon and Shivanand Kattimani, "Suicide and Serotonin: Making Sense of Evidence," *Indian Journal of Psychological Medicine* 37, no. 3 (July 2015): 377–78, https://dx.doi.org/10.4103%2F0253-7176.162910; Clement C. Zai et al., "Genetic Factors and Suicidal Behavior," chap. 11 in *The Neurobiological Basis of Suicide*, ed. Yogesh Dwivedi (Boca Raton, FL: Taylor and Francis, 2012).
7. Lisa Cosgrove and Sheldon Krimsky, "A Comparison of *DSM-IV* and *DSM-5* Panel Members' Financial Associations with Industry: A Pernicious Problem Persists," *PLoS Medicine* 9, no. 3 (2012): e1001190, https://doi.org/10.1371/journal.pmed.1001190.
8. Taeho Greg Rhee and Samuel T Wilkinson, "Exploring the Psychiatrist-Industry Financial Relationship: Insight from the Open Payment Data of Centers for Medicare and Medicaid Services," *Administration and Policy in Mental Health* 47, no. 4 (2020): 526–30, https://doi.org/10.1007/s10488-020-01009-2.
9. Gardiner Harris, "Research Center Tied to Drug Company," *New York Times*, November 24, 2008, https://www.nytimes.com/2008/11/25/health/25psych.html?ref=joseph_biederman.
10. Gardiner Harris, "Top Psychiatrist Didn't Report Drug Makers' Pay," *New York Times*, October 3, 2008, https://www.nytimes.com/2008/10/04/health/policy/04drug.html; Gardiner Harris, "Drug Maker Told Studies Would Aid It, Papers Say," *New York Times*, March 19, 2009, https://www.nytimes.com/2009/03/20/us/20psych.html; Katie Thomas, "J.&J. to Pay $2.2 Billion in Risperdal Settlement," *New York Times*, November 4, 2013, https://www.nytimes.com/2013/11/05/business/johnson-johnson-to-settle-risperdal-improper-marketing-case.html.
11. Gardiner Harris, "3 Researchers at Harvard Are Named in Subpoena," *New York Times*, March 27, 2009, https://www.nytimes.com/2009/03/28/health/policy/28subpoena.html.
12. Liz Kowalczyk, "Harvard Doctors Punished Over Pay," Boston.com, July 2, 2011, http://archive.boston.com/news/local/massachusetts/articles/2011/07/02/three_harvard_psychiatrists_are_sanctioned_over_consulting_fees/; Xi Yu, "Three Professors Face Sanctions Following Harvard Medical School Inquiry," *The Harvard Crimson*, July 2, 2011, https://www.thecrimson.com/article/2011/7/2/school-medical-harvard-investigation/.
13. Koerner, "First, You Market the Disease…"

14. Ken Silverstein, "Prozac.org," *Mother Jones*, November/December 1999, https://www.motherjones.com/politics/1999/11/prozacorg/.
15. D. A. Regier et al., "The NIMH Depression Awareness, Recognition, and Treatment Program: Structure, Aims, and Scientific Basis," *American Journal of Psychiatry* 145, no. 11 (November 1988): 1351–57, https://doi.org/10.1176/ajp.145.11.1351; Whitaker, *Anatomy of an Epidemic*, 279.
16. John Sadler, "Considering the Economy of DSM Alternatives," in *Making the DSM-5: Concepts and Controversies*, ed. J. Paris and J. Phillips (New York: Springer Nature, 2013), 21–38, https://psycnet.apa.org/doi/10.1007/978-1-4614-6504-1_2.
17. Jerome C. Wakefield, "DSM-5, Psychiatric Epidemiology and the False Positives Problem," *Epidemiology and Psychiatric Sciences* 24, no. 3 (2015): 188–96, https://doi.org/10.1017/S2045796015000116.
18. Robert Kendell, "Distinguishing Between the Validity and Utility of Psychiatric Diagnoses," *American Journal of Psychiatry* 160, no. 1 (January 2003): 4–12, https://doi.org/10.1176/appi.ajp.160.1.4.
19. Assen Jablensky, "Psychiatric Classifications: Validity and Utility," *World Psychiatry (Edgmont)* 15, no. 1 (February 2016): 26–31, https://dx.doi.org/10.1002/wps.20284.
20. Michael Marshall, "The Hidden Links between Mental Disorders," *Nature* 581, no. 7806 (2020): 19–21, https://doi.org/10.1038/d41586-020-00922-8; Jonathan Leo and Jeffrey R. Lacasse, "The Media and the Chemical Imbalance Theory of Depression," *Society* 45 (2008): 35–45, https://doi.org/10.1007/s12115-007-9047-3.
21. A. Scull, "American Psychiatry in the New Millennium: A Critical Appraisal," *Psychological Medicine* 51, no. 16 (2021): 2762–70, https://doi.org/10.1017/S0033291721001975.
22. Jay Joseph, "Inaccuracy and Bias in Textbooks Reporting Psychiatric Research: The Case of the Schizophrenia Adoption Studies," *Politics and the Life Sciences* 19, no. 1 (2000): 89–99, http://www.jstor.org/stable/4236566.
23. American Psychiatric Association, *Resource Document on Neuroimaging* (Washington, DC: American Psychiatric Association, 2018), https://www.psychiatry.org/File%20Library/Psychiatrists/Directories/Library-and-Archive/resource_documents/2018-Resource-Neuroimaging.pdf.
24. Emma J. Williams et al., "Telling Lies: The Irrepressible Truth?," *PLoS One* 8, no. 4 (April 2013): e60713, https://doi.org/10.1371/journal.pone.0060713.
25. Hannah Arendt, "Hannah Arendt: From an Interview," *New York Review of Books*, October 26, 1978, https://www.nybooks.com/articles/1978/10/26/hannah-arendt-from-an-interview/.
26. National Institutes of Health, "Information about Mental Illness and the Brain."
27. Cited in Stuart A. Kirk, David Cohen, and Tomi Gomory, "DSM-5: The Delayed Demise of Descriptive Diagnosis," in *The DSM-5 in Perspective. History, Philosophy and Theory of the Life Sciences*, ed. Steeves Demazeux and Patrick Singy (Dordrecht: Springer, 2015), 63–82.
28. Andrew C. Leon et al., "False Positive Results: A Challenge for Psychiatric Screening in Primary Care," *American Journal of Psychiatry* 154, no. 10 (October 1997): 1462–64, https://ajp.psychiatryonline.org/doi/pdf/10.1176/ajp.154.10.1462; Jerome C. Wakefield, "Psychological Justice: DSM-5, False Positive Diagnosis, and Fair Equality of Opportunity," *Public Affairs Quarterly* 29, no. 1 (January 2015): 32–75, https://www.jstor.org/stable/43574514; Mark Zimmerman, "A Review of 20 Years of Research on Overdiagnosis and Underdiagnosis in the Rhode Island Methods to Improve Diagnostic Assessment and Services (MIDAS) Project," *The Canadian Journal of Psychiatry* 61,

no. 2 (February 2016): 71–79, https://doi.org/10.1177/0706743715625935; Eva Charlotte Merten *et al.*, "Overdiagnosis of Mental Disorders in Children and Adolescents (in Developed Countries)," *Child and Adolescent Psychiatry and Mental Health* 11, (January 2017): article 5, https://doi.org/10.1186/s13034-016-0140-5; "Over-Diagnosis and Over-Treatment of Depression Is Common in the U.S.," John Hopkins Bloomberg School of Public Health, April 30, 2013, https://www.jhsph.edu/news/news-releases/2013/mojtabai-depression-over-diagnosis-and-over-treatment.html; Wakefield, "DSM-5, Psychiatric Epidemiology and the False Positives Problem;" Jerome C. Wakefield, "Diagnostic Issues and Controversies in DSM-5: Return of the False Positives Problem," *Annual Review of Clinical Psychology* 12 (March 2016): 105–32, https://doi.org/10.1146/annurev-clinpsy-032814-112800.
29. Amy Harmon, "A Specialists' Debate on Autism Has Many Worried Observers: National Desk," *New York Times*, January 21, 2012, https://www.nytimes.com/2012/01/21/us/as-specialists-debate-autism-some-parents-watch-closely.html.
30. R. J. Reinhart, "Nurses Continue to Rate Highest in Honesty, Ethics," *Gallup News Service*, January 6, 2020, https://news.gallup.com/poll/274673/nurses-continue-rate-highest-honesty-ethics.aspx.
31. Open Science Collaboration, "Estimating the Reproducibility of Psychological Science," *Science* 349, no. 6251 (August 2015), https://doi.org/10.1126/science.aac4716; R. Brian Haynes, "Bmjupdates+, a New Free Service for Evidence-Based Clinical Practice," *Evidence-Based Nursing* 8, no. 2 (2005): 39, https://doi.org/10.1136/ebn.8.2.39; John P. A. Ioannidis, "Why Most Published Research Findings Are False," *PLoS Medicine* 2, no. 8 (August 2005): e124, https://doi.org/10.1371/journal.pmed.0020124; Despina G. Contopoulos-Ioannidis, Evangelia Ntzani, and John P. A. Ioannidis, "Translation of Highly Promising Basic Science Research into Clinical Applications," *American Journal of Medicine* 114, no. 6 (April 2003): 477–84, https://doi.org/10.1016/s0002-9343(03)00013-5; Yudhijit Bhattacharjee, "The Mind of a Con Man," *The New York Times Magazine*, April 26, 2013, https://www.nytimes.com/2013/04/28/magazine/diederik-stapels-audacious-academic-fraud.html; "How Science Can Go Off the Rails," Vox.com, 2015, accessed August 2020, https://www.thinglink.com/scene/655045035355537409; "How Science Goes Wrong," *The Economist*, October 21, 2013, https://www.economist.com/leaders/2013/10/21/how-science-goes-wrong; Fiona Godlee, Catharine R. Gale, and Christopher N. Martyn, "Effect on the Quality of Peer Review of Blinding Reviewers and Asking Them to Sign Their Reports: A Randomized Controlled Trial," *JAMA* 280, no. 3 (1998): 237–40, https://doi.org/10.1001/jama.280.3.237; Nattanit Gregoris and Simon Shorvon, "What Is the Enduring Value of Research Publications in Clinical Epilepsy? An Assessment of Papers Published in 1981, 1991, and 2001," *Epilepsy and Behavior* 28, no. 3 (September 2013): 522–29, https://doi.org/10.1016/j.yebeh.2013.03.031; Monya Baker, "First Results from Psychology's Largest Reproducibility Test," *Nature* (April 2015), https://doi.org/10.1038/nature.2015.17433; Demetris Christopoulos, "Should We Treat a Paid Publication as a Real Scientific Publication?," ResearchGate Questions, December 11, 2013, https://www.researchgate.net/post/Should_we_treat_a_paid_publication_as_a_real_scientific_publication; Colin F. Camerer *et al.*, "Evaluating the Replicability of Social Science Experiments in Nature and Science between 2010 and 2015," *Nature Human Behaviour* 2 (2018): 637–44, https://doi.org/10.1038/s41562-018-0399-z; Ed Yong, "Nobel Laureate Challenges Psychologists to Clean Up Their Act," *Nature*, (October 2012), https://doi.org/10.1038/nature.2012.11535.
32. Insel, "Transforming Diagnosis."

33. Cosgrove and Krimsky, "A Comparison of *DSM-IV* and *DSM-5*."
34. Brent Dean Robbins, Sarah R. Kamens, and David N. Elkins, "*DSM-5* Reform Efforts by the Society for Humanistic Psychology," *Journal of Humanistic Psychology* 57, no. 6 (November 2017): 602–24, https://doi.org/10.1177/0022167817698617; Div. 32 (Society for Humanistic Psychology), "Open Letter Regarding the Reform and Revision of Diagnostic Systems," APA Divisions, February 24, 2020, https://www.apadivisions.org/division-32/leadership/task-forces/diagnostic-alternatives.
35. Greenberg, *The Book of Woe*, 349.
36. Sandra Steingard, ed., *Critical Psychiatry: Controversies and Clinical Implications* (Cham, Switzerland: Springer, 2019).
37. Peter Tyrer, "A Comparison of DSM and ICD Classifications of Mental Disorder," *Advances in Psychiatric Treatment* 20, no. 4 (July 2014): 280–85, https://doi.org/10.1192/apt.bp.113.011296; Scott O. Lilienfeld and Michael T. Treadway, "Clashing Diagnostic Approaches: DSM-ICD Versus RDoC," *Annual Review of Clinical Psychology* 12 (2016): 435–63, https://doi.org/10.1146/annurev-clinpsy-021815-093122; "About RDoC," National Institute of Mental Health, https://www.nimh.nih.gov/research/research-funded-by-nimh/rdoc/about-rdoc.shtml.
38. Michael Vlessides, "The Past, Present, and Future of the DSM," Medscape, December 23, 2020, https://www.medscape.com/viewarticle/942694#vp_6.
39. Jeffrey A. Lieberman, *Shrinks: The Untold Story of Psychiatry* (New York: Little, Brown and Company, 2015), 10, Kindle.
40. Robert Whitaker and Lisa Cosgrove, *Psychiatry Under the Influence: Institutional Corruption, Social Injury, and Prescriptions for Reform* (New York: Palgrave Macmillan, 2015).
41. Jeffrey A. Lieberman, "DSM-5: Caught between Mental Illness Stigma and Anti-Psychiatry Prejudice," MIND Guest Blog, *Scientific American*, May 20, 2013, https://blogs.scientificamerican.com/mind-guest-blog/dsm-5-caught-between-mental-illness-stigma-and-anti-psychiatry-prejudice/.
42. Judy Stone, "Anti-Psychiatry Prejudice? A Response to Dr. Lieberman," Molecules to Medicine (blog), *Scientific American*, May 24, 2013, https://blogs.scientificamerican.com/molecules-to-medicine/anti-psychiatry-prejudice-a-response-to-dr-lieberman/; Whitaker and Cosgrove, *Psychiatry Under the Influence*.
43. Gardiner Harris, "Drug Maker Told Studies Would Aid It, Papers Say," *New York Times*, March 19, 2009, https://www.nytimes.com/2009/03/20/us/20psych.html.
44. Joel Paris, *The Intelligent Clinician's Guide to the DSM-5* (Oxford: Oxford University Press, 2015), 8, ProQuest Ebook Central.
45. Healthy People 2020, "Mental Health," US Office of Disease Prevention and Health Promotion, accessed December 2, 2021, https://www.healthypeople.gov/2020/leading-health-indicators/2020-lhi-topics/Mental-Health/determinants#1.
46. Kawa and Giordano, "A Brief Historicity"; Allen Frances, "It's Not Too Late to Save 'Normal,'" *Los Angeles Times*, March 1, 2010, https://www.latimes.com/archives/la-xpm-2010-mar-01-la-oe-frances1-2010mar01-story.html.
47. Michael Chmielewski et al., "Method Matters: Understanding Diagnostic Reliability in DSM-IV and DSM-5," *Journal of Abnormal Psychology* 124, no. 3 (2015): 764–69, https://doi.org/10.1037/abn0000069; Robert Freedman et al., "The Initial Field Trials of DSM-5: New Blooms and Old Thorns," *American Journal of Psychiatry* 170, no. 1 (2013): 1–5, https://doi.org/10.1176/appi.ajp.2012.12091189.

图书在版编目（CIP）数据

精神病态：一人经历六项误诊的真实故事 /（美）萨拉·费伊著；王天然译. -- 太原：山西人民出版社，2024.8

书名原文：Pathological: The True Story of Six Misdiagnoses

ISBN 978-7-203-13419-0

Ⅰ.①精… Ⅱ.①萨… ②王… Ⅲ.①精神病—诊疗 Ⅳ.① R749

中国国家版本馆CIP数据核字（2024）第096110号

精神病态：一人经历六项误诊的真实故事

著　　者：	（美）萨拉·费伊
译　　者：	王天然
责任编辑：	尹效军
复　　审：	李　鑫
终　　审：	梁晋华
出 版 者：	山西出版传媒集团·山西人民出版社
地　　址：	太原市建设南路21号
邮　　编：	030012
发行营销：	0351-4922220　4955996　4956039　4922127（传真）
天猫官网：	https://sxrmcbs.tmall.com　电话：0351-4922159
E-mail：	sxskcb@163.com　发行部
	sxskcb@126.com　总编室
网　　址：	www.sxskcb.com
经 销 者：	山西出版传媒集团·山西人民出版社
承 印 厂：	环球东方（北京）印务有限公司
开　　本：	880mm×1230mm　1/32
印　　张：	13
字　　数：	244千字
版　　次：	2025年8月　第1版
印　　次：	2025年8月　第1次印刷
书　　号：	ISBN 978-7-203-13419-0
定　　价：	68.00元

如有印装质量问题请与本社联系调换

著作权合同登记号：04-2024-008

PATHOLOGICAL: The True Story of Six Misdiagnoses
Copyright © 2022 by Sarah Fay
This edition arranged with InkWell Management, LLC.
through Andrew Nurnberg Associates International Limited